Wanderführer
Niederrhein

W0058484

Die schönsten Wanderungen
- **Rundwanderungen**
- **Streckenwanderungen**

In Zusammenarbeit mit dem
Deutschen Jugendherbergswerk

Kompass Wanderführer

Wanderführer
Niederrhein

Ausgewählt, begangen
und beschrieben
von Albert Schöndorf

überarbeitet von
Peter, Martin und Thomas Schöndorf

mit einem Geleitwort von
Dr. Hans Vogt
Hauptvorsitzender des
Vereins Linker Niederrhein

Deutscher Wanderverlag
Dr. Mair & Schnabel & Co. · Stuttgart

**wandern+
radwandern**

Die große Wanderbuch-Reihe
für grenzenloses Wandern

In diesem Buch werden nur jene Kartenwerke aufgeführt,
die unseren Karten-Ausschnitten zugrunde liegen.
Aus Platzgründen können nicht alle im Fachhandel
erhältlichen Karten genannt werden.

Gesamte Kartographie:
Ing.-Büro Adolf Benjes

Umschlagbild:
Egelsberger Mühle bei Krefeld
(Foto: Herbert Maeger)
und Bild auf Seite 2:
Aussichtsturm auf dem Hülser Berg, Krefeld
(Foto: Herbert Maeger)

7., überarbeitete Auflage 1996

ISBN 3-8134-0151-0

© 1979. **Deutscher Wanderverlag Dr. Mair & Schnabel & Co.,**
Zeppelinstraße 44/1, D-7302 Ostfildern 4
Alle Rechte, auch die der photomechanischen Wiedergabe
und der Übersetzung, vorbehalten.
Satz: Remsdruckerei Schwäbisch Gmünd
Druck: Siegfried Roth, D-7311 Owen/Teck
Printed in Germany.

Gedruckt auf 100% chlorfrei gebleichtes Papier.

INHALT

Am Rhein entlang

Stromlandschaft zwischen Köln und Düsseldorf

Beiderseits des Rheins von Duisburg nach Wesel

---

[1]) = Streckenwanderung

Im Zentrum des Niederrheins

An Erft und Niers

Das Land rund um Krefeld

Im Naturpark Schwalm-Nette

An Wurm, Rur und Schwalm

---

[1] = Streckenwanderung

Das Seen-Gebiet von Schwalm und Nette

Am nördlichen Niederrhein

Zwischen Niers und Maas

Zur niederrheinischen Pforte

---

[1]) = Streckenwanderung

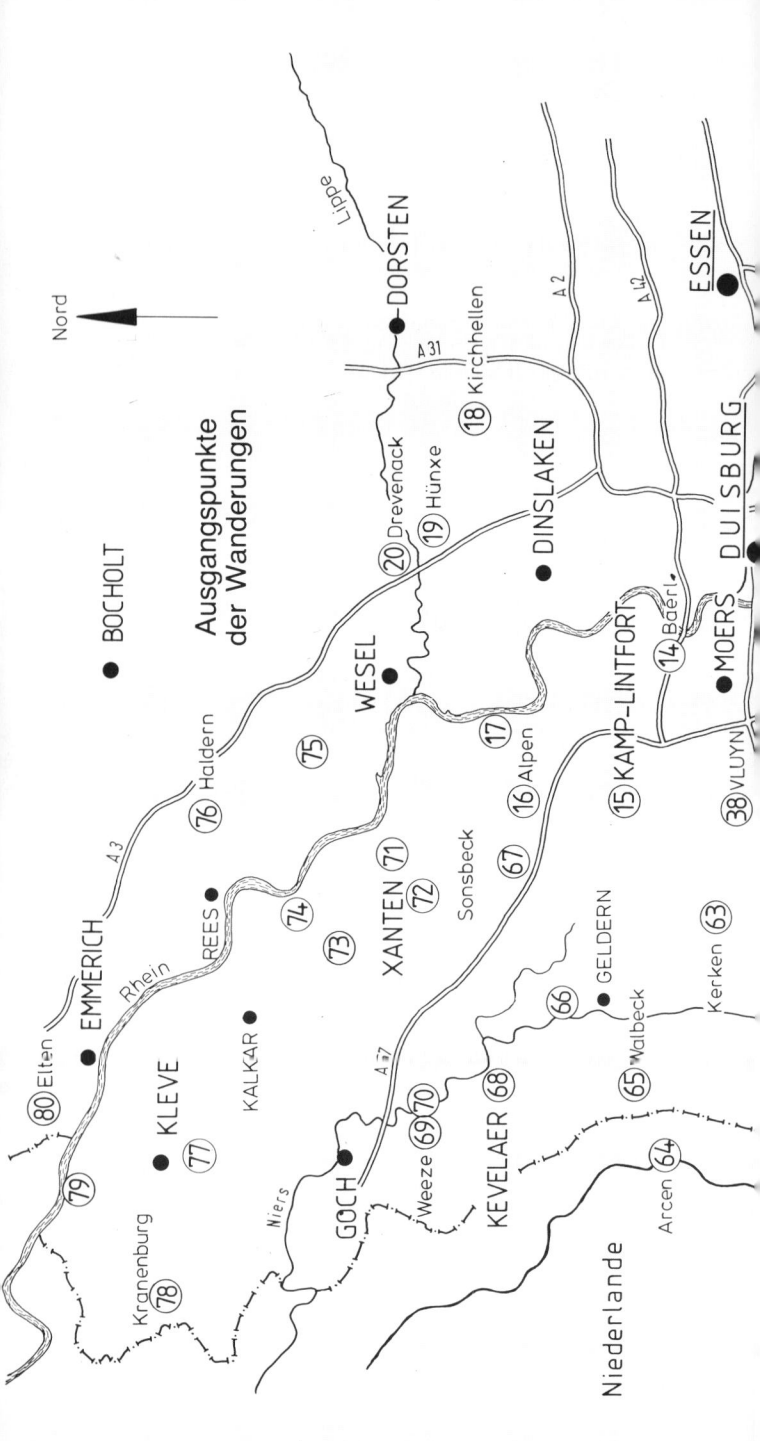

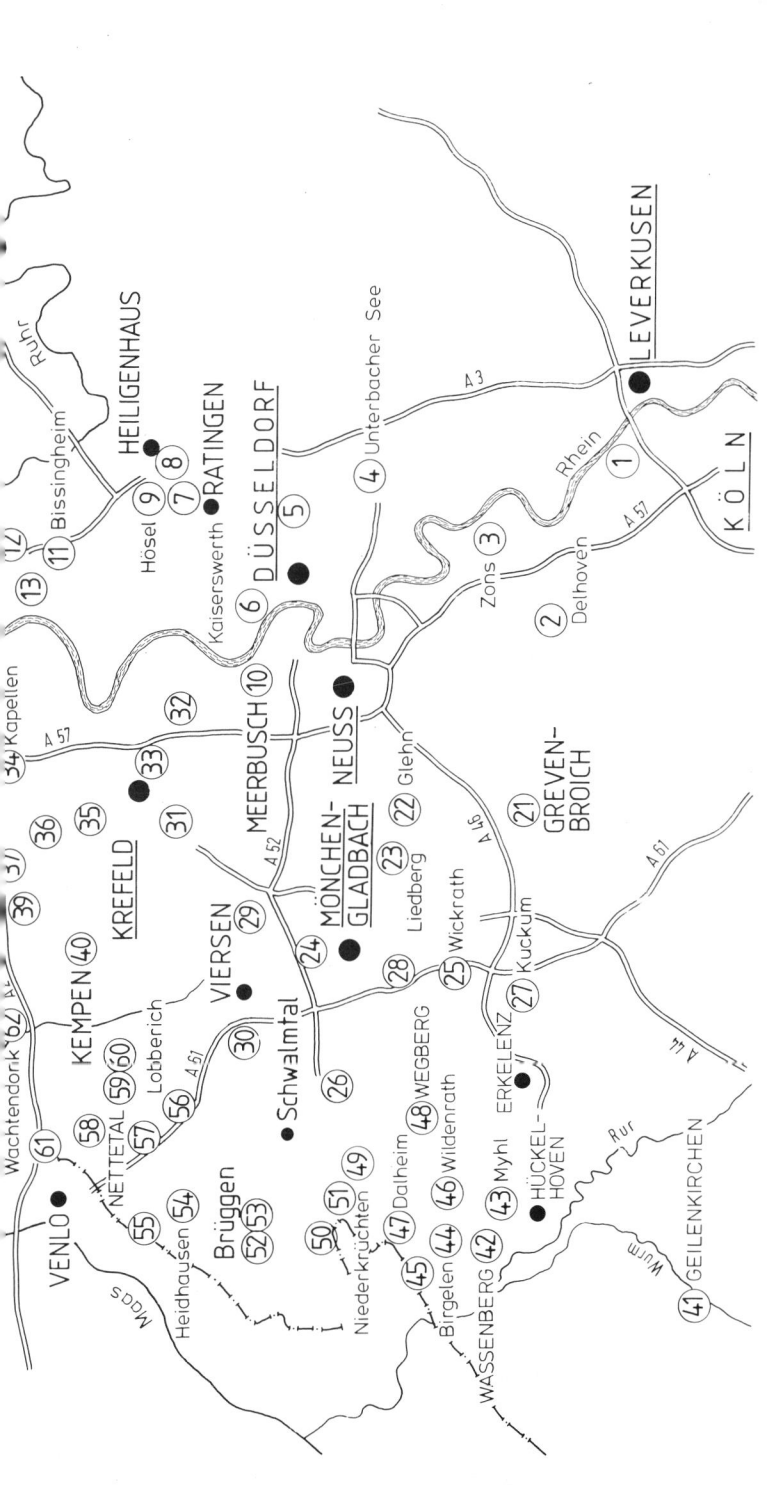

Orts- und Sachverzeichnis

In memoriam Albert Schöndorf

Der Autor dieses Wanderführers, unser Vater, wurde am 26. Februar 1931 in Gießen geboren. Er war stellvertretender Chefredakteur der Westdeutschen Zeitung, Düsseldorf.

Unser Vater war Zeit seines Lebens dem Sport verschrieben. Als Mannschaftsmitglied des Achters der Gießener Rudergesellschaft kämpfte er um die Deutsche Meisterschaft sowie um die Teilnahme an den Olympischen Spielen in Helsinki 1958, wobei man überraschend scheiterte. Die aktive sportliche Zeit war aber niemals unterbrochen.

Ein besonderes Augenmerk galt aber der heimischen Landschaft, die er besonders gern an späten Nachmittagen mit der ganzen Familie erwanderte. Wir, seine Söhne, damals im zarten Vorschulalter, wurden auf diesen schier unendlich langen Märschen mit Anekdoten und Wissenswertem aus der Heimat unterrichtet und bei Wanderlaune gehalten. Später, Mitte der 70er Jahre überprüften wir schon prophylaktisch die Wandervorschläge der hiesigen Tageszeitung.

Unser Vater war immer bemüht, neue Landschaften auf Schusters Rappen zu erschließen und bald kannten wir das ganze Land. So ergab es sich auch, daß wir den Niederrhein, an den wir 1976 zogen, binnen kurzer Zeit erkundet hatten. Eine neue Leidenschaft, das Radfahren, entdeckend, hatte uns unser Vater bald alle Seen, Brückchen, Wälder und Schlösser gezeigt.

Zu jener Zeit erhielt unser Vater auch erstmals den Auftrag vom Deutschen Wanderverlag, die schönsten Wanderungen und Radwanderungen des Niederrheins zusammenzustellen. Alsbald waren Vater und Söhne, mit Landkarten, Papier und Bleistift bewaffnet, unterwegs, um die Touren zwischen Kleve und Heinsberg akribisch zu erfassen und plastisch zu beschreiben. Unermüdlich hat unser Vater seither die Wanderungen am Niederrhein auf langen Ausflügen überprüft, verbessert, verändert oder neue Touren kreiert. Mit viel Liebe, Zeitaufwand und Akkuratesse hat er sich seinen Wanderbüchern bis zu seinem Tode gewidmet. – Er starb im März 1992 beim Waldlauf an Herzversagen. Peter · Martin · Thomas

13

Im uralten Kulturland
der Kelten, Germanen, Römer und Franken

Zu den angestammten Urlaubsgebieten gehört es nicht, das Tiefland am unteren Rheinstrom. Hier wächst kein Wein, hier kämmt auch keine Loreley auf luftiger Höhe ihr Haar. Und doch steckt der Niederrhein voller liebenswürdiger Überraschungen, voller Abwechslung mit seinen ausgedehnten Wäldern und Fluren, seinen Seen, Heideflächen und Höhenzügen, von wo man dieses uralte Kulturland der Kelten, Germanen, Römer und Franken weithin überschauen kann. Man braucht sich nur auf den Weg zu machen, die Augen offenzuhalten und als Wandersmann in den Dialog zwischen Mensch und Landschaft einzutreten. Albert Schöndorf hat es getan – mit seiner Familie, um seine neue Heimat kennenzulernen, in die ihn sein Beruf als Journalist geführt hatte. Er hat seine erwanderten Erfahrungen nicht für sich behalten, sondern in Wanderbüchern niedergeschrieben, um sie allen zu vermitteln, die interessiert, natur- und heimatverbunden und wissensdurstig sind wie er.

Der Erfolg hat ihm recht gegeben. Denn mit diesem Buch erscheint innerhalb weniger Jahre bereits die dritte Auflage des »Niederrhein« in der Reihe der Kompass-Wanderführer. Das wundert nicht. Denn die Pläne zu den 80 schönsten Wandergebieten zwischen Rhein und Maas und dem Westteil des Naturparks Hohe Mark sind informativ, nicht zuletzt auch in ihrer grafisch gut gestalteten Mehrfarbigkeit. Was man bei der Vorbereitung und Ausführung wissen muß, ist jeweils nach wiederkehrendem Muster übersichtlich dargestellt. Hervorragende Aufnahmen der landschaftlichen, historischen und baulichen Sehenswürdigkeiten ergänzen die „unfehlbaren" Wegebeschreibungen. Der Verein Linker Niederrhein, in dessen Verbandsgebiet die beschriebenen Touren zumeist liegen, hat es sich zur besonderen Aufgabe gemacht, Wandern und Heimatpflege zu fördern. Er sieht in diesem Buch eine wichtige und unverzichtbare Unterstützung seiner Arbeit. Möge deshalb dem Werk mindestens das gleiche Interesse in der Öffentlichkeit begegnen, wie es seine Vorläufer mit beachtlichem Erfolg erlebt haben.

Das sei der Wunsch der niederrheinischen Heimat- und Wanderfreunde, verbunden mit einem Dank an Autor und Verlag, die ihnen eine wichtige Hilfe sind.

(Dr. Hans Vogt) '
Hauptvorsitzender des
Vereins Linker Niederrhein

Tacitus, Siegfried, Lohengrin –
wir könnten ihnen begegnen . . .

Generationen von Pennälern haben den Tacitus verflucht, jenen römischen Geschichtsschreiber, dem wir schließlich unsere Kenntnisse von der Zeit verdanken, in der sich die Römer in unserer Heimat aufhielten. Ob Publius Cornelius Tacitus jemals im Rheinland war, über das er so anschaulich schrieb, ist unbekannt. Wenn nicht, so muß er jedenfalls gute Informanten gehabt haben, die ihm detailliert über das Gebiet zwischen Maas und Rhein und über das, was sich dort im ersten Jahrhundert nach Christi Geburt abgespielt hatte, berichteten.

Was, zum Teufel, hat Tacitus mit einem Wanderbuch zu tun? Nun, auf Schritt und Tritt begegnen wir am Niederrhein Zeugnissen aus der Römerzeit. Wir brauchen nicht die Phantasie eines Filmregisseurs, um uns vorzustellen, wie die römischen Kohorten von Köln aus nach Norden gezogen sind. Tacitus schreibt – um ein paar Beispiele zu nennen – von den Feldlagern Sontium, Novaesium, Gelduba oder Castra Vetera. Wir treffen auf diese Stätten: in Zons, Neuss, Gellep-Stratum oder Xanten. Überall am Niederrhein wandeln und wandern wir auf den Spuren der Römer.

*

Ein geschichtsträchtiges Gebiet ist dieser Niederrhein ohne Zweifel. Hier probten die germanischen Stämme der Bataver den Aufstand, hier wüteten und hausten die Normannen, hier lagerten die Heere der Merowinger und Karolinger. Feinde fielen von allen Seiten und zu allen Zeiten in die Niederrheinische Tiefebene ein. Zum Schutz gegen die Überfälle ließen die Herren des Landes Burgen bauen, Wasserburgen zumeist – und deshalb verblüfft es nur scheinbar, daß es im Gebiet zwischen Köln und Kleve mehr Burgen und Festungen gab als in Hessen und Niedersachsen zusammen.

Wir steuern bei unseren Wanderungen diese Burgen und Schlösser nicht gezielt an, aber selbstverständlich weichen wir ihnen auch nicht aus. Sie liegen förmlich wie Meilensteine auf unserem Weg.

*

Aber auch dort, wo die Geschichte eintaucht in die nebelhafte Märchen- und Sagenwelt, spielt der Niederrhein eine besondere Rolle: Er ist das Land Siegfrieds und der Nibelungen, er ist die Heimat des sagenhaften Gralsritters Lohengrin. Siegfried lebte – wie es im Nibelungenlied heißt – »in einer reichen Feste, weithin wohlbekannt, drunten am Rheine, Xanten war sie genannt«. Und Lohengrin? Zog ihn der Schwan nicht den Rhein hinab und die Schelde hinauf, ehe er für Elsa von Brabant das Schwert führte?

Nicht alles, was man sich in seiner Vorstellung zusammendichtet, muß mit der Wirklichkeit übereinstimmen, warum auch? Ein bißchen Träumen ist von romantischem Zauber. Was also macht's, wenn man seinen Gedanken freien Lauf läßt und sich vorstellt, daß hier, ja ausgerechnet hier, irgendwann in grauer Vergangenheit Siegfrieds Kampf mit dem Drachen oder eines der Tacitusschen römischen Gemetzel stattgefunden hat?

*

Der Phantasie sind beim Wandern am Niederrhein gewiß keine Grenzen gesetzt. Aber auch derjenige, der nüchtern und mit offenen Augen das niederrheinische Grenzland und die Hohe Mark durchstreift, findet unvermutet ein herrliches Fleckchen Erde. Das in den Großstädten an Rhein und Ruhr verbreitete Klischee von den endlosen Krautfeldern und Kartoffeläckern wird schnell korrigiert. Gewiß, die Berge zwischen Krefeld und Kleve sind nicht so hoch wie im Schwarzwald oder im Taunus, aber nicht von minderem Reiz. Die Landstriche oberhalb der Maas und im Naturschutzgebiet der Hohen Mark ähneln der Lüneburger Heide, und die wildromantische Seenlandschaft um Nettetal erinnert an die Mark Brandenburg oder an Mecklenburg.

Allen Vergleichen zum Trotz offenbart dieser Niederrhein ein unverwechselbares Stück Natur. Der Strom hat dem Gebiet nicht nur den Namen, sondern auch das Gepräge gegeben – ein Gebiet voller Ruhe und Einsamkeit, mit weiten Viehkoppeln und fruchtbaren Feldern. Dazwischen liegen verstreut die historischen Städte, die sauberen Dörfer, die schmucken Bauernhöfe und – natürlich – die vielen Burgen und Schlösser, Motten und Festungen, Klöster und Kapellen.

Keine Frage: Es lohnt sich, diese Landschaft zu durchwandern . . .

(Albert Schöndorf)

16

1 Auf Uferwegen zum Schloß Benrath

Anfahrt für Autofahrer Autobahnen A 1, A 3, A 4 oder A 57 nach Köln, Stadtstraßen zum Zentrum.

Verkehrsmöglichkeiten Bundesbahn nach Köln, vom Hauptbahnhof mit der Straßenbahn nach Merkenich/Endstation.

Parkmöglichkeiten Parkhäuser am Kölner Dom.

Wegmarkierungen M im Kreis, Andreaskreuz X 19.

Tourenlänge 24 km.

Wanderzeit Etwa 6 Stunden.

Wanderkarten 1:50 000 Blatt L 4906 Neuss.

Wissenswertes Das Benrather Schloß ist eines der schönsten Bauten des reinen Rokoko. Es wurde unter der Herrschaft des Kurfürsten Karl Theodor in den Jahren von 1755 bis 1775 erbaut. Der Baumeister, Nicolas de Pigage, verband in seiner Konzeption das Gartenschloß im Rokokostil mit der Anlage ei-

Zu Tour 1 **Düsseldorf: Schloß Benrath**
(Foto: Werbe- und Wirtschaftsförderungsamt Düsseldorf)

17

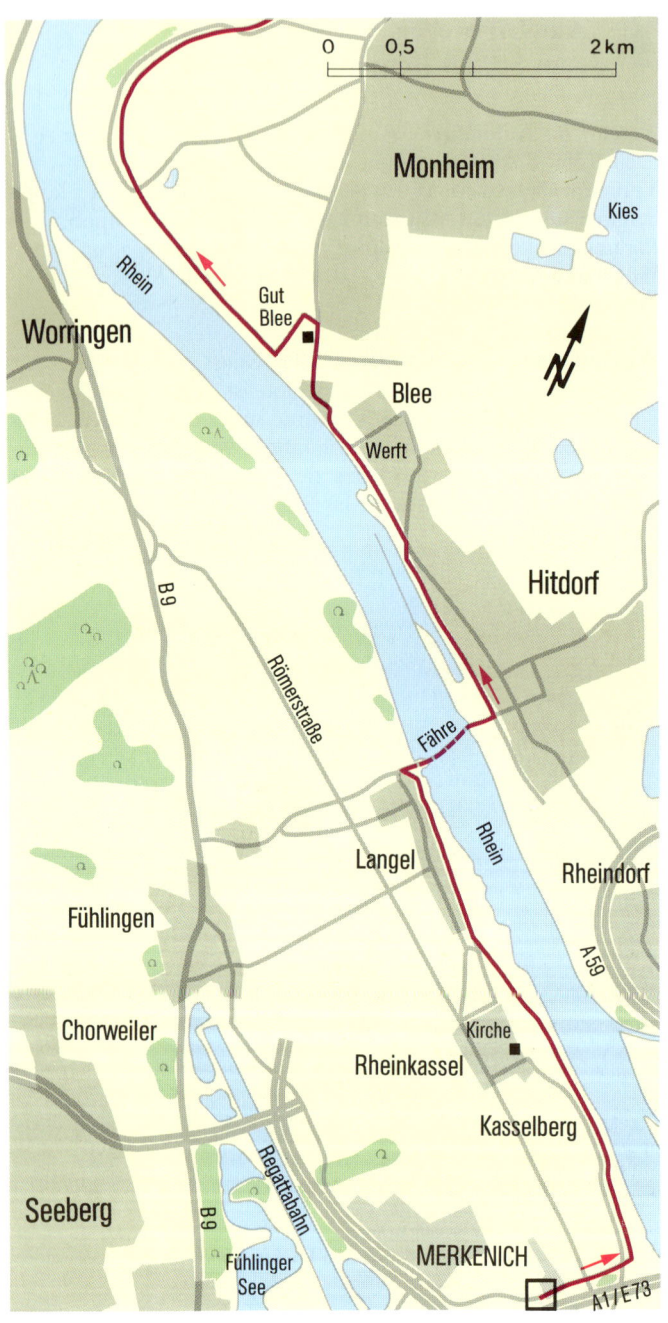

0   0,5   2 km

Monheim

Kies

Rhein

Gut
Blee

Worringen

Blee

Werft

Hitdorf

Römerstraße

B 9

Fähre

Rhein

Langel

Rheindorf

A 59

Fühlingen

Chorweiler

Kirche

Rheinkassel

Kasselberg

Regattabahn

Seeberg

B 9

MERKENICH

Fühlinger
See

A 1 / E 73

nes Barockparks, der allerdings im 19. Jahrhundert in einen Park englischen Stils umgewandelt wurde.

Tourenbeschreibung Das südliche Tor zum Niederrhein ist Köln – ganz klar, daß ein Wanderbuch mit ausgesuchten Strekken am Niederrhein in dieser Stadt beginnen muß. Und gleich zum Anfang des Buches, sozusagen als Einstimmung in die Begegnung mit der verträumten Landschaft, schlagen wir eine Tagestour an dem breiten Rheinstrom entlang vor, von einer Metropole zur anderen: von Köln nach Düsseldorf.

Wir starten an der Autobahnbrücke über den Rhein bei Leverkusen. Präziser: an der Endhaltestelle der Straßenbahnlinie 12 in Köln-Merkenich. Wir gehen auf der Schlettstadter Straße nach links, über die Merkenicher Hauptstraße hinweg, und auf einem Asphaltweg hinunter in die Rheinaue. Rechter Hand türmt sich die große Autobahnbrücke auf. Wir halten uns links nach *Kasselberg*. Dort, am Gasthaus »Zum Kasselberger Gretchen«, können wir direkt am Fluß entlang weiterwandern oder von der St.-Amandus-Kirche (die man gerne den »Dom von Rheinkassel« nennt) den Weg auf dem Deich bis *Köln-Langel* benutzen. Stets haben wir prächtige Ausblicke auf den Fluß mit seinen Schleppzügen und Sportbooten.

In Langel wechseln wir die Rheinseite: wir setzen mit der Fähre nach *Hitdorf* über. Am östlichen Rheinufer können wir uns an dem Wanderzeichen »M im Kreis« orientieren; aber das ist nicht unbedingt nötig, wir bleiben sowieso immer möglichst nahe am Wasser. Zuerst geht es durch die Parkanlagen an der Wiesenstraße, später an dem Werftgelände und am Yachthafen vorbei auf der Rheinstraße nach *Blee*. Hinter dem Ort, am Heilerberg, biegen wir um den Reiterhof »Gut Blee« herum hinunter in die Rheinwiesen und kommen auf dem Deichweg an Gut Oedstein vorbei nach *Monheim*. Auf der anderen Rheinseite sehen wir die eindrucksvolle Industrie-Kulisse der Erdöl-Chemie von Worringen und der Dormagener Bayer-Werke.

Hinter dem Reitsportgelände und dem Stadion, in Höhe des Hotels »Zum Vater Rhein«, führt die Wanderstrecke zunächst auf dem Bürgersteig am Rand der Straße weiter, zweigt dann aber bald wieder nach links in die Wiesen nach *Baumberg* ab. Von den »Baumberger Rheinterrassen« können wir wählen, ob wir lieber oben auf dem Damm bleiben oder unten auf den Uferpfaden direkt am Rhein weitergehen wollen. Wenn uns unser Wanderweg in ein Wäldchen und am Campingplatz vorbeiführt, verläßt uns das Ⓜ. Wir erreichen die Fährstation, wo die Autofähre nach Zons übersetzt; so reizvoll ein Besuch von Zons auch ist, wir setzen unsere Wanderung am Ostufer auf dem Ortweg durch das Landschaftsschutzgebiet nach *Urdenbach* fort. Hier wenden wir uns über die Brücke nach links und folgen der Urdenbacher Dorfstraße in den Ort.

Nun können wir uns nach dem Andreaskreuz (X 19) richten: links auf der Straße »Am alten Rhein«, am »alten Fischerhaus« vorbei nach *Benrath* und direkt vor den »Rheinterrassen« in den herrlichen Schloßpark hinein. Eine diagonal verlaufende Allee bringt uns zu dem Benrather Rokokoschloß. Von dort ist es auf der Benrather Schloßallee und der Heubesstraße nicht weit zum Bahnhof Benrath, von dem aus gute Zugverbindungen nach Köln bestehen.

2 Zum Wildpark im Tannenbusch bei Delhoven

Anfahrt für Autofahrer Linksrheinische Autobahn Köln – Neuss (A 57) bis zur Ausfahrt Dormagen, dann Landstraße zum Kloster Knechtsteden.

Verkehrsmöglichkeiten Bundesbahn bis Neuss oder Dormagen, Omnibus bis Knechtsteden.

Parkmöglichkeiten Parkplätze am Kloster Knechtsteden.

Wegmarkierungen Andreaskreuz X 3, Rundweg A 4.

Tourenlänge 15 km.   **Wanderzeit** Etwa 4 Stunden.

Wanderkarten 1:50 000 Blatt L 4906 Neuss.

Wissenswertes Das Kloster Knechtsteden ist im 12. Jahrhundert von Prämonstraten gegründet worden. Kaiser Konrad III. förderte den Bau der Klosterkirche, Kaiser Friedrich Barbarossa bestätigte die Privilegien des Klosters. 1869 legten die Bauern der Umgebung einen großen Brand, weil sie befürchteten, das Kloster solle zu einer Irrenanstalt umgebaut werden. Heute ist der Bau größer und eindrucksvoller als im Mittelalter und beherbergt ein Missionsmuseum.

Tourenbeschreibung Eines der Ziele unserer Wanderung ist der attraktive Wildpark im Tannenbusch bei Delhoven. Deshalb ist die Wanderung insbesondere für Familien mit Kindern zu empfehlen. Abkürzungen sind möglich, wenn man den Rundweg A 2 und eine Autoanfahrt auf den Waldparkplatz am Buschweg von Delhoven wählt.

Ausgangspunkt unserer 15 Kilometer langen Strecke ist das mächtige *Kloster Knechtsteden* an der Landstraße von Dormagen nach Rommerskirchen. Nur ein kurzes Stück richten wir uns nach dem Andreaskreuz der Hauptwanderstrecke 3 (X 3), und zwar vom Klosterhof durch eine Allee, über die Landstraße hinweg in den Staatsforst hinein. Auf dem Waldweg bleiben wir jetzt (auch wenn X nach rechts zeigt) geradeaus und durchqueren am Ende des Waldes auf dem Blechhofweg eine große Gärtnerei-Siedlung.

Etwa in Höhe eines Waldparkplatzes nehmen wir den Rundweg A 4 auf, erreichen auf dem Buschweg und der Wertherstraße den Ort *Delhoven,* in dessen Mitte wir bei einem Kruzifix in den Holzweg einbiegen. Am Ende der Häuser folgen wir einer Allee in den Tannenbusch hinein, links ab zum Schwarzwildgehege und weiter an einem Wohngebiet vorbei bis zur Waldspitze. Wenige Schritte rechts beginnt der Wildpark. Eine reiche Fauna lädt zum Verweilen ein.

Hinter dem Wildpark geht es am Waldrand weiter, an einem Waldrastplatz und einem Geo-Park vorbei, dann mit dem Trimmpfad ohne A 4 durch den Wald, bis wir am Ausgang des Waldes auf A 1 und A 2 stoßen.

Wir folgen diesen Markierungen aber nicht, sondern wandern nach links aus dem Wald heraus. Hier treffen wir bald wieder auf A 4 und auch auf das Andreaskreuz; beide Markierungen bezeichnen von jetzt an unseren weiteren Weg: zuerst durch Felder bis zur Straße – hier bietet sich uns ein prächtiger Blick auf die Industrie-Silhouette von Dormagen –, auf der anderen Straßenseite auf einem schmalen Pfad am Schulzentrum vorbei und mit X im großen Bogen durch den Grund des Pilgenbuschs

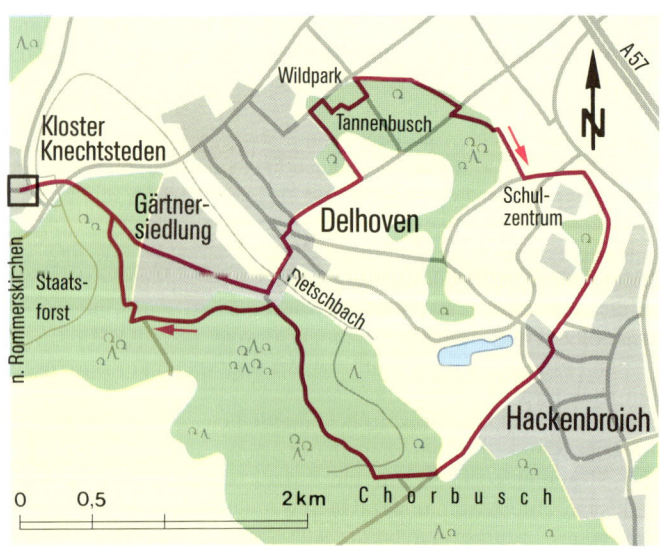

und dann wieder mit X und A 4 auf der von Pappeln eingesäumten Holzheimer Straße bis nach *Hackenbroich.*

Die Salm-Reifferscheidt-Allee überquerend kommen wir auf der Stommelner Straße, die an einem Spielplatz vorbei in den Wald des Chorbuschs führt. Rechts weiterwandernd erreichen wir eine kurvenreiche Forststraße. Ein Waldlehrpfad begleitet uns zurück zum Waldparkplatz am Buschweg. Nun, am Ende des Rundwegs, zeigt uns das Andreaskreuz allein den Weg zurück durch den Staatsforst bis zum *Kloster Knechtsteden.*

 ## Zons – ein Ausflug am Rhein entlang ins Mittelalter

Anfahrt für Autofahrer Linksrheinische Autobahn Köln – Neuss (A 57) bis Dormagen, dann Landstraße bis Zons.
Verkehrsmöglichkeiten Bundesbahn bis Neuss oder Dormagen, Omnibus bis Zons/Schloßstraße.
Parkmöglichkeiten Parkplatz am Rheintor oder an der Mühle.
Wegmarkierungen Keine.
Tourenlänge 12 km.   **Wanderzeit** Etwa 3 Stunden.
Wanderkarten 1:50 000 Blatt L 4906 Neuss.
Wissenswertes Als Drusus, der Stiefsohn des römischen Kaisers Augustus, im Jahre 12 vor Christi Geburt die Rheingrenze gegen die Germanen durch 50 Kastelle sicherte, lag zwischen Colonia Agrippina (Köln) und Novaesium (Neuss) unter anderem der kleine militärische Platz Sontium (Zons). Nach wechselvollen Kämpfen gaben die Römer 410 nach Christi die linksrheinischen Gebiete auf, die fränkischen Eroberer teilten das Land in Gaue ein, und Zons gehörte bis 1200 zum Nievenheimgau. Erzbischof Siegfried von Westerburg ließ zum Schutz gegen den Grafen von Berg eine feste Burg errichten, die nach der Schlacht von Worringen (1288) bis auf den Grund zerstört wurde. Später baute Erzbischof Friedrich von Saarwerden (1370 bis 1414) Zons so auf, wie es uns heute als Stadtbild erhalten geblieben ist. Zons galt als »Kleine Residenz« neben Köln; die Befestigung sicherte sowohl den Schutz des Ortes als auch den Rheinzoll.
Tourenbeschreibung Ehe wir zu unserer Wanderung am Rhein entlang nordwärts aufbrechen, ist es selbstverständlich, daß wir erst einmal einen Bummel durch das »Rothenburg am Niederrhein« machen und uns einen Eindruck von den wuchtigen Mauern und massiven Türmen, von den Wehrgängen und den alten Häusern, vom Schloß und von der Mühle vermitteln lassen.

An der Nordostseite des Ortes, am Rheinturm, starten wir auf dem Herrenweg und durch die »Rheinau« hinunter zum Strom. Am Ufer entlang kommen wir durch Vordeichland, durch Pappelhaine bis zur Gaststätte Pitt-Jupp, dem Fährhaus von Michel Schimmelpfennig. Auf der gegenüberliegenden Rheinseite: die Kulisse von Benrath mit dem Schloßpark.

Durch das von Pappelreihen durchzogene Wasserschutzgebiet geht es jetzt nach Südwesten, immer in der Nähe des Flusses, der hier einen Knick macht. Wenn wir *Stürzelberg* erreichen, wenden wir uns nach links. Auf der Oberstraße und der Deichstraße sind es nur noch zwei Kilometer zurück nach *Zons*.

4 Rund um den Unterbacher See und zum Düsseldorfer Stadtwald

Anfahrt für Autofahrer Autobahn Düsseldorf – Wuppertal (A 46) bis zur Ausfahrt Erkrath-Unterbach.
Verkehrsmöglichkeiten Bundesbahn bis Düsseldorf, Omnibus bis Unterbach/Strandbad Nord.
Parkmöglichkeiten Parkplätze am Nordstrand des Unterbacher Sees.
Wegmarkierungen Rundweg A 3, Quadrat (□), weißes Dreieck, Rundweg A 7, Rundweg H im Kreis, Rundweg D.
Tourenlänge 17 km.
Wanderzeit Etwa 4 Stunden.
Wanderkarten 1:50 000 Blatt L 4906 Neuss.
Wissenswertes Das Düsseldorfer Naherholungsgebiet Unterbacher See ist eine Folge von Ausbaggerungen. Das Gewässer ist ein reiner Grundwassersee ohne oberirdischen Zulauf.
Tourenbeschreibung An schönen Tagen wimmelt es auf dem Unterbacher See von Segelbooten. Auf unserer Wanderung entlang des Nordstrandes, an Schwimmbädern, Segelschulen, Bootshäusern und Schrebergärten vorüber, haben wir immer einen schönen Ausblick auf das Treiben auf dem Wasser. Wir

Zu Tour 3 **Zons: Rheinstraße mit Wachtturm**   (Foto: Herbert Maeger)

25

orientieren uns zunächst an dem Zeichen A 3. Am Ende des
Jungbuchenwaldes um eine Bucht inmitten des Landschafts-
schutzgebietes herum führt das □, das an einer Schutzhütte am
äußersten westlichen Zipfel des Unterbacher Sees auskommt.

Wir wandern ein kleines Stück mit dem Zeichen D über den
Eselsbach hinweg, an dem Autolager der Firma Strasser links ab
und weiter unter der Autobahnbrücke hindurch. Hier kommen
wir in den *Düsseldorfer Stadtwald*. Bald gehen wir unter dem
Eisenbahnviadukt hindurch, jenseits der Bahnlinie den ersten
Weg nach rechts. Bald befinden wir uns auf einem sorgfältig
angelegten Waldlehrpfad, dem wir erst nach rechts, wenig später
nach links folgen und der kurz vor der steilen Brücke über die
Autobahn nach Süden abknickt. Wir folgen diesem Lehrpfad mit
dem Wanderzeichen der Strecke Eller–Benrath, einem weißen,
gleichschenkeligen Dreieck.

Auf schönen Waldwegen geht es südwärts, immer in der Nähe der Autobahn von Düsseldorf nach Leverkusen. Bei der Einmündung einer Fahrstraße macht der Weg eine kleine Linkskurve. Beim nächsten Waldparkplatz verlassen wir für kurze Zeit den Wald, überschreiten in der Nähe der Autobahnausfahrt Benrath die stark befahrene Straße „Am Schönenkamp", richten uns von jetzt an nach dem Rundweg-Zeichen A 7 und kommen schließlich zum südlichsten Punkt unserer Wanderung, dem Parkplatz an der Hildener Straße in *Benrath.*

Nun geht es im spitzen Winkel zurück durch den *Benrather Forst,* zuerst noch mit A 7 über den Mönchgraben, teilweise bis an den Waldrand, dann wieder über die Hülsenstraße und von hier an mit der Hildener Rundwanderung-Bezeichnung, einem H im Kreis, an dem idyllischen Hoxbach entlang. Unmittelbar vor dem Eisenbahndamm wenden wir uns nach links, durchschreiten dann das Eisenbahnviadukt und wandern dann gleich links weiter an dem Vogelschutzweiher und dem dahinter gelegenen Elbsee vorbei durch den Wald der Sondergemark.

Am Waldrand, wenn wir dem Rain entlang zum Stellwerk Unterbach zurückgehen, bietet sich uns ein herrlicher Weitblick auf Hilden, Unterbach und die Höhenzüge des Bergischen Landes. Das Düsseldorfer Wanderzeichen D weist uns jetzt den Weg weiter durch Unterholz, wieder durch die Autobahnunterführung – wir kennen diesen Abschnitt schon vom Hinweg – und zum Unterbacher See. Bei den Parkplätzen in Höhe des Südba-

Zu Tour 52, 53 **Kreuzherrenkloster in Brüggen**
(Foto: Medienzentrum des Kreises Viersen)

des rechts ab am Südufer des Gewässers, durch ein Gebiet mit vielen Vogelbrutstätten, erreichen wir unseren Ausgangspunkt.

5 Der Wildpark im Grafenberger Wald

Anfahrt für Autofahrer Autobahn Köln – Oberhausen (A 3) bis zur Ausfahrt Mettmann, dann Bundesstraße 7 bis Düsseldorf-Grafenberg.

Verkehrsmöglichkeiten Bundesbahn bis Düsseldorf. Straßenbahn bis Vor der Hardt oder Omnibus bis Auf der Hardt.

Parkmöglichkeiten Viele Waldparkplätze an der Galopprennbahn oder am Wildpark.

Wegmarkierungen Rundwege A 6, A 2, A 5, A 1 und A 7.

Tourenlänge 14 km.

Wanderzeit Etwa 4 Stunden.

Wanderkarten 1:50 000 Blatt L 4706 Düsseldorf.

Wissenswertes Östlich von Düsseldorf wird die Rheinebene von einem Höhenzug, Ausläufern des Bergischen Landes, begrenzt: dem Grafenberger und dem Aaper Wald.

Tourenbeschreibung Attraktionen für die Wanderer, aber auch für Kinder, bietet der Aaper Wald in Hülle und Fülle: die weltberühmte Düsseldorfer Galopprennbahn, ein in einem abschüssigen Gelände liegender *Wildpark*, ein schöner Waldlehrpfad auf dem Scheitel des Höhenzugs. Man kann hier in diesem Gelände viele Wanderstrecken, die alle gut ausgeschildert sind, von drei bis zwanzig Kilometern Länge wählen. Wir schlagen eine Kombination mit Teilen der Strecken A 6 und A 7 vor, insgesamt etwa 14 Kilometer lang.

Vom Parkplatz in der Nähe des Gasthofes »Zum Trotzkopf« wandern wir mit A 6 den Waldweg parallel zur Fahneburgstraße steil bergab, biegen unten an der Waldspitze rechts in den Boskampweg ein, folgen ein Stück der Eisenbahnlinie, klettern dann aber bald wieder nach rechts den Berg waldeinwärts empor. Bei der zweiten Schneise schneiden sich die Rundwege A 2 und A 6. Wir empfehlen jetzt A 2, den von vielen Spaziergängern bevorzugten Waldlehrpfad auf dem *Aaper Höhenweg*. Schon bald trifft A 6 wieder auf unseren Kurs.

Erst bei der Schutzhütte im Waldwinkel, wo A 2 nach rechts abbiegt, bleiben wir auf dem mit A 6 gekennzeichneten Weg, zuerst geradeaus nach Norden, dann auf kurvenreichen Wegen abwärts bis zur Gaststätte »Bauenhaus«. Zwischendurch bieten sich uns immer wieder Ausblicke über den Aaper Wald hinweg auf die nördlichen Stadtteile von Düsseldorf. Wir schwenken nach rechts in die Straße Am Bauenhaus ein, bald darauf wiederum rechts in den Kettelbecksweg und gehen einen Hohlweg hinauf, später durch die Felder bis zur Gaststätte »Knittkuhle«. Links unten im Tal sehen wir Ratingen mit seinen Hochhäusern.

Der Grütersaaper Weg bringt uns zurück zum Hof Wolfsaap. Von hier aus verzichten wir auf den kürzeren Rückweg mit A 6 markierten Bauenhäuser Weg, sondern ziehen den schöneren Pfad mit A 5 am Waldrand vorbei und auf schmalen Wegen abwärts zu unserem Ausgangspunkt vor.

Etwa in Höhe des Gasthofes »Zum Trotzkopf« beginnt auch der *Grafenberger Höhenweg,* der uns automatisch zu zwei herrlichen Rundwegen führt. Entweder auf die Berg- und Talstrecke durch eine zerklüftete, hangreiche Waldlandschaft oberhalb Grafenbergs (A 1) oder auf den Weg durch den Wildpark (A 7).

Die A-7-Strecke lenkt zuerst auf kurvenreichen Wegen bergauf, bergab durch den *Grafenberger Wald*, dann über die Rennbahnstraße am Haupteingang in den Wildpark hinein. Der Wanderweg streift die interessantesten Reviere des Parks. Wir können Rehe, Rotwild, Damwild, Wildschweine, Muffelwild, Fasane und Füchse beobachten. Nach einem großen Rundgang durch den Park verlassen wir das Gelände beim Rennbahntor. Auf der Rennbahnstraße sind wir auch schon wieder in Nähe der Parkplätze.

 Vom Düsseldorfer Rheinpark
über Kaiserswerth nach Angermund

Anfahrt für Autofahrer Autobahnen A 3, A 46, A 52, A 57 nach Düsseldorf, Stadtstraßen zum Rheinpark an der Theodor-Heuss-Brücke.
Verkehrsmöglichkeiten Bundesbahn bis Düsseldorf, Straßenbahn bis Theodor-Heuss-Brücke oder Reeser Platz.
Parkmöglichkeiten Cecilien-Allee oder vor dem Yachthafen.
Wegmarkierungen Rundweg D, Andreaskreuz X 17 und spitzer Winkel.
Tourenlänge 22 km. **Wanderzeit** Etwa 6 Stunden.
Wanderkarten 1 : 50 000 Blatt L 4706 Düsseldorf.
Wissenswertes Düsseldorfs ältester Stadtteil ist Kaiserswerth. Hier gründete der heilige Suitbert um 700 ein Benediktinerkloster. Am Stiftsplatz befindet sich die Stiftskirche St. Suitbertus, eine romanische Pfeilerbasilika. Nicht weit davon entfernt liegen die Ruinen der Kaiserpfalz. 1174 verlegte Kaiser Friedrich Barbarossa den Rheinzoll nach Kaiserswerth und baute die Kaiserpfalz aus. Sie war im Mittelalter Aufenthaltsort der Kaiser und Könige. 1567 bis 1577 vollendete Kurfürst Salentin von Köln die Befestigungsanlagen. Heute sind noch die eindrucksvollen Außenmauern des Palastes erhalten.
Tourenbeschreibung Irgendwo an den Rheinwiesen oder dem Rheinpark in der Nähe der Theodor-Heuss-Brücke und des Yachthafens sollten wir unsere Streckenwanderung nach Angermund beginnen. Der mit D bezeichnete Rundweg um Düsseldorf gibt uns die Richtung nach Norden immer an dem mächtigen Strom entlang an.

Zuerst am Haus am Rhein vorbei, die wunderschöne Rheinpromenade entlang, an der Schnellenburg vorüber – rechter Hand befinden sich die Ausstellungshallen der Düsseldorfer Messe und dann das Rheinstadion – und schließlich durch eine Platanenallee auf dem Lohauser Deich weiter. Gepflegte Park-

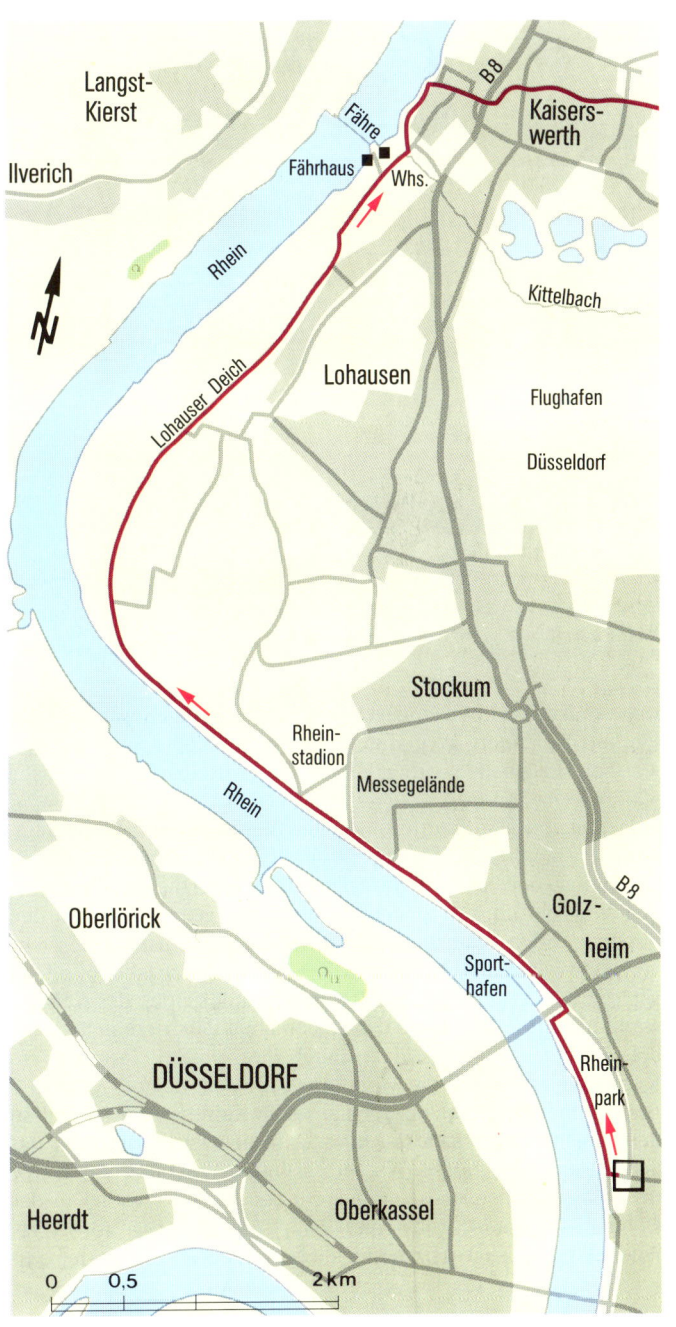

Langst-
Kierst

Ilverich

Fähre

Fährhaus

Whs.

Kaisers-
werth

B 8

Rhein

Kittelbach

Lohauser Deich

Lohausen

Flughafen
Düsseldorf

Rhein

Stockum

Rhein-
stadion

Messegelände

Oberlörick

Golz-
heim

B 8

Sport-
hafen

Rhein-
park

DÜSSELDORF

Heerdt

Oberkassel

0   0,5   2 km

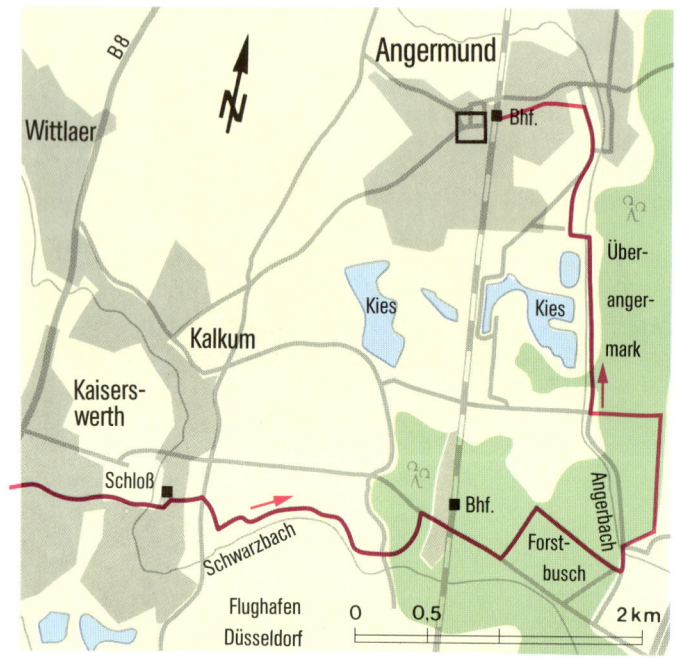

wege und später buchenbestandene Pfade bringen uns auf dem Herbert-Eulenberg-Weg durch das Vordeichland, am Kaiserswerther Fährhaus vorbei, über die Kittelbachbrücke nach *Kaiserswerth.*

Der malerische Stadtteil lädt zum Verweilen ein; überall finden wir romantische Idylle, auf der Kastanienalle, die uns zum Ort bringt, oder auf der Burgallee mit den herrlichen Linden, in den Winkeln um die St.-Suitbertus-Kirche genauso wie an den imponierenden Ruinen der Kaiserpfalz. Den historischen Ort verlassen wir mit dem Zeichen X 17. Das Andreaskreuz finden wir uns zum ersten Male am Rheinufer in der Höhe des Kaiserswerther Marktes. Es führt uns an den alten Patrizierhäusern vorbei, über den Klemens-Platz, durch die Niederrheinstraße, die Kreuzbergstraße und die Oberdorfstraße zum *Schloß Kalkum.*

Auch hier begegnen uns, genau wie in Kaiserswerth, überall in der Gegend des Schwarzbachs oder in den Parks rund um das Schloß idyllische Plätze. Wir setzen unsere Wanderung kurz vor den Wassergräben und Burgmauern von Schloß Kalkum in der Edmund-Bertrams-Straße und dem Friedhofsweg fort. Das Andreaskreuz zeigt jetzt hinter dem Friedhof in die Felder hin-

ein. Von hier aus können wir den regen Betrieb auf den Start-
und Landebahnen des Düsseldorfer Flugplatzes beobachten.

In der Nähe des Flugplatzgeländes erreichen wir zum ersten
Male auf unserer Wanderung ein Waldgebiet. Wir durchstreifen
es bis zur Straße. Auf der anderen Straßenseite, über die Eisenbahnstrecke hinweg, bringt uns das X-Zeichen links zum Stadt-
waldlehrpfad und wieder in den Forstbusch. An einer Waldspitze
treffen wir auf eine Straße, die am Angerbach entlang weiter
durch den Wald führt.

Kurz hinter der Kläranlage biegt das Andreaskreuz nach
rechts in den Wald ab und führt uns weiter nach Norden durch
die Überangermark. Wir stoßen bald an eine Wegekreuzung, an
der uns das Wanderzeichen X 17 nach rechts verläßt, und wir uns
nun der Markierung spitzer Winkel nach links anvertrauen. Wir
gelangen wieder an die Straße, der wir nach rechts am Bach und
am Waldrand entlang folgen. Links hinter dem Angerbach liegt
eine riesige Kiesbaggerei, hinter der wir das Flüßchen überschreiten und am anderen Ufer weiterwandern, an prächtigen
Pappelreihen vorbei, auf schönen Uferwegen über den Mühlen-
damm bis *Angermund*. – Von der Haltestelle Angermund/Post-
amt bringt uns ein Omnibus bis zum Klemensplatz nach Kaiserswerth zurück. Wir können auch vom Angermunder Bahnhof mit
der Eisenbahn direkt nach Düsseldorf oder Bochum fahren.

Zu Tour 6 **Barbarossapfalz Kaiserswerth,** Düsseldorf (Foto: L. Kaster)

7 Rund um den Blauen See bei Ratingen

Anfahrt für Autofahrer Autobahn Köln – Oberhausen (A 3) oder Autobahn Düsseldorf – Essen (A 52) bis zum Breitscheider Kreuz, dann Landstraße nach Ratingen.

Verkehrsmöglichkeiten Bundesbahn bis Düsseldorf oder Essen, Omnibus bis Ratingen/Blauer See.

Parkmöglichkeiten Parkplätze am Blauen See.

Wegmarkierungen Rundweg O.

Tourenlänge 10 km.

Wanderzeit Etwa 2½ Stunden.

Wanderkarten 1:50 000 Blatt L 4706 Düsseldorf.

Wissenswertes Vor etwa 600 000 Jahren erreichten eiszeitliche Riesengletscher in der Ratinger Gegend ihre südlichste Grenze, hobelten die Dolomitfelsen rund und schliffen sie glatt. Rund um den Blauen See ist dieses nordische Gestein deutlich zu erkennen.

Tourenbeschreibung Der mit O bezeichnete Rundweg führt um den *Blauen See* und um den Ratinger Oberbusch herum. Da die Wegemarkierung ausgezeichnet ist, können wir den Weg ebensogut links- wie rechtsherum nehmen. Auch ein Ausflug mit

Kindern bietet sich an, weil es am Blauen See einen Märchen-
park, Grillwiesen und viele andere Attraktionen gibt. Wir wandern zunächst parallel zur Eisenbahnlinie durch das *Angertal*
nach Westen, unter der neuen Straßenbrücke hindurch, am
Stellwerk Anger vorbei bis zur Waldspitze. Ein neu angelegter
Weg führt von hier aus rechts in den herrlichen Wald des Stin-
kenbergs hinauf; beim zweiten Wegekreuz zeigt unser Wanderzeichen O nach rechts, 500 Meter weiter links und dann noch
einmal nach rechts abbiegend bis zur Mülheimer Straße mit dem
Waldparkplatz »Am trocknen Stiefel«.

Durch das Gebiet des Dickelsbachs geht es geradeaus weiter
durch den Wald, dann unter dem Eisenbahnviadukt hindurch
und im großen Bogen, am Rande des Junkernbuschs entlang,
nach Süden bis zur Unterführung. Jenseits der Eggerscheidter
Straße erreichen wir in dem Buchenhochwald wieder die
S-Bahn-Strecke von Düsseldorf nach Essen, unterqueren das
Bahngelände und befinden uns plötzlich in einer freien Landschaft mit Wiesen, Feldern und Pferdesportanlagen. Später
nimmt uns Niederwald auf bis zur Straße Bergerschule. – Hier
können wir unter zwei Möglichkeiten wählen. Entweder halten
wir uns beim Hinweisschild »Bühnenfahrzeuge frei« rechts und
kommen über das Gelände der Naturbühne und dem glasklaren
Felsensee vorbei zurück oder wir wandern mit dem Zeichen O
weiter die Serpentinenstraße hinunter, am anderen Angerufer
rechts in die Teichstraße hinein und durch Pappelbruch zum
Parkplatz.

 ## Von Ratingen durch das Angertal nach Heiligenhaus

Anfahrt für Autofahrer   A 3 Köln – Oberhausen bis zur Aus-
fahrt Ratingen/Wülfrath oder A 52 Düsseldorf – Essen bis zur
Ausfahrt Ratingen, dann Landstraße nach Ratingen.
Verkehrsmöglichkeiten   Bundesbahn   bis   Düsseldorf   oder
Essen, Omnibus bis Ratingen/Blauer See.
Parkmöglichkeiten   Parkplätze am Blauen See.
Wegmarkierungen   Wanderzeichen Doppelstrich (=), Andreas-
kreuz X 30 und Wanderzeichen spitzer Winkel
Tourenlänge   12 km.   **Wanderzeit**   Etwa 3 Stunden.
Wanderkarten   1 : 50 000 Blatt L 4706 Düsseldorf.
Tourenbeschreibung   Das *Angertal* in der Nähe Düsseldorfs er-
innert mit seinem munter sprudelnden Bach, seinen steilen Hän-

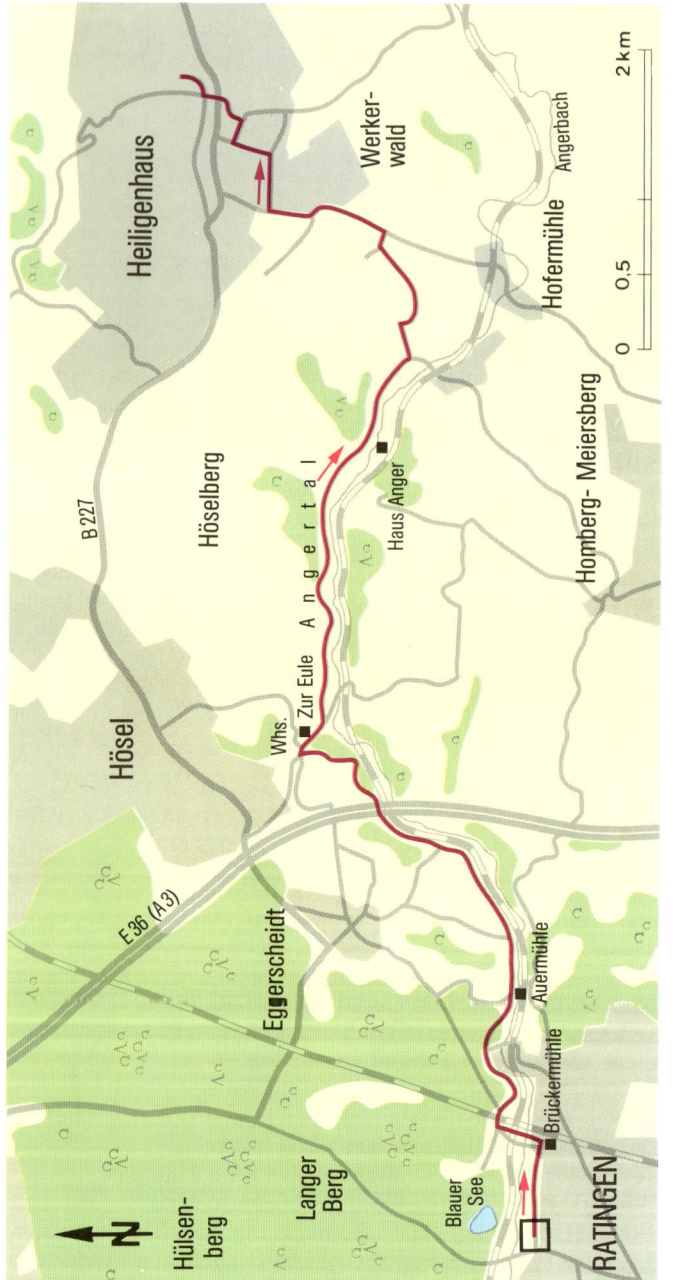

gen, stillen Wäldern und idyllischen Flecken an die Landschaften des deutschen Mittelgebirges – man wähnt sich im Schwarzwald, im Taunus oder im Bayerischen Wald.

In der Nähe der Naturbühne »Blauer See«, dort wo ein Märchen-Zoo, Spielgelände und ein Spezialitäten-Restaurant Attraktionen für alle Altersschichten bieten, beginnen wir unsere Wanderung mit dem Wanderzeichen Doppelstrich. Vom Parkplatz aus gehen wir am Südufer des Angerbachs entlang, durch die Teichstraße bis zur Brückermühle, links über den Angerbach und dann die Straße in Serpentinen aufwärts bis zur Eisenbahnüberquerung am Hölenderweg. Hier zeigt der Doppelstrich nach rechts in den Wald hinein.

Jetzt heißt es: klettern! Zuerst den steilen Hang hinunter bis zum Angerbach, dann hinter der Papiermühle wieder den Berg hinauf. Oben im Buchenhochwald beginnt sofort wieder der Abstieg nach rechts auf ausgewaschenen Pfaden, über Wurzelwerk und Schieferfelsen hinab ins Tal und zur *Auermühle*.

Der einsame Weg folgt jetzt der alten, eingleisigen Eisenbahnstrecke nach Osten – den Bach aufwärts. Mal befinden wir uns unten in der Talsohle, mal auf halber Höhe im Hang, bis endlich das Massiv der Autobahnbrücke fast drohend vor uns auftaucht. Wir klettern nach oben, unterqueren die Autobahn und kommen auf kurvenreichen Pfaden durch zerklüftetes Waldgebiet abwärts über eine Waldtreppe bis zum Restaurant »Zur Eule«.

Nun setzen wir unseren Wanderweg ein kurzes Stück ohne Wegemarkierung auf der Fahrstraße, der Ernst-Stinshoff-Straße, hinunter ins *Angertal* bis zum Parkplatz Steinkothen fort. Hier orientieren wir uns an dem Andreaskreuz der Strecke 30 (X 30); dieses Wanderzeichen weist uns links vom Parkplatz durch das stille Angertal mit den kleinen Waldungen und dem Pappelbruch. Hinter einem Brückchen öffnet sich ein Wiesengrund, der sich bis zum Haus Anger hinzieht. Dort wechseln wir auf das Zeichen spitzer Winkel über, das uns im Gleichlauf mit dem Rundweg A 7 hinter dem Klärwerk links einen Hohlweg hinaufführt und dann auf der Rückseite der Häusergruppe weiter einen steilen Weg empor. Oben auf der Höhe liegt die Landschaft rund um Heiligenhaus ausgebreitet vor uns.

Auf der Straße In der Leibeck wenden wir uns nach rechts, bei der direkt dahinter entlangführenden Vorfahrtsstraße links und gelangen an der Gaststätte Werkerwald vorbei nach *Heiligenhaus*. Über die Bergische Straße, Werkerhofstraße, Berliner Straße, Kolpingstraße, den Südring und die Mozartstraße steuern wir die Stadtmitte an, wo es bei der Kirche eine Omnibusverbindung direkt zum Blauen See zurück gibt.

9 Um den Leversberg bei Hösel

Anfahrt für Autofahrer Autobahn Köln – Oberhausen (A 3) oder Autobahn Düsseldorf – Essen (A 52) bis zum Breitscheider Kreuz, dann Landstraße über Krummenweg nach Lintorf.
Verkehrsmöglichkeiten Bundesbahn bis Düsseldorf oder Mülheim, Omnibus bis Lintorf/Am Gierath.
Parkmöglichkeiten Wanderparkplatz Hantersiepen.
Wegmarkierungen Raute 1 und Andreaskreuz X 17.
Tourenlänge 10 km.
Wanderzeit Etwa 2$^1/_2$ Stunden.
Wanderkarten 1 : 50 000 Blatt L 4706 Düsseldorf.
Tourenbeschreibung Der *Leversberg* ist ein bewaldeter Höhenzug in der nordwestlichen Ecke des niederbergischen Landes. Verkehrsteilnehmer auf der Autobahn Köln–Oberhausen sehen den Leversberg kurz vor dem Breitscheider Kreuz.

Vom *Waldparkplatz Hantersiepen* aus wandern wir auf dem Weg »An den Hanten« unmittelbar hinter dem Dickelsbach scharf links zum Trimmpfad, über ein Brückchen den Wald hinauf, bis wir auf dem Hauptweg auf das Zeichen Raute der Hauptwanderstrecke Duisburg–Lintorf–Hösel stoßen. Diesem Raute-Zeichen folgen wir durch den herrlichen Mischwald, manchmal am Hang entlang, schließlich zweimal auf schmalen Stegen über den Dickelsbach und einen Pfad durch den Tannenwald hinauf bis *Krummenweg*.

Wir gehen weiter über die Parkplätze, am Hotel Krummenweg vorbei, über den Verkehrskreisel und die Straße Am Sondert hoch bis zur Brücke über die Autobahn. Vom Parkplatz unmittelbar hinter der Autobahn nimmt uns das schöne Waldgebiet des Schlebruchs auf. Unsere Strecke führt auf gepflegten Wegen durch eine Aufforstung und durch Buchenwald, entlang an schluchtartigen Abhängen nach *Hösel.*

Typisches Niederrhein-Gehöft   (Foto: Kreisverwaltung Kleve)

Nachdem wir etwa 50 Meter der Landstraße nach rechts gefolgt sind, wechseln wir auf das Andreaskreuz (X 17) über, das scharf nach rechts einen Pfad durch den Wald parallel zur Eisenbahnlinie markiert. Hier befinden wir uns im Waldgebiet des Leversberges, unterqueren die Autobahn und kommen, rechts auf einen breiteren Waldweg einbiegend, in Höhe der Omnibus-Haltestelle »Gut Kost« zur Landstraße. Nur ein kleines Stück weist das X-Zeichen auf der Straße nach Norden, knickt dann aber gleich wieder nach links in den Wald ein.

Über den Dickelsbach gelangen wir an eine Wege-Kreuzung, bei der wir mit X südwärts, das heißt nach links, weiterwandern. Bei einem weiteren Wegekreuz halten wir uns rechts am Südhang des Hülsenberges entlang. Nach etwa 800 Metern treffen wir an einer Schutzhütte wieder auf das Raute-Zeichen, mit dem wir rechts ab auf schönen Waldwegen vorbei an drei Fachwerkhäusern und von dort zum Parkplatz Hantersiepen finden.

10 Rheintour bei Meerbusch und durch die Rheinaue Spey

Anfahrt für Autofahrer Autobahn Düsseldorf – Mönchengladbach (A 52) bis zur Ausfahrt Meerbusch/Neuss. Oder linksrheinische Autobahn Köln – Krefeld (A 57) bis zur Ausfahrt Meerbusch. Jeweils Bundesstraße 9 bis Büderich.

Verkehrsmöglichkeiten Bundesbahn bis Düsseldorf, Omnibus bis Büderich/Kirche.

Parkmöglichkeiten Parkplätze Theodor-Hellmich-Straße.

Wegmarkierungen Rundwege A 6, A 5, A 4 und A 3.

Tourenlänge 15 km.

Wanderzeit Etwa 4 Stunden.

Wanderkarten 1:50 000 Blatt L 4706 Düsseldorf.

Wissenswertes Während der Eiszeiten hatte der Rhein zwischen Düsseldorf und Krefeld die etwa 15 Kilometer breite Niederterrasse aufgeschottert, in der er sich zuletzt sein Hochwasserbett grub. In der Rheinaue findet man noch eine eigenartige Flora.

Tourenbeschreibung Ausgangspunkt unserer Wanderung ist die *Büdericher Kirche*, von der aus wir durch die Dorfstraße, an der K-Bahn-Haltestelle Büderich vorbei, durch die Johannes-Kirschbaum-Straße und durch das Villenviertel des Rheinpfades bis zum Rheindamm gelangen. Das Zeichen A 6 weist den Weg auf dem Damm nach Süden, bei *Niederlörick* eine Treppe den Deich hinunter, über eine Allee durch das Vordeichland bis zur Fährstation *Mönchenwerth*.

Mönchenwerth war Anfang des 18. Jahrhunderts ein Trappistenkloster. Am gegenüberliegenden Ufer erkennen wir die Silhouette des Rheinstadions. Wir wandern jetzt auf dem Uferweg nach Norden. Dort, wo der asphaltierte Weg aufhört, bleiben wir entweder auf den Wiesenpfaden oder gehen hinauf auf den Deichdamm. Das Zeichen A 6 wird an dieser Stelle übrigens von A 5 abgelöst.

Wir folgen dem großen Rheinbogen, passieren den Mühlenbach entweder unten am Ufer über Steinblöcke oder oben auf dem Damm über eine kleine Brücke und kommen, nunmehr mit dem Zeichen A 4 als Orientierungshilfe, auf dem Rheindamm nach *Langst-Kierst*. Hier wenden wir uns rechts hinunter zum Langster Fährhaus. In den Sommermonaten ist es reizvoll, mit der Fähre zu dem historischen Düsseldorfer Stadtteil *Kaiserswerth* überzusetzen und von dort ein Schiff zurück nach *Mönchenwerth* zu nehmen.

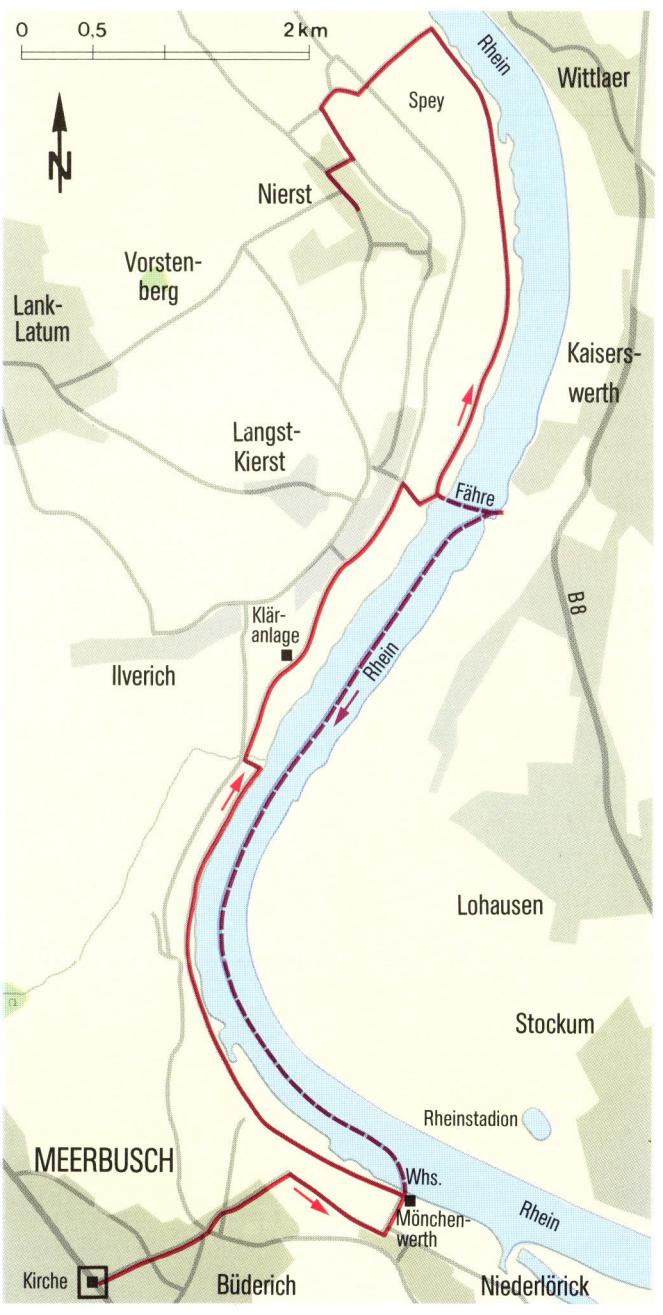

O   0,5   2 km

N

Rhein

Wittlaer

Spey

Nierst

Vorsten-
berg

Lank-
Latum

Kaisers-
werth

Langst-
Kierst

Fähre

B 8

Klär-
anlage

Ilverich

Rhein

Lohausen

Stockum

Rheinstadion

MEERBUSCH

Whs.
Mönchen-
werth

Rhein

Kirche

Büderich

Niederlörick

Unsere Rheintour führt allerdings mit dem Wanderzeichen A 3 weiter nach Norden, an einer Kleingolfanlage und einem Campinggelände vorbei. Unser Blick schweift hier auf den breiten Strom und das Panorama des Ortes Kaiserswerth mit den Ruinen der Kaiserpfalz Barbarossas. Die Rheinaue, die wir auf den Wiesenwegen durchziehen, nennt sich in diesem Abschnitt die Spey. Bald tauchen am gegenüberliegenden Ufer die Orte Wittlaer und Bockum auf, und vor uns am Horizont sind die Industrieanlagen des Krefelder Hafens und des Duisburger Südens auszumachen.

Erst hinter dem Zeltplatz des WSR Rheinhausen 1927, in Höhe von Stromkilometer 759, verläßt die mit A 3 markierte Strecke das Flußufer und biegt links ab durch das Vordeichland, über den Rheindamm hinweg, am Werthhof vorbei nach *Nierst*. Über die Straße »Am oberen Feld« und den Kulenweg erreichen wir an der Stratumer Straße die Omnibus-Haltestelle Nierst/ Kirche. Wir fahren von hier aus mit dem Omnibus nach Büderich zurück.

11 Von Bissingheim zum Entenfang und durch die Saarner Mark

Anfahrt für Autofahrer Autobahn Köln – Oberhausen (A 3) bis zur Ausfahrt Duisburg-Wedau, dann Bissingheimer Straße und Worringer Weg nach Bissingheim.
Verkehrsmöglichkeiten Bundesbahn bis Duisburg. Omnibus bis Bissingheim/Hermann-Grothe-Straße.
Parkmöglichkeiten Waldparkplatz an der Huckinger Heide.
Wegmarkierungen Rundweg A 2.
Tourenlänge 13 km.
Wanderzeit Etwa 3 Stunden.
Wanderkarten 1:50 000 Blatt 35 Kreis Wesel.
Wissenswertes Gerhard Mercator, der berühmte Geograph und Begründer der wissenschaftlichen Kartographie, lebte und wirkte von 1552 bis zu seinem Tod in Duisburg. Er hatte bedeutenden Anteil am kulturellen Aufstreben der Stadt im 16. und 17. Jahrhundert.

Tourenbeschreibung Im Südosten der Stadt Duisburg erstreckt sich ein riesiges Waldgebiet mit Dutzenden von kleineren und größeren Wanderstrecken, die sich beliebig kombinieren lassen.

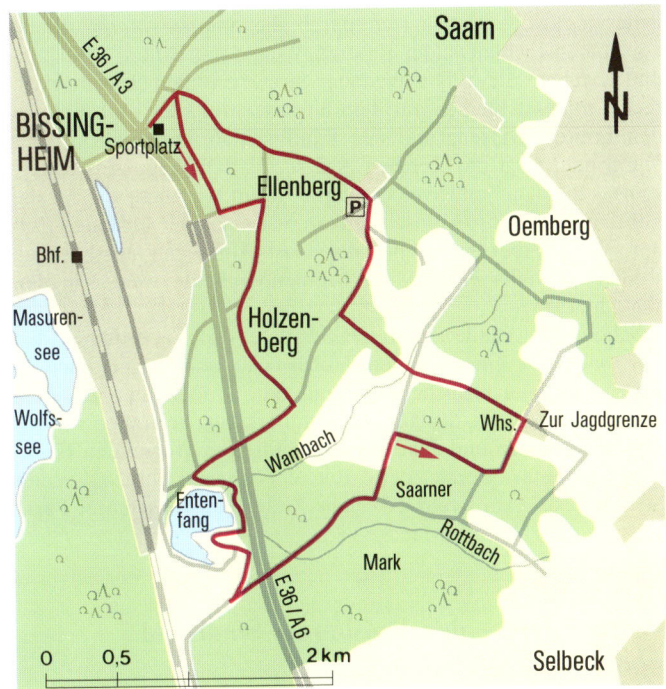

Der Rundweg A 2 bietet abwechslungsreiche Aspekte: stille Waldwege, einen Badesee, Wiesengründe mitten in den Waldungen und schöne Gasthäuser. Wir beginnen unseren Rundweg direkt an der Autobahn, auf dem Waldparkplatz an der Huckinger Hecke bei Bissingheim.

Querwaldein führt uns das Wanderzeichen zu einem breiten Weg, der durch den Buchenhochwald nach Süden zum Erlenbruch leitet. Dort knickt unsere Strecke nach links ab, am Waldrand und einem Wiesengrund vorbei, den Ligusterweg empor bis zum Terrain für Military-Reiter. Wir folgen der Tannenstraße nach rechts, parallel zum Reitweg, den Hang des Holzenbergs hinauf. Bei der Einmündung des Wegs Schoppenort halten wir uns halbrechts, unterqueren die Autobahn und kommen auf schönen Waldwegen zum *Entenfang*, einem Paradies für Wassersportler. Hier tummeln sich Paddelbootfahrer, Schwimmer und Taucher gleichermaßen.

Jetzt geht es auf malerischen Uferwegen am Ostufer des Sees entlang, dann durch den Fichtenwald am Rande des Camping platzes hinauf auf dem Nachbarsweg über die Autobahn. Herrliche Waldwege ziehen sich durch die *Saarner Mark.* Zuerst umsäumen Fichtenwälder unseren Weg, dann Birken-, Buchen- und Lärchenwälder. Die Wedauer Straße ein paar Schritte nach rechts und wir bleiben auf dem Nachbarsweg, der nach links in den breiten Wiesengrund des Wambachtals hineinführt. Aber schon bald zeigt das Zeichen A 2 rechts den Weg »Am Rittersporn« hügelauf und waldeinwärts. Wenn wir dann die Straße Fährbaum nach links einschwenken, verlassen wir für kurze Zeit den Wald. Aber schon bei der Gaststätte »Zur Jagdgrenze« stoßen wir links parallel zur Mühlenbergheide wieder in den Wald hinein.

Schöne Waldpfade laufen der Straße entlang, überqueren den Wambach auf einer kleinen Holzbrücke und folgen auch in einem gewissen seitlichen Abstand der Großenbaumer Straße nach Norden. Beim Mülheimer Waldparkplatz vertrauen wir uns dem Rottweg an und gehen auf asphaltierten Wegen den Ellenberg hinunter durch den Buchenhochwald bis zu einer Straßenecke »Am Kreuz«. Wenige Meter links liegt unser Parkplatz an der Huckinger Hecke.

12 Durch den Duisburger Stadtwald und zum Zoo

Anfahrt für Autofahrer Autobahn Köln – Oberhausen (A 3) oder Autobahn Essen – Venlo (A 430) bis zum Autobahnkreuz Duisburg-Kaiserberg.

Verkehrsmöglichkeiten Bundesbahn bis Duisburg, Straßen- bahn bis Duisburg/Zoo.

Parkmöglichkeiten Parkplätze am Duisburger Zoo.

Wegmarkierungen Rundweg A 2, Andreaskreuz X 30.

Tourenlänge 11 km.

Wanderzeit Etwa 3 Stunden (ohne Zoobesuch).

Wanderkarten 1:50 000 Blatt L 4506 Duisburg.

Wissenswertes Der Duisburger Zoologische Garten ist wegen seiner seltenen Tierarten ein Publikumsmagnet. Bemerkenswert sind das Äquatorium (Menschenaffenanlage), das Aquarium (Haus der 1000 Fische) und das Delphinarium mit einem Becken von 22 Metern Länge und einer Zuschauertribüne für 1000 Per- sonen.

Tourenbeschreibung Einen ausgedehnten Spaziergang mit einem Zoo-Besuch verbinden – warum eigentlich nicht? Wir be- ginnen unsere Wanderung mit dem Rundwegzeichen A 2 auf

44

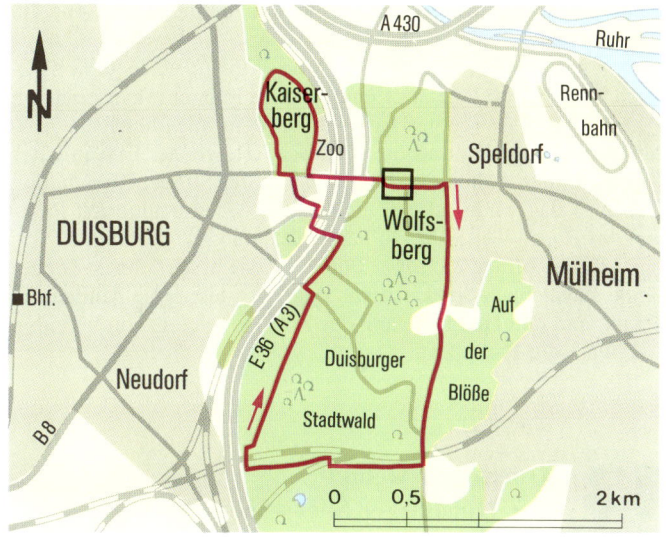

den Parkplätzen östlich der Autobahn. Parallel zur Mülheimer Straße kommen wir in Richtung Osten bis zum Stadtrand von *Mülheim-Speldorf.* Noch vor den ersten Häusern steigen wir die Monningstraße rechts hinauf auf den Wolfsberg, in dessen Nähe der Fernsehturm die Landschaft überragt. Jetzt geht es an der katholischen Akademie Wolfsburg, einer früheren Ausflugsgaststätte, und am »Haus Hantenfels« vorbei auf breiten Waldwegen durch das Landschaftsschutzgebiet, bis wir bergab hinter dem Restaurant »Am Waldessaum« in der Nähe des Stellwerks Katzenbuch die Eisenbahnlinie überschreiten.

Hier biegt A 2 nach rechts in den Laubwald hinein, führt dann bald wieder durch einen Eisenbahnviadukt und gleich hinter der Unterführung am Bahndamm entlang bis zur Autobahn. Unmittelbar vor der Straße knickt unser Kurs unter einer Eisenbahnbrücke hindurch nach Norden ab. Jetzt folgen wir dem interessanten Naturlehrpfad der Schutzgemeinschaft Deutscher Wald durch die erholsame Waldlandschaft. Später treffen wir auch auf das Andreaskreuz, das gemeinsam mit A 2 nordwärts durch den Forst weist. Erst wenn sich X 30 und A 2 bei einer Wegekreuzung trennen, wandern wir mit dem X nach links über die Autobahn- und Eisenbahnbrücke weiter, rechts hinunter unter der Zufahrtsstraße zur Universität hindurch, sofort wieder nach links durch den Wald und »Zum Drachensteig«. Wir überqueren die stark befahrene Mülheimer Straße und befinden uns nun im *Kaiserberg.*

Der gepflegte Park hat malerische Winkel: einen Goldfischteich oder die Anlage am Gefallenen-Ehrenmal. Vom obersten Plateau des Kaiserberges haben wir zudem noch herrliche Ausblicke auf Duisburg und die rheinische Tiefebene. Erst in einer Kurve auf der Anhöhe verlassen wir bei der Straßenbezeichnung Am Zoo das Andreaskreuz und gehen den asphaltierten Parkweg im Bogen weiter bis zu der Umzäunung des Tierparks. Immer wieder öffnen sich uns Blicke in das ausgedehnte Zoogelände. Schließlich erreichen wir den Berg hinab die Mülheimer Straße und den Haupteingang des Zoos. Unweit davon befinden sich auch die Parkplätze.

13 Durch das Gebiet der Duisburger Sechs-Seen-Platte

Anfahrt für Autofahrer   Autobahn Köln – Duisburg (A 3) bis zur Ausfahrt Duisburg-Wedau.
Verkehrsmöglichkeiten   Bundesbahn bis Duisburg. Omnibus bis Duisburg/Stadion.
Parkmöglichkeiten   Parkplätze am Stadion.
Wegmarkierungen   Raute 1, Doppelstrich (=) und Dreieck.
Tourenlänge   15 km.
Wanderzeit   Etwa 4 Stunden.
Wanderkarten   1:50 000 Blatt 35 Kreis Wesel.
Wissenswertes   Die Stadt Duisburg hat in ihrem Süden ein Sport- und Erholungsgebiet von riesigen Ausmaßen und einmaliger Schönheit geschaffen. Die Sechs-Seen-Platte ist aus Kies- und Sandbaggerlöchern der Firma Krupp entstanden. Sie wird ständig erweitert und verschönert.
Tourenbeschreibung   Bevor wir durch das Gebiet der Sechs-Seen-Platte wandern, schauen wir erst einmal den Ruderern und Kanuten beim täglichen Training zu. Vom Wedau-Stadion aus kommen wir über die Kruppstraße an der neuen Regattatribüne vorbei zum Ostufer der Regattabahn. Den Durchgang zum Uferweg finden wir beim Klubhaus des ASC Duisburg. Exakt zwei Kilometer geht der Weg jetzt an der Rennstrecke entlang, die gepflegte Promenade hört erst an der Wedauer Straße auf.

Die Wanderzeichen Raute und Doppelstrich (=) führen uns durch die Straßen »Zu den Eichen«, »Am See«, und »Kalkweg«

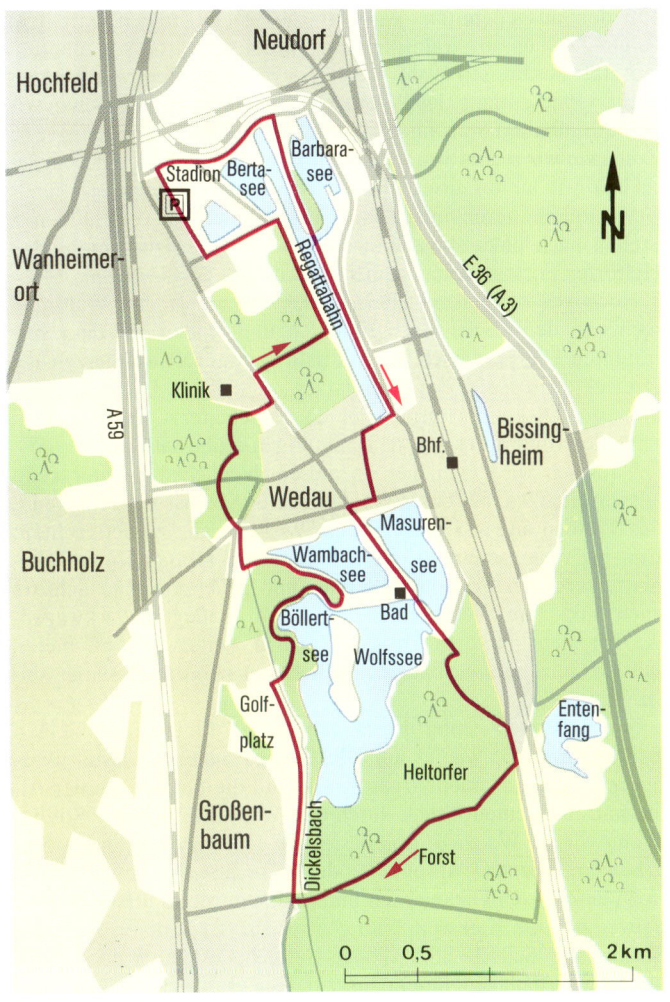

Neudorf
Hochfeld
Barbara-
see
Stadion Berta-
see
Wanheimer-
ort
Regattabahn
E 36 (A 3)
Klinik
A 59
Bhf.
Bissing-
heim
Wedau
Masuren-
Wambach-
see
see
Buchholz
Böllert-
Bad
see
Wolfssee
Golf-
Enten-
platz
fang
Heltorfer
Großen-
baum
Dickelsbach
Forst

0   0,5   2 km

in das malerische Erholungsgebiet. Vier Seen präsentieren sich
uns in einer Idylle: Der *Masurensee, Wambachsee, Wolfssee* und
Böllertsee. In der Planung befinden sich noch der Wildförstersee
und der Haubachsee.

Von der steilen Fußgängerbrücke über die Bucht genießen wir
einen herrlichen Blick auf den Segelhafen, das Freibad, den
Wildrosenhang, den Modellbootshafen und das bunte Treiben

auf der ausgedehnten Wasserfläche. Dann folgen wir dem Raute-Zeichen am Waldspielplatz vorbei südwärts. Wir empfehlen, statt des breiten Waldwegs lieber den schmalen, wild-romantischen Pfad entlang des Wambachs zu nehmen. So erreichen wir den Eisenbahndamm und den Waldweg »Zum verschwiegenen Zoll«, wo wir rechts auf der Saarner Straße durch die Kiesbaggerei bald wieder auf unsere beiden Wandermarkierungen treffen.

Wir durchqueren jetzt, ohne auf die an zwei verschiedenen Stellen nach links abbiegenden Wanderzeichen zu achten, den Heltorfer Forst in seiner ganzen Breite bis *Großenbaum*.

Noch vor den ersten Häusern schwenken wir am Waldrand rechts in den Dickelsbachgrund ein und stoßen auf dem verträumten Uferpfad nach Norden bald auf das Ortswanderzeichen Dreieck. Am Ende des Golfplatzes zeigt dieses Dreieck rechts über die Dickelsbachbrücke in den Bischelter Grund bis zum Ufer des Böllertsees mit den anmutigen Ruhestationen.

Natürlich wird man hier an diesem herrlichen Seeufer nicht ausschreiten wie bei einer Waldwanderung; es ist zu verlockend, das Treiben auf und rund um die Wasserfläche zu beobachten. Erst im Wambachgrund, noch hinter dem großen Kinderspielplatz, verlassen wir den Böllertsee und gehen ein paar Schritte nach links zum Wambachsee. Von den gepflegten Parkwegen, die wir stets mit dem Dreieck-Zeichen weiterwandern, bieten sich uns reizende Ausblicke auf die Bucht und das Wedauer Villenviertel.

Am äußersten Zipfel des Wambachsees, hinter einer kleinen Brücke, sind wir wieder am Dickelsbach angelangt. Nun überqueren wir die Neidenburger Straße und die Großenbaumer Allee und nach einem Stück durch den Wald die Wedauer Straße. Wenn wir im Wald vor uns das große Duisburger Klinikterrain erkennen, biegen wir am Waldrand rechts ab, überschreiten noch einmal den Dickelsbach und kommen rechts über den Pregelweg bis zum Kalkweg. Nun geht es auf der anderen Seite der Straße beim Schild »BSA-Wedau II« rechts in den Wald mit den vielen Sportanlagen hinein bis zur Regattastrecke. Nach links bringt uns die Bertaallee mit dem Raute-Zeichen an der Sportschule, dem Bertasee und dem Schwimmstadion vorbei zurück zu den Parkplätzen am Stadion.

Wem die ganze Wanderung zu lang ist, dem empfehlen wir, das Stück rund um die Regattastrecke auszulassen und stattdessen lediglich die Rundwanderung mit dem Zeichen Dreieck zu machen. Diese Strecke streift die schönsten Stellen der Sechs-Seen-Platte. Ausgangspunkt ist der Parkplatz am Kalkweg in Höhe des Masurensees.

14 Vom Baerler Busch an den Rhein

Anfahrt für Autofahrer Autobahn Duisburg-Kamp Lintfort (A 42) bis Ausfahrt Rheinberg. Die Rheinbergerstraße Richtung Moers. An der ersten Kreuzung links in die Verbandsstraße und dann rechts in die Römerstraße bis zum Parkplatz Orsoyer Allee.

Verkehrsmöglichkeiten Bundesbahn bis Moers, Omnibus bis Rheinkamp/Orsoyer Allee.

Parkmöglichkeiten Waldparkplatz an der Orsoyer Allee.

Wegmarkierungen Andreaskreuz X 12, Rundweg A 10 und A 7.

Tourenlänge 12 km.

Wanderzeit Etwa 3 Stunden.

Wanderkarten 1 : 50 000 Blatt 35 Kreis Wesel.

Wissenswertes Die Römerstraße, die im Westen den Baerler Busch tangiert, liegt auf der Trasse der von den Römern erbauten Verbindung von Colonia Agrippinensis (Köln) und Castra vetera (Xanten).

Tourenbeschreibung Das Waldgebiet des *Baerler Busch* durchqueren wir in seiner breitesten Ausdehnung: von Südwesten nach Nordosten. Wir richten uns dabei vom Waldparkplatz an der Orsoyer Allee nach dem Andreaskreuz (X 12), das uns geradeaus durch den Mischwald führt, unweit von den Kiesbaggerseen entfernt, parallel zu den Bahnschienen dann über die Autobahn hinweg und die Landstraße nach Duisburg kreuzend bis zur Waldecke. Hier biegen wir beim Straßenschild »Schlotweg« mit A 10 rechts ein und erreichen hinter der Eisenbahnstrecke den Duisburger Ortsteil *Lohheide.*

Vom Sardmannsbruchweg an befinden wir uns in dem breiten, fruchtbaren Binsheimer Feld, wo man dem typischen Vertreter der niederrheinischen Vogelwelt, dem schwarzweißen, taubengroßen Kiebitz begegnen kann. Auf der Strecke durch das landwirtschaftlich genutzte Gebiet haben wir einen Weitblick ins Rheintal, auf den Höhenzug von Orsoy und auf die Industrieanlagen von Walsum und Duisburg.

Bei der ersten Kreuzung mitten im Feld schwenkt unsere Tour vom Sardmannsbruchweg nach rechts ab und führt an der Peripherie von Baerl entlang zur Landstraße und weiter zum Rheindamm. Wir gehen hinunter an den Rhein und auf dem Leinpfad nach rechts. Hier haben wir die Möglichkeit, den regen Schiffsverkehr auf dem Strom zu beobachten. Erst im Rheinbogen, einige hundert Meter vor der Autobahnbrücke über den Fluß, endet der Uferweg bei der Gaststätte »Haus Rheinblick«. Wir

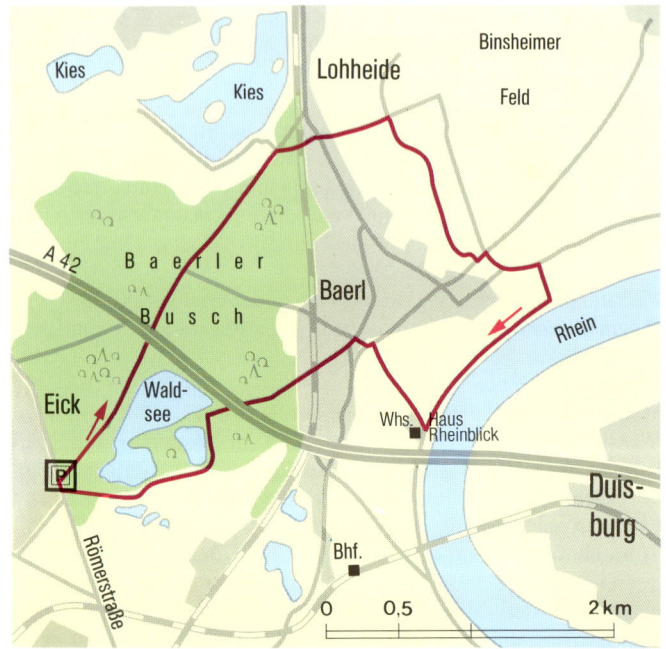

biegen nach rechts in den Niederhalener Dorfweg ein und kommen durch eine Kastanienallee nach *Baerl*.

Etwa in der Gegend der aus dem vorigen Jahrhundert stammenden Baerler Mühle beginnt die Strecke durch den Ort: ein kleines Stück auf der Grafschafter Straße, dann gelangen wir auf der Hubertusstraße und der Waldstraße durch die Barrieren einer Eisenbahnanlage geradeaus in einen Stieleichen- und Akazienwald. Hier biegen wir kurz vor der Straße mit A 7 rechts ab, überschreiten die Landstraße und die Autobahn, und kommen gegenüber zu dem Gelände einer ehemaligen Kiesbaggerei. Tief unten liegt der ausgebaggerte und vergrößerte Waldsee; er ist das Kernstück eines Freizeitparks.

Nach links im großen Bogen um den Waldsee herum, meist auf der Höhe am Waldrand, finden wir zurück zur Römerstraße und zum Parkplatz an der Orsoyer Allee.

15 Durch die Wälder bei Kloster Kamp und um den Dachsberg

Anfahrt für Autofahrer   Linksrheinische Autobahn Köln – Krefeld – Goch (A 57) bis zur Ausfahrt Kamp-Lintfort, in Richtung Rheinberg bis Kamp-Lintfort, dann links in Richtung Geldern über die Moerser Straße und Rheinberger Straße bis Kamp/Bergrücken.

Verkehrsmöglichkeiten   Bundesbahn bis Duisburg oder Moers. Omnibus bis Kamp/Bergrücken.

Parkmöglichkeiten   Parkplätze am Kloster Kamp oder Waldparkplatz an der Kreuzstraße.

Wegmarkierungen   Andreaskreuz X 2, K im Kreis, Rundwege A 2 und A 4.

Tourenlänge   12 km.

Wanderzeit   Etwa 3 Stunden.

Wanderkarten   1 : 50 000 Blatt L 4504 Moers.

Wissenswertes   Erzbischof Friedrich I. von Köln gründete im Jahre 1123 als erstes Zisterzienserkloster in Deutschland das Kloster Kamp. Es wurde 1802 von Napoleon aufgelöst, ist aber seit 1954 wieder von den Karmelitern besetzt. Gut erhalten sind

Zu Tour 15   **Kloster Kamp** bei Kamp-Lintfort
(Foto: Wirtschaftsförderungsgesellschaft für den Kreis Wesel mbH)

die ehemalige Klosterkirche, das mittelalterliche Krankenhaus und einige Wirtschaftsgebäude.

Tourenbeschreibung Ein großes steinernes Kruzifix auf dem Kamper Bergrücken ist Ausgangspunkt unserer Wanderung, die sofort in den lichten Buchenwald des *Hohen Buschs* hineinführt. Wir orientieren uns an dem Wanderzeichen A 2, das im Gleichlauf mit dem Andreaskreuz (X 2) den Hang hinunter und dann auf dem Querweg nach rechts durch den Wald zeigt. Am Waldausgang gehen wir durch die Niederstraße hinüber zu der schönen Wohnsiedlung *Niederkamp* und von dort geradeaus auf einem breiten Weg in den Wald hinein. Erst dann, wenn das Andreaskreuz fast am jenseitigen Ende des langgestreckten Waldes – wir sind dann etwa drei Kilometer durch den Forst gewandert – nach rechts abbiegt, wenden wir uns mit dem Zeichen A 2 nach links und erreichen beim Waldausgang den Wanderparkplatz »An der Wilhelmsruh«. A 2 führt uns nun am Waldrand entlang, später über die *Fleuth,* ein Stück durch Buchenwald und durch Felder, dann im rechten Winkel nach rechts zur Ortschaft *Grotepaß* und zur Hoerstgener Straße.

Wenige Schritte weiter links knickt das Zeichen rechts in die Mühlenstraße ein. Wir überqueren die Kirchhoffstraße, bleiben auf der Mühlenstraße auch dann, wenn A 2 nach links in die Felder weist, und treffen bei der Bergstraße auf den *Dachsberg,* der einen großen Waldfriedhof beherbergt.

Wandern wir auf der Bergstraße mit A 4 um den Dachsberg herum! Ab der Klotenstraße begleitet uns das Andreaskreuz X 2 zur Rheurdter Straße. Durch die herrliche Allee gelangen wir zur großen Sportanlage. Von uns türmt sich das *Kloster Kamp* auf einem Hügel auf. Hier biegen wir rechts in einen Hangweg ein, überqueren die Sportanlagen und kommen schließlich den schmalen, romantischen Bergweg hinauf zum Kloster.

16 Von Alpen durch den Staatsforst Leucht

Anfahrt für Autofahrer Linksrheinische Autobahn Köln – Krefeld – Goch (A 57) bis zur Ausfahrt Alpen.

Verkehrsmöglichkeiten Bundesbahn bis Wesel oder Geldern, Omnibus bis Alpen/Adenauerplatz.

Parkmöglichkeiten Parkplätze am Adenauerplatz oder auf der Straße »Zum Wald«.

Wegmarkierungen Andreaskreuz X 2, Rundwege A 10, A 8 und A 7.

Tourenlänge 15 km.

Wanderzeit Etwa 4 Stunden.

Wanderkarten 1 : 50 000 Blatt L 4504 Moers.

Wissenswertes Mitten in dem Staatsforst Leucht liegt ein riesiger Findling aus Granit. Diese Gesteinsart aber kommt von Natur aus am Niederrhein nicht vor. Der Findling besteht aus demselben Material wie die Felsen Skandinaviens. Er muß also vor etwas 200 000 Jahren von den gewaltigen Kräften des Eises aus dem Norden hierher transportiert worden sein. Das Gletschereis hat wie eine Planierraupe die gewaltigen Sand-Kies-Massen aufgetürmt, aus der die Leucht besteht.

Tourenbeschreibung Von dem Heiligenhäuschen an der Einmündung der Straße »Im Wald« in die Lindenallee wandern wir mit X 2 nach Südosten, einen romantischen Hangweg entlang, unterqueren die Alpener Ortsumgehungsstraße, erreichen am Dahlackerweg eine Wohnsiedlung und folgen dann dem Andreaskreuz in den Laubwald des *Staatforstes Leucht* hinein.

Der herrliche Weg führt unter der Autobahnbrücke hindurch, an einem Abhang und an sumpfigen Wiesengründen vorbei, pas-

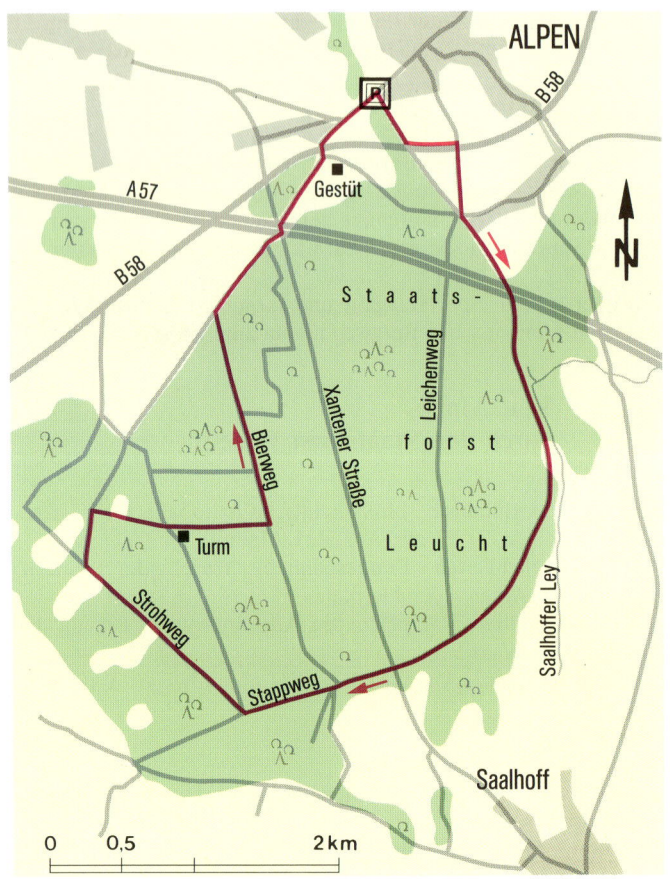

siert beim Wegestern an der Waldecke ein Heiligenbild und
bringt uns über einen hohlwegartigen Aufstieg – hier säumen
markante Kiefern den Kurs – zum Pony-Reitgelände und zu den
Waldparkplätzen an der Xantener Straße. Jenseits der Landstraße bleiben wir auf dem Stappweg geradeaus. Beim zweiten
Wegekreuz wechseln wir auf das Zeichen A 10 über. Es zeigt uns
den Weg an der Schutzhütte vorbei im stumpfen Winkel nach
rechts in den Strohweg. Später biegt A 10 zweimal nach rechts
ab, ehe der Feuermeldeturm vor uns auftaucht. Bei der nächsten
Kreuzung hinter dem Turm – hier steht wieder ein Rastpilz – verlassen wir A 10 und wandern mit A 8 nach links den sogenannten
Bierweg nordwärts.

Zu Tour 35 **Egelsbergmühle**   (Foto: Stadt Krefeld, Presseamt)

Dort wo der Findling aus skandinavischem Granit an einer Wegekreuzung steht, halten wir uns links, am Waldausgang rechts, und mit der Wegemarkierung A 7 am Waldrand entlang bis zur Xantener Straße. Zurück zu unserem Ausgangspunkt kommen wir über die Autobahnbrücke hinweg und dann rechts ab am Waldrand und einem großen Gestütsgelände vorüber bis zur Bundesstraße 58. Wir überqueren diese Straße und kommen auf der Lindenallee hinunter nach *Alpen.*

17 Von Schloß Ossenberg auf Deichwegen nach Wallach

Anfahrt für Autofahrer Linksrheinische Autobahn Köln – Krefeld – Goch (A 57) bis zur Ausfahrt Rheinberg, Bundesstraße 510 bis Rheinberg, dann Bundesstraße 57 und (nach den Solvay-Werken) Graf-Luitpold-Straße bis Ossenberg.
Verkehrsmöglichkeiten Bundesbahn bis Moers oder Wesel, Omnibus bis Ossenberg/Kirche.
Parkmöglichkeiten Entlang der Schloßstraße.
Wegmarkierungen keine.
Tourenlänge 13 km.
Wanderzeit Etwa 3 Stunden.
Wanderkarten 1:50 000 Blatt 35 Kreis Wesel.
Wissenswertes Über 200 Jahre – von 1174 bis 1380 – war die Herrschaft am Alten Rhein zwischen Rheinberg und Borth den Herren von Ossenberg unterstellt. Sie residierten in den Vorläufern jenes Hauses, das im 18. Jahrhundert zu einem Rokokoschloß umgebaut wurde. Bei einem Luftangriff im Februar 1942 wurde das Schloß schwer getroffen; damals fand die Gräfin Berghe von Trips den Tod.
Tourenbeschreibung Auf Deichwegen zu spazieren, links und rechts des Weges Viehweiden, und in der Ferne die Schiffe auf dem Rhein zu beobachten – das kann schon faszinierend sein. Wandern wir also vom Schloß Ossenberg so schnell wie möglich zum Damm: an den Schloßmauern entlang bis zu jener Stelle, wo die Schloßstraße bei Haus Nummer 3 in die Werftstraße übergeht. Links einschwenkend befinden wir uns schon auf einem jener Wege, die das Hinterland vor möglichem Hochwasser schützen. Durch Wiesengelände erreichen wir hinter dem Eisenbahngleis eine Fahrstraße, der wir nach links an einem großen Baggersee vorbei folgen.

Beim Wegekreuz halten wir uns rechts und bleiben etwa vier Kilometer auf dem Deich, stets mit herrlichen Ausblicken auf die Stromlandschaft. Erst im *Niederwallach* verlassen wir den Deichweg und gehen hinunter an Bauernhöfen und einer markanten Pappelreihe entlang bis zur Landstraße. Wenn diese Straße nach gut 200 Metern eine Linkskurve macht, biegen wir nach links in den Breiter Weg ein und begeben uns durch Felder hinüber nach *Wallach.*

Geradeaus durch die Wilhelm-Tell-Straße, auf der Wallacher Straße ein paar Schritte nach rechts, dann gleich wieder links auf der Mühldorfer Straße und der Kaiserstraße geht es durch den kleinen Niederrheinort. Schon bald wenden wir uns auf der Borther Feldstraße nach rechts und kommen durch landwirtschaftlich genutztes Gebiet und später am Bahndamm entlang zurück zum Deich. Auf dem Dammweg nach rechts überqueren wir die Kreisstraße und bleiben geradeaus, bis wir auf die Schloßstraße stoßen. Unser Ausgangspunkt, das Schloß Ossenberg, liegt linker Hand.

18 Durch den Hiesfelder Wald und die Kirchheller Heide

Anfahrt für Autofahrer   Autobahn Köln – Oberhausen – Arnheim (A 3) bis zur Ausfahrt Dinslaken/Süd, dann Richtung Sterkrade/Nord auf der Hünenbergstraße und Hirschkampstraße bis Hirschkamp.

Verkehrsmöglichkeiten   Bundesbahn bis Oberhausen, Omnibus bis Sterkrade/Nord-Hirschkamp.

Parkmöglichkeiten   Parkplätze an der Gaststätte Hirschkamp.

Wegmarkierungen   Rundweg A 6, Andreaskreuz X 22 und X 11, Rundwege A 1 und A 2.

Tourenlänge   14 km.

Wanderzeit   Etwa 3½ Stunden.

Wanderkarten   1:50 000 Blatt L 4506 Duisburg.

Wissenswertes   Der Hiesfelder Wald ist der Rest eines riesigen Waldgebiets an der unteren Lippe. Er gehörte schon vor 1300 zur ehemaligen Walsumer Mark. Grundherren waren die Herzöge von Kleve, dann die preußischen Könige und heute das Land Nordrhein-Westfalen.

Tourenbeschreibung   Wir starten unsere Wanderung durch das Naturschutzgebiet des Hiesfelder Waldes und die Kirchheller Heide in der Walsumer Mark. Genauer gesagt: an der Informationstafel des Naturlehrpfads am Waldrand, dort wo das Andreaskreuz (X 22) vom Parkplatz Hirschkamp aus in nordöstlicher Richtung waldeinwärts zeigt. Nach etwa 300 Metern, beim ersten Querweg, richten wir uns nach dem rechts abzweigenden Wanderzeichen A 6, das dem hochinteressanten, knapp vier Kilometer langen Naturlehrpfad folgt. Durch den Forst der Schnepfenheide wandern wir bis zu einem ehemaligen Schießsportgelände, dort nach rechts durch den Buchenhochwald zum Waldrand. Hier überqueren wir an einer hohen Rotbuche und einem Rastpilz den Buchenbach, gehen noch einige Schritte geradeaus und kehren dann im spitzen Winkel zu dem mäandernden Flüßchen zurück.

Hier ist eine Naturwaldzelle angelegt worden, in der jede forstliche Nutzung unterbleibt. Ohne menschliche Eingriffe sol-

len sich typische Waldbestände ungestört weiterentwickeln können. Das Sammeln von Pflanzen, Beeren, Pilzen und Leseholz ist untersagt.

Wer nur einen Spaziergang von ein, zwei Stunden unternehmen will, könnte jetzt dem Buchenbach mit seinen steilen, unterspülten und teilweise überhängenden Ufern folgen, an dem Naturdenkmal »Die sieben Aufrechten« (einer alten Buche mit sieben Stämmen) vorbei zum Rotbach stoßen und auf dem mit A 6 gekennzeichneten Rundkurs zum Ausgangspunkt zurückkehren. Wer eine längere Wanderung machen möchte, sollte unserem Vorschlag folgen.

An dem Waldweg »Hauptgestell«, wo sich zwei Hauptwanderstrecken kreuzen, halten wir uns mit X 22 rechts und später auf der Pfalzgrafenstraße, einer Straße durch den Wald, links. So kommen wir über die Landstraße hinweg zu dem idyllisch gelegenen *Forellensee*. Er liegt zwar etwas abseits der Wanderstrecke, aber der Abstecher lohnt sich.

Ohnehin finden wir in dem Gebiet rund um die *Grafenmühle* viele Spiel- und Sportmöglichkeiten, zum Beispiel das große

Freizeitcenter 2002 sowie Plätze zum Rasten und Gaststätten zum Einkehren. Für die Menschen aus dem Ballungsgebiet des Ruhrreviers sind die vielfältigen Angebote verlockend und geeignet, Abwechslung in den Alltag zu bringen.

Wir setzen unsere Wanderung mit X 11 auf dem Alten Postweg fort, durchqueren die beiden Parkplätze »Roter Bach« und »Bohrlochweg« an der Landstraße und gehen nach Nordosten in Richtung Heidhofsee durch die *Kirchheller Heide* weiter. Herrliche Schwarzkiefernwälder wechseln mit Rotbuchenwäldern ab; es ist ein wunderschönes und erholsames Gebiet, das wir jetzt durchstreifen. Manchmal ändert das Andreaskreuz die Richtung, aber die Markierung ist überall einwandfrei. Wir kommen an einer Schutzhütte vorbei, durch eine Lichtung, eine kurze Strecke über eine Holzabfuhrschneise und dann wieder rechts in den Fichtenwald hinein bis über die Schwarzer-Bach-Brücke.

Zu Tour 19 **Otto-Pankok-Museum in Hünxe**
(Foto: Wirtschaftsförderungsgesellschaft für den Kreis Wesel mbH)

Hinter dem Holzsteg über den *Schwarzer Bach* beginnt auf einem gepflegten, feinkiesigen Querweg, der seitlich eine Reitbahn mit sich führt, der Rückweg. Links ab leitet uns A 1 (und noch viele andere Zeichen) nach Südwesten und beim Waldausgang wenige Schritte links zum Waldparkplatz.

Von jetzt an orientieren wir uns an A 2, das auf einem Steg über den *Rotbach* hinüberführt. Der Rotbach fließt aus dem Quellsumpf am Teich der Grafenmühle durch ein eiszeitliches Tal nach Westen zum Rhein. Er hat ein windungsreiches Bett ausgespült. Der mit A 2 ausgeschilderte Trampelpfad schlängelt sich entlang des Bächleins und mündet schließlich in den Waldlehrpfad. Mit A 6 verlassen wir das romantische *Rotbachtal* und kommen auf dem Bruckmannsweg bis zu einem Wegekreuz. Mit dem Andreaskreuz X 22 kehren wir von hier aus auf dem Weg »Hauptgestell« ein paar Schritte nach links und auf dem Bruckmannsweg nach rechts zum Parkplatz Hirschkamp zurück.

19 Rund um Hünxe durch Wald und Heide

Anfahrt für Autofahrer   Autobahn Köln – Oberhausen – Arnheim (A 3) bis zur Ausfahrt Hünxe, dann Landstraße bis Hünxe. Verkehrsmöglichkeiten Bundesbahn bis Wesel oder Dinslaken, Omnibus bis Hünxe/Busbahnhof.
Parkmöglichkeiten   Parkplätze gegenüber dem Rathaus.
Wegmarkierungen   Rundwege A 1, A 5 und A 2, Andreaskreuz X 19, X 13 und X 14.
Tourenlänge   18 km.
Wanderzeit   Etwa 5 Stunden.
Wanderkarten   1:50 000 Blatt L 4306 Dorsten.
Wissenswertes   Im Turm der Pfarrkirche von Hünxe hängen noch die 300 Jahre alten Wolfsnetze, mit denen man früher die in den Wäldern von Hünxe hausenden Wölfe eingefangen hatte.
Tourenbeschreibung   Da gerade in der Gegend von Hünxe wie in vielen Teilen der Hohen Mark die Rundwanderwege beidseitig gekennzeichnet sind, das heißt sowohl im Uhrzeigersinn als auch entgegen dem Uhrzeigersinn, muß man besonders auf die Richtung achten, die man einschlägt.

Ausgangspunkt unserer Wanderung ist der Platz vor dem Rathaus und der Post in *Hünxe*: Von hier aus führt die Straße »Minnekenstege« in südöstlicher Richtung durch ein schönes Wohngebiet und eine abwechslungsreiche Landschaft. Dort, wo die

Straße in einem Wäldchen eine Rechtskurve bergauf macht, halten wir uns mit den Wanderzeichen A 1 und dem Andreaskreuz (X 19) links und stoßen durch einen Wiesengrund vor einem Bauerngehöft in den Wald hinein. Es ist ein herrliches Gebiet, das wir jetzt durchstreifen: verschlungene Wege durch den hohen Buchenwald, entlang an verzweigten Bachläufen, dann allmählich bergauf an der Burgstätte Berge vorbei bis auf die Anhöhe des *Fockenbergs,* schließlich rechts ab (jetzt ohne das Andreaskreuz) auf schmalen Pfaden bis zur Straße, die den irreführenden Namen »Schwarzer Drecksweg« trägt.

Wir wenden uns nach rechts, parallel zum alten Landwehrgraben, und bleiben beim Parkplatz Fengels und der Gaststätte »Zur Landwehr« geradeaus. Die Straße, die wir weiterwandern, heißt »Lanter«. Rechts breitet sich die *Hünxer Heide* aus, links befindet sich ein dichtes Waldgebiet, in das wir nach etwa 500 Metern mit dem Andreaskreuz (X 13) und dem Rundkurszeichen A 5 einbiegen. In einem großen Rechtsbogen kommen wir unter dem Autobahnviadukt hindurch zu einem Waldwinkel, in dem ein Gehöft und eine Wassermühle liegen.

Auf der Fahrstraße ein paar Schritte geradeaus zweigt links ein schmaler Weg durch das Weidegelände ab und geht unten am Mühlenbach in einen Trampelpfad über. Auf ihm erreichen wir, zwischen eingezäunten Wiesen an Hecken vorbei, anschließend durch ein Waldstück und entlang eines Trimm-Parcours in der Nähe der Gaststätte »Lindenkamp« die Dinslakener Straße.

Jetzt befinden wir uns in der Ortschaft *Bruckhausen.* Wir überqueren die Straße und biegen in den Sternweg ein. Erst ein ganzes Stück hinter der hübschen Siedlung an der Birkenallee weist A 5 auf der gegenüberliegenden Straßenseite in den Wald des Rehmbergsschlags ein. Es geht durch eine einsame, erholsame Waldlandschaft nordwärts, bei einem Wegekreuz links ab und dann, wenn wir auf eine Querschneise treffen, auf dieser rechts hoch zur Landstraße. Hier verlassen wir A 5, halten uns 200 Meter auf der Straße nach links, bis der Lindhagenweg wieder nach links in den Wald zeigt.

Vom Parkplatz »Lindhagenweg« setzen wir unsere Wanderung mit dem Zeichen A 2 geradeaus durch den Föhrenwald fort und bleiben auch beim nächsten Wegekreuz im Gebiet der Testerberge geradeaus. Das Zeichen A 1 führt uns jetzt an dem versteckt hinter Eichen und Birken gelegenen Anita-Thyssen-Heim vorbei bis zu jener Stelle, an der der Weg ein kleine Linkskrümmung macht und bei der wir das Andreaskreuz der Hauptwanderstrecke 14 finden. Dieses X 14 bringt uns, wenn wir im spitzen Winkel nach rechts zurückmarschieren, wieder nach Hünxe:

zuerst durch den schönen Wald, dann bei einer Siedlung über die Autobahn-Fußgängerbrücke, schließlich links einen Hangweg am *Wefelnberg* hinunter. Vor uns breitet sich das Lippetal mit der Ortschaft *Hünxe* und der Kanalschleuse aus. Diesen Blick können wir lange Zeit auf unserer Wanderung genießen. Endlich gelangen wir auf dem Gansenbergweg, über die Landstraße hinweg, an der Kirche vorbei und auf der Alten Weseler und Dorstener Straße wieder zum Hünxer Rathaus.

20 Durch die Dünenlandschaft um Drevenack

Anfahrt für Autofahrer Autobahn Köln – Oberhausen – Arnheim (A 3) bis zur Ausfahrt Wesel/Schermbeck, dann Bundesstraße 58 bis Peddenberg.

Verkehrsmöglichkeiten Bundesbahn bis Wesel, Omnibus bis Drevenack.

Parkmöglichkeiten Parkplatz Peddenberg an der Bundesstraße 58 bei der Gaststätte »Lindenhof«.

Wegmarkierungen Rundwege A 6, A 5, A 4, A 3 und A 2, Andreaskreuz X 1.

Tourenlänge 18 km.

Wanderzeit Etwa 4½ Stunden.

Wanderkarten 1:50 000 Blatt L 4306 Dorsten.

Wissenswertes Die Gegend östlich von Wesel ist uraltes Siedlungsgebiet. Unter einem Dünenhügel an der Drevenacker Kirche hat man vor einigen Jahren einen Urnenfriedhof mit Bestattungen aus der vorrömischen Eisenzeit ausgegraben.

Tourenbeschreibung Mit einer schmalen Zunge greift das Gebiet des Naturparks Hohe Mark im Westen bis an die Stadtgrenze von Wesel vor. Nördlich der Lippe-Aue bestimmen die Drevenacker Dünenfelder im Naturschutzgebiet der Loosenberge und in den Sternenbergen bei Schloß Schwarzenstein mit ihrem kleinkuppigen Relief das Bild der Landschaft.

Wir beginnen unsere Wanderung mit dem Zeichen A 6 in nordwestlicher Richtung. Hinter dem Gasthof »Lindenhof«, der direkt an der Schermbecker Landstraße liegt, geht es auf der Marienthaler Straße geradeaus in den Hohen Weg hinein, durch eine kleine Birkenallee, die bald in eine Pappelstraße mündet. Wir durchwandern einen Wiesengrund, biegen vor einem Hain rechts in den Heideweg ein, überqueren die Landstraße nach Voshövel und erreichen durch ein kleines Waldstück den Dicksweg.

Auf dieser Fahrstraße halten wir uns rechts und dann immer geradeaus: kurz hinter dem *Plankenbach* ohne Zeichen (A 6 führt rechts in einen Wiesenweg hinein), dann bei der nächsten Kreuzung ein Stück mit A 5, bald darauf am Waldrand entlang mit A 4 geradeaus bis zu einer Hundezucht. Erst am Wachtenbrinker Weg ändern wir die Richtung und gehen nach rechts ohne Wanderzeichen weiter, über die Schermbecker Landstraße hinweg zum *Waldparkplatz Loosenberge*. Hier wandern wir mit dem Rundwegezeichen A 3 auf einem breiteren Weg links und

dann im Bogen in das *Naturschutzgebiet der Loosenberge* hinein. Die Hauptwanderstrecke Wesel-Haltern (X 1) kreuzt unseren Weg mitten im Wald.

Jetzt folgen wir dem Zeichen X 1 nach rechts in vielen Windungen durch die Dünenlandschaft der *Loosenberge* bis nach *Drevenack*. Hier gibt es die Möglichkeit, auf der Kirchstraße die Wanderung abzukürzen. Wer aber gut zu Fuß ist, marschiert durch Wohngebiet auf dem Römerweg mit X 1 geradeaus weiter, später auf dem Schwarzensteiner Weg am Waldrand entlang, über die Autobahnbrücke und gleich dahinter links ab bis zum *Schloß Schwarzenstein*. Kurz vor dem Rittergut biegen wir nach rechts einen Waldweg in das Gebiet »Beim Schafstall« ein. Leider ist die Hauptwanderstrecke hier im Sternenbergabschnitt teilweise von Reitern zertrampelt worden.

Wenn wir einen asphaltierten Querweg erreichen, verlassen wir X 1 und schwenken mit A 1 auf der Straße »Am Vinkel« nach rechts. Am Waldrand – linker Hand liegt das Hofgut Pliesterhufhof – setzen wir unsere Wanderung zurück nach Drevenack mit A 2 in östlicher Richtung fort. Etwa drei Kilometer lang ist die Strecke vom *Pliesterhufhof* am Waldessaum entlang bis zur Autobahn. Im Waldstück hinter der Autobahnbrücke leitet das Zeichen A 3 links waldeinwärts. Diesem Zeichen folgen wir bis zur Straße, wo wir in der Nähe der Tennisplätze wieder nach Drevenack kommen. Wenn A 3 beim Weg »Küstersteg« nach rechts abknickt, bleiben wir geradeaus und gelangen auf dem Hunsdorfer Weg zur Hünxer Straße, und auf dieser nach links zum *Parkplatz Peddenberg* zurück.

Zu Tour 52 **Kirche in Born**   (Foto: Medienzentrum des Kreises Viersen)

21 Von Grevenbroich an der Erft entlang

Anfahrt für Autofahrer   Autobahn Neuss – Heinsberg (A 46) bis zur Ausfahrt Grevenbroich, dann Bundesstraße 59 bis Grevenbroich.

Verkehrsmöglichkeiten   Bundesbahn bis Grevenbroich.

Parkmöglichkeiten   Parkplätze am Bahnhof Grevenbroich.

Wegmarkierungen   Andreaskreuz X 2.

Tourenlänge   22 km.

Wanderzeit   Etwa 5 Stunden.

Wanderkarten   1 : 50 000 Blatt 33 Kreis Neuss/Stadt Mönchengladbach.

Wissenswertes   Grevenbroich entstand an einer alten römischen Straße, die hier über die Erft führte. Etwa um 1000 wurde an diesem Flußübergang eine Burg errichtet; die Siedlung, die sich um diese Burg herum entwickelte, erhielt 1310 die Stadtrechte. Das aus dem 15. Jahrhundert stammende Schloß beherbergt heute das Geologische Museum, das einen Überblick über die Erdgeschichte des Niederrheins vermittelt. – Die Großstadt Neuss hat sich aus dem Legionslager Novaesium, das die Römer im Jahre 12 in der Gegend von Gnadental an der Erft anlegten, entwickelt. Später entstand hier ein fränkischer Königshof, der schon im 7. Jahrhundert als »Niuse« urkundlich erwähnt wurde. Im Clemens-Sels-Museum am Obertor, das am Ende unserer Wanderstrecke liegt, befinden sich römische Bodenfunde und Dokumente zur Stadtgeschichte.

Tourenbeschreibung   Wo immer es möglich ist, führt unsere Wanderstrecke direkt am Erftufer entlang. Also versuchen wir, auf dem schnellsten Weg den Fluß zu erreichen: vom Bahnhof Grevenbroich auf der Bahnstraße zum Siegesplatz und dort links ab auf der Erckenstraße zur Elsener Mühle. Noch vor der schmalen Fußgängerbrücke halten wir uns links und wandern, begleitet von dem X-Zeichen, auf Uferwegen an Schrebergärten, kleinen Pappelwaldungen und an den Schleusen der Obermühle vorüber bis *Wevelinghoven*.

Angesichts der eindrucksvollen St.-Martinus-Kirche überschreiten wir in der Nähe des 1698 erbauten Klosters die Erft. Wir richten uns nach X 2 und durchqueren den Ort auf dem Klosterweg, der Unterstraße, Am Wehr und der Römerstraße. Die Römerstraße führt schließlich geradeaus – jetzt in einiger Entfernung von der Erft – durch Feld und am Waldrand entlang weiter. Bei einem Wegekreuz geht es nach rechts durch den

Klosterwald bis zum *Kloster Langwaden*. Dort schwenken wir vor einem kleinen Sportplatz nach links auf einen schmalen Pfad ein, der uns kurz darauf am Gillbach entlang zum *Schloß Hülchrath* bringt. Im Mittelalter waren die Verliese dieses Schloßes berüchtigt; hier hatten des öfteren Hexenverbrennungen stattgefunden. Heute macht die Landschaft zwischen Kloster Langwaden und Schloß Hülchrath eher einen friedlichen, verträumten Eindruck.

Der mit X 2 gekennzeichnete Wanderkurs begleitet den Gillbach noch ein kleines Stück, führt dann »Auf der Metzenheide« hinüber nach *Münchrath,* auf der Straße »Am Reiherbusch« durch den Ort und weiter auf dem Helpensteiner Weg bis zu dem früheren Eisenbahndamm, der die Ebene schnurgerade durchschneidet. Oben auf dem Damm weiterwandernd kommen wir nach *Helpenstein.*

Das Andreaskreuz weist den Damm hinunter auf der Grafenstraße, Habernusstraße durch Felder bis zur Bundesstraße, der wir aber nicht folgen. Vielmehr halten wir uns links zum *Rittergut Heye* mit der Erftmühle. Nun bleiben wir wieder im Flußtal unmittelbar am Ufer, kreuzen die Bundesstraße 477, überqueren eine schmale Brücke und erreichen hinter der Gillbachbrücke bei den Erprather Mühlen den Ort *Weckhoven.*

Vom Burgweg nach links über die Erftbrücke geht es weiter am Westufer entlang. Bei der großen Erftschleife verlassen wir allerdings den Fluß. Wie wandern durch einen herrlichen Park mit Wildgehegen, über eine Steinbrücke, jetzt der Obererft folgend, nach *Reuschenberg.*

Jenseits einer Straße gelangen wir in eine parkähnliche Landschaft, unter der Autobahnbrücke hindurch auf kurvenreichen Wegen durch ein Wäldchen und später über die Eisenbahngleise hinweg an dem romantisch eingebetteten Erftkanal entlang. Es ist der Selikumer Weg, der uns nach *Neuss* bringt.

Wenn wir uns am St. Josefs-Krankenhaus links halten, erreichen wir jenseits der Nordkanalallee durch schöne Parkanlagen die Stadthalle und das Obertor. Hier befindet sich auch das berühmte *Clemens-Sels-Museum.* Durch Grünanlagen oder durch Geschäftsstraßen kommen wir zum Neusser Bahnhof. Von hier gibt es eine direkte Zugverbindung nach Grevenbroich. Man kann auch vom Friedrich-Ebert-Platz aus mit dem Omnibus nach Grevenbroich zurückfahren.

22 Von Glehn zum Schloß Dyck

Anfahrt für Autofahrer Autobahn Neuss – Heinsberg (A 46) bis zur Ausfahrt Neuss-Holzheim, dann Bundesstraße 230 bis Glehn.

Verkehrsmöglichkeiten Bundesbahn bis Düsseldorf oder Neuss, Omnibus bis Glehn/Schwohenend.

Parkmöglichkeiten Parkplatz an der Kirche oder entlang der Hauptstraße.

Wegmarkierungen Rundwege A 10, A 3, Andreaskreuz X 3.

Tourenlänge 11 km.

Wanderzeit Etwa 2½ Stunden.

Wanderkarten 1:50 000 Blatt L 4904 Mönchengladbach.

Wissenswertes Schloß Dyck war im frühen Mittelalter ein Raubritternest. Im Jahre 1383 wurde es von den Herren Kölns, Jülichs und Gelderns belagert und zerstört. Im 17. Jahrhundert entstand hier das neue Herrenhaus mit dem quadratischen Innenhof. Heute zählt die malerische spätbarocke Großburganlage mit der hufeisenförmigen Vorburg, den Ecktürmen, dem Brückenpavillon und der Schloßkapelle zu den imposantesten Bauwerken am Niederrhein.

Tourenbeschreibung Von der Kirche im Mittelpunkt Glehns aus wandern wir auf der Straße Schwohenend und gleich darauf in einer Kurve auf der Schulstraße aus dem Ort hinaus und biegen – das Wanderzeichen A 10 als Orientierung – hinter dem Sendemast und der kleinen Brücke in den Weg entlang des Jülicher Bachs ein. Westlich des Straßendorfes *Scherfhausen* stoßen wir bald auf das *Nikolauskloster.*

Hier wechseln wir auf den mit A 3 markierten Rundkurs über, gehen auf der Landstraße um das Kloster herum bis zum Gasthof »Dycker Weinhaus«, ein paar Schritte nach *Damm* hinein, aber sofort hinter der kleinen Brücke wieder nach rechts zuerst am Bach entlang am Rande eines Wohngebietes, und dann durch eingezäunte Obstplantagen auf dem Gürtelweg nach *Aldenhoven.* Ein Fußweg entlang der großen Allee bringt uns hinüber zum *Wasserschloß Dyck.*

Es besteht die Möglichkeit, den herrlichen Schloßpark und auch das Schloßmuseum zu besichtigen. Auf jeden Fall sollten wir für Schloß Dyck genügend Zeit in unsere Wanderplanung einkalkulieren.

Für den Rückweg nach Glehn nutzen wir den diagonal vom Haupteingang des Schloßes wegführenden breiten Weg, der jen-

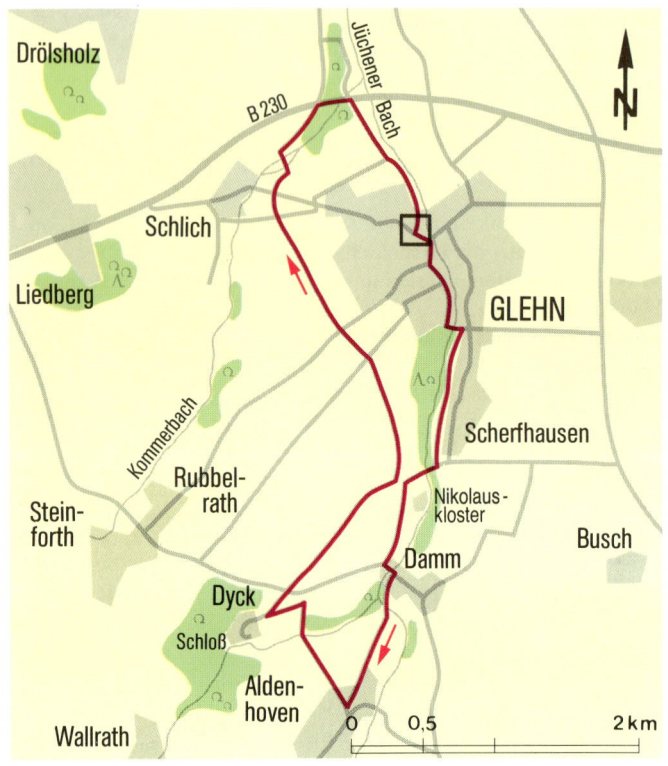

seits der Landstraße als prächtige Allee seine Fortsetzung findet.
Kurz vor dem Nikolauskloster schwenken wir nach links in den
asphaltierten Feldweg »Hahnerhof« ein; hier finden wir auch das
Zeichen A 10 wieder. Auf unserer Wanderung nordwärts sehen
wir links von uns die Bergkuppe von Liedberg. Wir können
gleich auf dem ersten nach rechts abzweigenden Feldweg nach
Glehn zurückkehren, wir können aber auch mit A 10 noch einen
Bogen um das Dorf schlagen: geradeaus weiter, auch bei einer
Gärtnerei ohne Richtungsänderung, über die Straße »Schlich«
hinweg auf dem Schlickumsweg durch Weideland und am Rand
eines Wäldchens vorbei.

Ein kurzes Stück der Bundesstraße 230 entlang, dann geht es
rechts auf der Bendstraße durch die Niederung des Jüchener
Bachs zu unserem Ausgangspunkt zurück.

23 Von Liedberg ins Hoppbruch bei Trietenbroich

Anfahrt für Autofahrer Autobahn Neuss – Heinsberg (A 46) bis zur Ausfahrt Neuss-Holzheim, dann Bundesstraße 230 bis Liedberg.

Verkehrsmöglichkeiten Bundesbahn bis Düsseldorf oder Neuss, Omnibus bis Liedberg.

Parkmöglichkeiten Auf der Schloßstraße, auf der Straße »An der Tränke« oder auf dem Marktplatz.

Wegmarkierungen Andreaskreuz X 3, Rundweg A 7.

Tourenlänge 12 km. **Wanderzeit** Etwa 3 Stunden.

Wanderkarten 1:50 000 Blatt L 4904 Mönchengladbach.

Wissenswertes Die Reste des Grafenschlosses Liedberg lassen heute nur ahnen, welche Ausmaße die südlichste Höhenburg der Niederrhein-Ebene einmal hatte. Der mächtige Mittelturm und die Ringmauern stammen aus dem 14. Jahrhundert. 1642 kamen im Grafenschloß 3500 Flüchtlinge, die sich während des 30jährigen Kriegs nach Liedberg gerettet hatten, wegen Hungersnöten und Seuchen elend um.

Tourenbeschreibung Der Marktplatz des 1000jährigen *Liedbergs* hat seinen historischen Charakter noch erhalten. Ein Hauch von mittelalterlichen Zeiten weht uns auch beim Gang an dem dicken Wehrturm und an der alten Kirche vorbei entgegen. Wir steigen auf die Höhe des Liedbergs empor, biegen an einem Wegedreieck erst durch Mischwald, dann auf einem Buchenweg in das Waldgelände rechts ein und kommen durch einen Hohlweg und über eine Waldtreppe hinunter zum Fuß des Berges. Links um den ganzen Hügel herumwandernd, erreichen wir die Stelle, wo X 3 bei einer Birke und einem Heiligenstein nach rechts durch die Felder nach Glehn abbiegt. Hier halten wir uns links, gelangen beim Kriegerehrenmal zur Schloßstraße, gehen bis zur Bundesstraße und dann links ab bis zur Liedberger Kirche.

Unser Weg führt uns weiter über die Straße »An der Mühle« nach *Steinhausen,* dann links ab durch die Hildegundisstraße, St.-Georg-Straße, den Wasserweg mit dem Andreaskreuz X 3 nach rechts bis zum Ende und dann links in das Naturschutzgebiet hinein. Das wild- und vogelreiche Waldgebiet des Hoppbruchs nimmt uns auf. Auf gepflegten Wegen am Waldrand und durch den Wald wandern wir mit dem Andreaskreuz so lange weiter, bis wir in *Trietenbroich* den Westrand des Hoppbruchs erreichen.

Kurz vor den Häusern Trietenbroichs verlassen wir X 3, halten uns rechts und kommen an der Rückseite der Einfamilienhäuser vorbei zum Sportplatz nach Pesch. Die Straße »Am Sportplatz« führt uns zum Borrenweg, dem wir nach rechts folgen.

Dort, wo der Borrenweg in die Donatusstraße übergeht, richten wir uns nach dem Wanderzeichen A 7. Es führt uns an Schrebergärten vorbei ins Naturschutzgebiet des Hoppbruchs.

Die Wege, durch die wir zuerst in östlicher, dann in südlicher Richtung wandern, sind meist als kleine Alleen von Silber- und Wollpappeln angelegt, der Wald ist eine typische Bruchlandschaft mit vielen Erlen, Birken, Pappeln und Unterholz. Schließlich kommen wir an einer Stelle heraus, die wir beim Hinweg passiert haben und an der wir X 3 wiederfinden. Nach links – dieses Wegstück kennen wir schon – gelangen wir zur Landstraße. Von dort sind es genau 600 Meter zurück zum Ortseingang von Liedberg.

24 Durch den Bungtwald zum Schloß Rheydt

Anfahrt für Autofahrer Autobahn Düsseldorf – Mönchengladbach – Roermond (A 52) bis zur Ausfahrt Möchengladbach/Nord, dann über die Kaldenkirchener Straße, Bismarckstraße, Erzberger Straße und Volksgartenstraße bis Volksgarten.

Verkehrsmöglichkeiten Bundesbahn bis Mönchengladbach, Omnibus bis Volksgarten/Restaurant.

Parkmöglichkeiten Parkplätze an der Carl-Diem-Straße und vor der Radrennbahn.

Wegmarkierungen Rundwege A 4 und A 1.

Tourenlänge 8 km.

Wanderzeit Etwa 2 Stunden (ohne Schloßbesichtigung).

Wanderkarten 1:50 000 Blatt L 4904 Mönchengladbach.

Wissenswertes Mit Herrenhaus, Vorburg, Wall und Gräben ist Schloß Rheydt die besterhaltene Wasserburg des 16. Jahrhunderts am Niederrhein. In den Museen im Schloß finden wir Sammlungen der Frühgeschichte, des Kunsthandwerks der Renaissance und der Weberei mit sechs Handwebstühlen aus dem 18. Jahrhundert.

Zu Tour 24 **Schloß Rheydt**   (Foto: Herbert Maeger)

Tourenbeschreibung Schon der Ausgangspunkt unserer Wanderung ist eine Idylle: Ein kleiner Weiher, auf dem sich viele Wasservögel tummeln und um den ein kleiner Spazierweg herumführt. Wir folgen dem Rundweg A 4 – die Hauptwanderstrecke (X 3) nimmt im ersten Abschnitt denselben Verlauf – über kurvenreiche Waldpfade und kleine Brücken durch den Bungtwald mit seinen jahrhundertealten Buchen- und Eichenbeständen. Über den schmalen Bungtbach und dann über die Bungtstraße hinweg kommen wir auf einer breiten Allee am Waldrand entlang zum *Schloß Rheydt*. Wir empfehlen eine kurze Pause und eine Besichtigung der Museen im Schloß.

Vor den Wassergräben des Schlosses, unmittelbar vor dem Eingang zur Vorburg, wechseln wir auf das Zeichen A 1 über, gehen hinüber zum Flußlauf der Niers und folgen jenseits der Brücke dem pappelumsäumten Uferweg – ein Reitweg ist direkt daneben angelegt – in nördlicher Richtung. Wir bleiben auch dann an der Niers, wenn das Zeichen A 1 nach rechts abbiegt, und zwar bis zur Brücke an der Straße nach Korschenbroich.

Jetzt wechseln wir auf das andere Niersufer, wandern ein kleines Stück zurück, ehe wir auf einem Fußgängerweg in den herrlichen Bruchwald des Elschenbroichs einbiegen. Hier haben wir nun auch wieder Anschluß an die Rundstrecke A 4 gefunden. Das Wanderzeichen führt uns durch das Naturschutzgebiet, über die Peter-Krall-Straße hinweg, am Waldschwimmbad vorbei und durch den parkähnlichen Volksgarten zurück zu unserem Ausgangspunkt am Weiher.

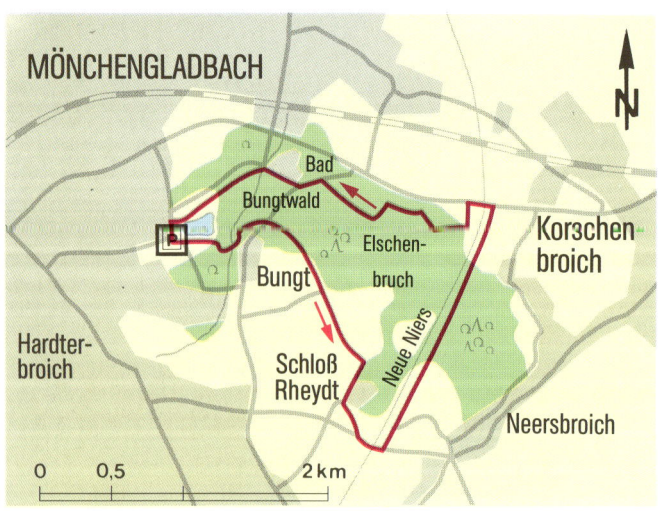

25 Rund um Schloß Wickrath

Anfahrt für Autofahrer Autobahn Köln – Mönchengladbach – Venlo (A 61) bis zur Ausfahrt Wickrath.

Verkehrsmöglichkeiten Bundesbahn bis Wickrath oder Mönchengladbach. Omnibus bis Wickrath/Markt oder Trompeterallee.

Parkmöglichkeiten Parkplätze am Markt oder am Schloß Wickrath.

Wegmarkierungen Rundwege A 3 und A 5.

Tourenlänge 12 km.

Wanderzeit Etwa 3 Stunden.

Wanderkarten 1:50 000 Blatt L 4904 Mönchengladbach.

Wissenswertes Der Wickrather Schloßpark hat die Form einer Grafenkrone. Inmitten von Pappelalleen, Teichen und Gräben liegen die beiden stattlichen Trakte der Vorburg.

Tourenbeschreibung Die herrliche *Wickrather Schloßanlage* ist der Ausgangspunkt unserer Wanderung. Mit dem Wanderzeichen A 3 gehen wir die Trompeterallee hinauf, durch einen Eisenbahnviadukt, immer geradeaus über den Adolf-Kempken-Weg hinweg bis zur Waldecke. Gegenüber dem Werk Rolladen-Müllers biegen wir in den Wald ein und kurz darauf auf einer Schneise nach rechts bis zum nördlichen Waldrand. Ein Feldweg knickt nach links ab und gibt uns den Blick auf Günhoven und Rheindahlen mit der beherrschenden Kirche frei.

Wir wandern jetzt geradeaus am Günhover Hof vorüber, am Waldrand entlang bis *Mennrathschmidt*. Da in diesem Abschnitt die Streckenmarkierung zeitweise in morastisches Gebiet führt, empfiehlt es sich, nicht dem Wanderzeichen, sondern unserem Vorschlag zu folgen. Bei Mennrathschmidt halten wir uns links, treffen in *Mennrath* beim Stoppschild auf die Landstraße und bleiben links bis zu den letzten Häusern des Ortes. Jetzt geht es direkt hinter Haus Eckartz rechts durch die Felder zum Voigtshof und weiter auf dem Dahler Weg über die Eisenbahnlinie hinweg. Beim Wickrather Wasserturm schwenken wir nach links in die Beckrather Straße ein und wandern dann hinter dem Ortsschild Wickrath nach rechts bei den Weidestümpfen in den Bruchwald hinein über die Niersbrücke, um das Schwimmbad herum, den Fluß durch die Kopfweidenallee entlang bis zur Straße.

An der anderen Straßenseite erstreckt sich die weite Anlage des Schlosses. Im Bogen gehen wir durch den Park, treffen am jenseitigen Ende der Wassergräben und der Pappelalleen das

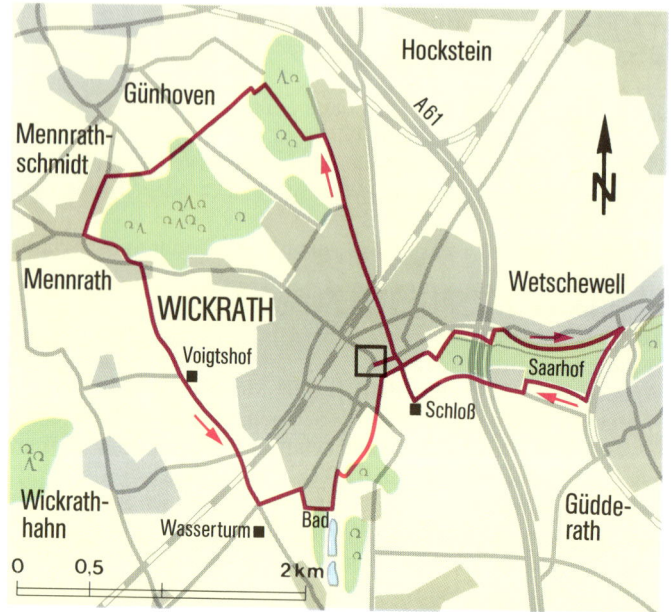

Zeichen A 5, dem wir an der Niers entlang, an einem Weiher
vorbei, hinter den Häusern hinweg und unter der neuen Auto
bahnbrücke hindurch folgen. Wir kommen über den Neukircher
Weg nach *Wetschewell,* auf der ersten Straße rechts zum Niersdamm zurück und dann zwischen den Schrebergärten auf der
einen und dem Flüßchen und dem Bruchwald auf der anderen
Seite hindurch bis zum Eisenbahneinschnitt. Das Zeichen A 5
weist nun über eine schmale Brücke, am Bahndamm entlang in
den Wald, später im rechten Winkel am Waldrand des Wet-
schweller Bruchs und an Viehkoppeln vorbei bis zum Saarhof.

Eine Fahrstraße bringt uns zur Autobahnunterführung. Rechts
vom Wassergraben gelangen auf dem Damm zwischen dem
großen Schloßgraben und dem Baggersee, dann über eine
Pappelallee zum Wickrather Schloß zurück.

26 Durch den Hardter Wald

Anfahrt für Autofahrer Autobahn Düsseldorf – Mönchengladbach – Roermond (A 52) bis zur Ausfahrt Mönchengladbach/Hardt, dann Hardter Landstraße bis »Am Kirschbaum«.
Verkehrsmöglichkeiten Bundesbahn bis Mönchengladbach. Omnibus bis Hardt/Am Kirschbaum.
Parkmöglichkeiten Waldparkplatz »Am Kirschbaum«.
Wegmarkierungen Rundwege A 1 und A 5.
Tourenlänge 11 km.
Wanderzeit Etwa 3 Stunden.
Wanderkarten 1:50 000 Blatt 33 Kreis Neuss/Stadt Mönchengladbach.
Tourenbeschreibung Sieben Kilometer westlich des Stadtzentrums von Mönchengladbach liegt der Hardter Wald, ein attraktives Naherholungsgebiet. Viele schöne Rundwanderwege sind hier angelegt und gut markiert worden; man kann also die Touren leicht variieren. Wir schlagen eine Kombination der Rundkurse A 1 und A 5 vor.

Orientieren wir uns zuerst an A 1: Vom Waldparkplatz »Am Kirschbaum« gehen wir östlicher Richtung über die Hardter

Zu Tour 23 **Liedberg** – »Schönstes Dorf in Nordrhein-Westfalen«
(Foto: Herbert Maeger)

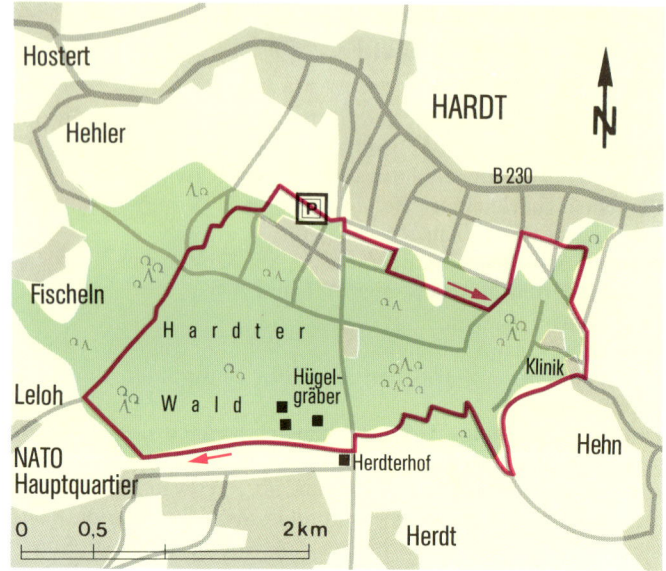

Landstraße in den Ginsterweg, bei einer kleinen Waldwiese nach
rechts und auf dem Wacholderweg links. Wenn der Wacholderweg auf den quer verlaufenden Birkmannsweg trifft, wechseln
wir auf A 5 über. Dieses Zeichen weist uns nach links an den
Sportanlagen vorbei bis zum Karrenweg, dann nach rechts über
die Luise-Gueury-Straße hinweg am Ehrenfriedhof vorbei bis zu
einer Waldspitze.

Auf einem schmalen Pfad wandern wir am Waldrand entlang
nach Süden, später auf der Luise-Gueury-Straße bis zur *Hardter
Wald-Klinik* am Rande von *Hehn*, biegen dann aber nach rechts
in den Weg »Am Kuhbaum« ein. Der Wald liegt nun zu unserer
Rechten; nach links haben wir einen weiten Ausblick über die
Felder auf das Stadtgebiet von Rheydt.

Entweder vor oder hinter der Paul-Moor-Schule schwenken
wir wieder nach rechts in den Wald hinein. Beim ersten Wegekreuz stoßen wir auf das Zeichen A 1, das uns nach links im
Zickzackkurs durch den schönen Wald führt. Auch wenn unser
Wanderweg öfters die Richtung wechselt, können wir uns nicht
verlaufen: das Zeichen ist stets hervorragend zu sehen. Wir
kommen auf die Landstraße nach Rheindahlen und biegen nach
einigen Schritten auf dieser Straße beim Herdterhof nach rechts
in einen Feldweg ein, der sich am Südrand des Hardter Walds
entlang zieht.

Erst direkt vor dem Gelände des *NATO-Hauptquartiers* zeigt das Zeichen A 1 einen Waldweg hinein, begleitet dann von der nächsten Waldspitze an der Landwehr, den Überresten eines mittelalterlichen Befestigungswalls, auf dem Leloher Weg nach Nordwesten auch eine mit X bezeichnete Hauptwanderstrecke. Wenn wir den Schlaaweg gekreuzt haben, treffen wir auf einen herrlichen, mitten im Wald gelegenen Spiel- und Bolzplatz. Unser Wanderkurs führt – mit Teilen eines Trimmpfades – mitten durch das ideale Kinderspielgelände. Bald aber bringt uns das A-Zeichen aus dem Wald heraus. Nach rechts sind es dann nur noch ein paar Meter zurück zum Waldparkplatz.

27 Von den Niersquellen zum Schloß Rheydt

Anfahrt für Autofahrer   Autobahn Köln – Mönchengladbach – Venlo (A 61) bis zur Ausfahrt Wickrathberg, dann Landstraße über Wickrathberg und Wanlo bis Kuckum.

Verkehrsmöglichkeiten   Bundesbahn bis Mönchengladbach, Omnibus bis Wanlo/Markt, umsteigen nach Kuckum/Abzweigung Berverath.

Parkmöglichkeiten   In Kuckum oder Wanlo/Markt.

Wegmarkierungen   Horizontaler Doppelstrich (=) und Wanderzeichen R.

Tourenlänge   17 km.

Wanderzeit   Etwa 4 Stunden (ohne Schloßbesichtigung).

Wanderkarten   1:50 000 Blatt L 4904 Mönchengladbach.

Wissenswertes   In jüngster Zeit sind die vielen Niersquellen in der Niederung von Kuckum versiegt. Schuld daran ist der Braunkohlenabbau von Rheinbraun, der den Grundwasserspiegel erheblich gesenkt hat. Jetzt gilt das Grabensystem des Zourshofs als Anfang der Niers. – Das Barockschloß Wickrath stammt aus dem 18. Jahrhundert, Schloß Rheydt (Renaissance) aus dem 16. Jahrhundert.

Tourenbeschreibung   Die Wanderungen 27, 28 und 29 sollten wir im Zusammenhang sehen; es sind Vorschläge für drei Streckentouren an der Niers entlang, praktisch von der Niersquelle bis in die Gegend der Süchtelner Höhen. Man kann die Strecken zusammenfassen oder beliebig unterteilen, man kann an einzelnen Stellen – zum Beispiel am Gestüt Zoppenbroich – abbrechen oder erst später – etwa in Wanlo oder Wickrath – mit der Tour beginnen. Ein Verirren ist unmöglich; der Weg führt fast immer am Fluß entlang.

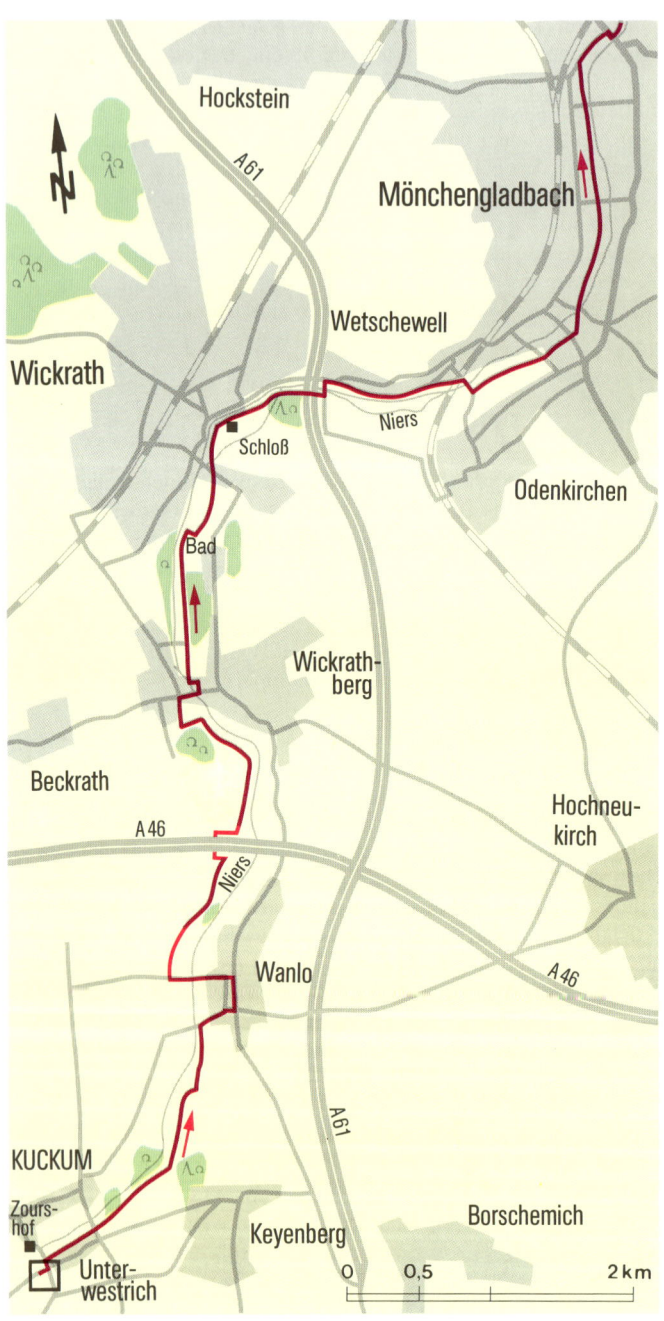

Hockstein

A 61

Mönchengladbach

Wickrath

Wetschewell

Niers

Schloß

Odenkirchen

Bad

Wickrath-
berg

Beckrath

A 46

Hochneu-
kirch

Niers

Wanlo

A 46

A 61

KUCKUM

Zours-
hof

Borschemich

Keyenberg

Unter-
westrich

0   0,5   2 km

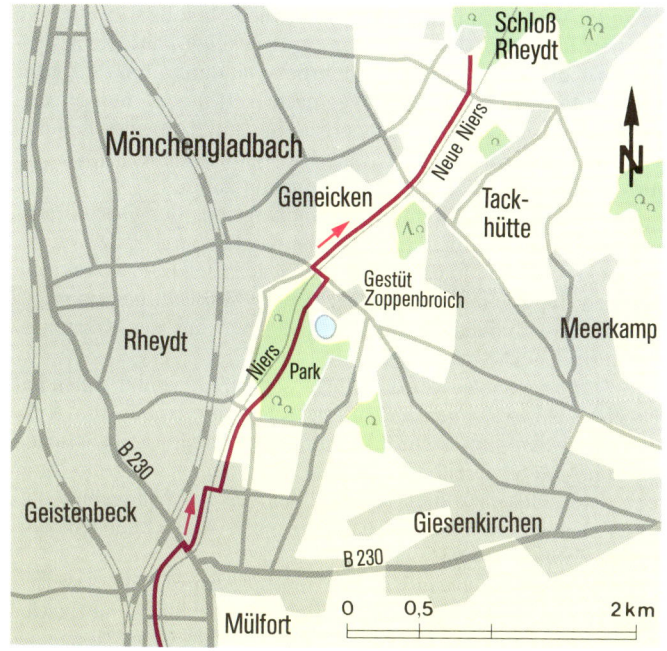

Wenn wir den Ursprung des Flusses, der das ganze Land zwischen Rhein und Maas durchfließt, als Start wählen, müssen wir unsere Wanderung am *Zourshof* beginnen, auf dem Kuckumer Quellenweg zwischen den Orten *Unterwestrich* und *Kuckum*. Ein grünes Hinweisschild »Niers« markiert den Anfang.

Wir wandern entlang des schmalen Grabens, der meist von einer Pappelreihe begleitet wird, nach Nordosten, vom Sportplatz an mit dem Wanderzeichen »Doppelstrich« (=) links hinunter nach *Wanlo,* auf der Kuckumer Straße nach rechts zum Markt und zur Kirche. Hinter der Kirche biegen wir rechts in den *Schweinemarkt* und gleich links auf die Hauptstraße ein.

Das Wanderzeichen zeigt wieder hinunter zum Bachlauf. Da der Trampelpfad zugewachsen ist, wenden wir uns erst hinter dem Wäldchen rechts ab durch Wiesen und Felder und unter der Autobahn hindurch zurück zur Nirs. Um eine Gärtnerei herum kommen wir auf dem Quastenhofweg nach *Wickrathberg.* Wir wenden uns nach rechts durch das Dorf, biegen bei dem Hinweisschild »Sportplatz« links ein und begleiten nun das Flüßchen durch Bruchgebiet, am Schloßbad vorbei und auf schönen Platanenwegen, eine Straße überquerend, bis zum *Schloß Wickrath.*

Weiter geht es nun durch den herrlichen Schloßpark, mit dem Zeichen R als Orientierung über ein Brückchen, an einem Weiher vorüber, unter der Autobahnbrücke hindurch, links ein paar Schritte auf dem Neukircher Weg nach *Wetschewell,* auf der ersten Straße rechts zum Niersdamm zurück und dann zwischen den Schrebergärten auf der einen und dem Wetscheweller Bruchwald auf der anderen Seite bis zum Eisenbahndamm.

Jenseits des Eisenbahndamms empfängt uns der Odenkirchener Park. Wir überqueren später die Klinkenbergstraße und die Ruhrfelder Straße und bleiben durch den Beller Park und die Anlagen des Kleingärtnervereins »Beller Mühle« auch dann geradeaus am Flußlauf, wenn das R-Zeichen auf der Korneliusstraße nach rechts abzweigt.

In *Mülfort* kreuzen wir die Mülgaustraße. Ganz allmählich hat die Niers ihr Aussehen verändert: Aus dem Graben um Kukkum, über den man leicht hätte springen können, ist inzwischen ein zehn Meter breiter Fluß geworden. Entweder links oder rechts des Flusses weiter, an Torfbend in ein Waldgebiet und durch den schönen Bresgespark gelangen wir schließlich zum *Gestüt Zoppenbroich.*

Noch einmal wechseln wir die Uferseite. Am Rande des Ortsteils *Geneicken* vorüber wandern wir das letzte Stück – jetzt wieder mit dem Zeichen »Doppelstrich« (=) – auf einem Pappelweg nordwärts zum *Schloß Rheydt.* Wir sollten uns die Schloßmuseen anschauen, ehe wir mit Umsteigen am Marienplatz nach Wanlo zurückfahren.

Zu Tour 29 **Buchenwald im Nierstal** (Foto: Kreisverwaltung Kleve)

28 Von Schloß Rheydt
zum Schloß Neersen

Anfahrt für Autofahrer   Autobahn Köln – Mönchengladbach –
Venlo (A 61) bis zur Ausfahrt Rheydt, dann durch die Stadt-
mitte und auf der Schloßstraße zum Schloß Rheydt.
Verkehrsmöglichkeiten   Bundesbahn bis Rheydt, Omnibus bis
Schloß Rheydt.
Parkmöglichkeiten   Parkplätze an Schloß Rheydt.
Wegmarkierungen   Rundwege A 5, R und Andreaskreuz X 3.
Tourenlänge   11 km.
Wanderzeit   Etwa 3 Stunden (ohne Schloßbesichtigung).
Wanderkarten   1:50 000 Blatt 33 Kreis Neuss/Stadt Mönchen-
gladbach.
Wissenswertes   An der Stelle eines fränkischen Saalhofes ent-
stand um 1180 die Burg Rheydt, die im Mittelalter als Raubrit-
ternest verrufen war. Der spätere Besitzer, Reichsfreiherr Otto
von Bylandt, ließ von 1559 bis 1570 das spätgotische Burghaus
zu einem reichgegliederten Renaissanceschloß nach italieni-
schem Vorbild umgestalten. Heute beherbergt das Rheydter
Schloß mehrere Museen. – Das mächtige Schloß Myllendonk ist
im Kern spätgotisch, wurde aber bis in die Barockzeit immer
weiter ausgebaut. Die Wasserburg wurde durch Dietrich I. von
Myllendonk 1186 in der Niersniederung errichtet. Nach 1700 er-
langte Myllendonk durch König Karl von Spanien Reichsunmit-
telbarkeit. – Erzbischof Everger von Köln übertrug um 990
einem Vogt die Verwaltung von Neersen. Der gotische Winkel-
bau des Schlosses wurde um 1720 zu einem Palast erweitert.
Heute ist Schloß Neersen Sitz der Willicher Stadtverwaltung.
Tourenbeschreibung   Das versteckt im Bruchwald liegende
Schloß Rheydt ist der Ausgangspunkt unserer »Schlösser-Wan-
derung« an der Niers. Wir sollten auf jeden Fall eine gewisse
Zeit für den Besuch der Schloß-Museen einkalkulieren, egal ob
am Anfang oder am Ende unserer Tour. Um das Schloß herum
gehen wir hinüber zur Niers und folgen von nun an dem Fluß
nordwärts. Zuerst richten wir uns durch den schönen Elschen-
broicher Wald nach dem Zeichen A 5, jenseits der Korschen-
broicher Straße nach dem Zeichen R.
   Um die Eisenbahn zu überqueren, schlagen wir einen kleinen
Bogen am Bahndamm entlang nach links, und kehren jenseits
zur Niers zurück. Ein Stück läuft jetzt auch die Hauptwanderstrecke X 3 mit unserem Uferweg parallel. Von der anderen Seite

Neue Niers

Neersen

■ Schloß

Niederheide

A 44

B 57

Niers-
see

A 52

Knickelsdorf

Kläranlage ■

N

Bhf.

Trab-
rennbahn

Herrenshoff

Neuwerk

Damm

Uedding

Herzbroich

B 57

Lürrip

Schloß
Myllendonk

Mönchengladbach

Elschen-

bruch

Korschen-
broich

Hardterbroich

SCHLOSS
RHEYDT

Neue Niers

0   0,5   2 km

grüßt das imposante *Schloß Myllendonk* mit den mächtigen Türmen und Mauern herüber.

Von nun an begleitet uns kein Wanderzeichen mehr. Wenn wir auf der Westseite bleiben, kommen wir zum Abtshof und zur Krefelder Straße. Der rechte Uferweg mündet an der Autobahn in Herrenshoff in den Neersener Weg. So oder so kämen wir zur *Trabrennbahn Mönchengladbach*. Wenn wir hier an einem Vormittag vorbeikommen, haben wir die Möglichkeit, ein bißchen beim Training der Pferde zuzuschauen.

Wir setzen unsere Wanderung auf der anderen Seite der Krefelder Straße auf dem Weg »An der Neuen Niers« fort, halten uns auf der Grunewaldstraße links, biegen aber sofort bei Haus Nr. 161 wieder rechts in einen Feldweg ein und überqueren nach wenigen Metern die Eisenbahngeleise. Nach rechts über die Niers hinweg schwenken wir in die Clörbruchallee ein. Unser Kurs führt durch die kleine Siedlung, dann über die Autobahnbrücke hinweg, hinter der Fußgängerbrücke ein kleines Stück nach rechts und dann auf dem von Pappeln umsäumten Feldweg links. Dieser Weg – es ist der Schloßweg – bringt uns direkt zum *Schloß Neersen.*

Eine öffentliche Busverbindung führt von hier aus zum Hauptbahnhof Mönchengladbach und von dort zum Schloß Rheydt.

29 **Durch das Rintger Bruch nach Vorst**

Anfahrt für Autofahrer   Autobahn Düsseldorf – Mönchengladbach – Roermond (A 52) bis zum Neersener Kreuz, dann – von der Ausfahrt Neersen – Bundesstraße 7 bis Neersen.
Verkehrsmöglichkeiten   Bundesbahn bis Mönchengladbach, Omnibus bis Neersen/Am Schloß.
Parkmöglichkeiten   Parkplätze vor dem Schloß Neersen.
Wegmarkierungen   Teilweise Andreaskreuz X 4 und X 10.
Tourenlänge   14 km.
Wanderzeit   Etwa 3½ Stunden.
Wanderkarten   1:50 000 Blatt L 4704 Krefeld.
Wissenswertes   Neersen ist seit 990 bekannt, damals als Vogtei des Kölner Erzbistums. Das prächtige Schloß Neersen dient nach einem kürzlichen Umbau heute als Sitz der Stadtverwaltung Willich.

n. Krefeld

Brückflöth

Hagen

Vorst

Hofflöth

Flöth- Bach

Clörath

Clörather
Mühle ■

Anrath

Willicher Flöth

Hülsdonk

B 7

■ Stadion

Vennheide

Rintger

Bruch

Viersen

B 7

NEERSEN

Hamm

Neue Niers

Wallgraben

B 57

Ummer

Niers-
see

■ Schloß

0   0.5   2 km

A 52

Zu Tour 22 **Schloß Dyck**   (Foto: Herbert Maeger)

Tourenbeschreibung Immer nur an der begradigten Neuen
Niers entlangzuwandern, wäre sicher langweilig. Auf unserem
Weg von Schloß Neersen nach Vorst wollen wir deshalb einen
Bogen durch das Rintger Bruchgebiet schlagen. Mit dem Gang
durch eine typisch niederrheinische Landschaft bei *Clörath* beenden wir die Streckenwanderung, die wir praktisch an der Niersquelle (siehe Nr. 27 und 28) begonnen haben.

Wir starten von Schloß Neersen aus auf der Virmondstraße,
biegen dann – mit dem Wanderzeichen X 4 – links in die Straße
Niersplank ein, die bei den großen Obstkulturen in den Bettrather Dyck übergeht. An einem Graben entlang und an zwei Seen
vorbei erreichen wir die Niers, die – von markanten Pappelreihen begrenzt – die Landschaft von Südwesten nach Nordosten
durchzieht.

Welchen der beiden Uferwege wir benutzen, ist gleichgültig.
Jedenfalls wenden wir uns nach rechts, also in Flußrichtung.
Aber schon bei der nächsten Brücke verlassen wir die Niers, halten uns auf einem Feldweg am Waldrand entlang links, schwenken aber im nächsten Waldstück nach rechts ein. Ein schöner
Weg windet sich durch den Forst, überquert den Beckersweg,
eine Fahrstraße, und findet links gegenüber im *Rintger Bruch*
seine Fortsetzung.

Der Wald ist sumpfig und bietet vielen Tieren Lebensraum.
Aber nicht nur deshalb ist es ratsam, die Wege nicht zu verlassen.

89

Wir bleiben immer auf unserem Hauptweg, der sich in westlicher Richtung durch den dichten Wald schlängelt. Erst am Waldausgang biegen wir nach links, dann überschreiten wir ein Brückchen und kommen hinter dem Viersener Stadion aus dem Rintger Bruch heraus zur Krefelder Straße.

Rechts ab auf dem Fuß- und Radweg entlang der Bundesstraße treffen wir bei der Einmündung der Gerberstraße und hinter der Gaststätte Iridion auf den Neersener Weg, eine schmale, pappelumsäumte Straße, die direkt zur Niers hinüberführt. Nun bleiben wir ein Stück entlang des Flußlaufs bis zur Eisenbahnlinie Duisburg – Aachen.

Unmittelbar hinter den Gleisen verlassen wir den Fluß endgültig und orientieren uns zunächst an dem Wanderzeichen X 10. Es geht ein paar Schritte am Bahndamm entlang, dann durch Wäldchen und Wiesen, bei der Wegegabelung links an der *Clörather Mühle* vorbei bis zur Anrather Straße. Wenige Meter nach rechts beginnt gleich der Wirtschaftsweg »Clörath«, der uns durch Felder und bei einer Waldecke am Flöthbach-Graben nach links zur Süchtelner Straße bringt. Auf der Süchtelner Straße wandern wir weiter bis zur Ortsmitte *Vorst*.

Von der Haltestelle Lindenallee haben wir eine direkte Omnibusverbindung zurück zum Neersener Schloß.

🟢 30 Von Dülken zu den Süchtelner Höhen

Anfahrt für Autofahrer Autobahn Mönchengladbach – Venlo (A 61) bis zur Ausfahrt Viersen/Dülken, dann B 7 bis Dülken.
Verkehrsmöglichkeiten Bundesbahn bis Düsseldorf oder Viersen, Omnibus bis Dülken/Stadtgarten.
Parkmöglichkeiten An den Sportplätzen, am Fernschturm.
Wegmarkierungen Andreaskreuz X 10, X 3, Rundwege F 3, A 4 und A 5.
Tourenlänge 13 km.
Wanderzeit Etwa 3 Stunden.
Wanderkarten 1:50 000 Blatt L 4704 Krefeld.
Wissenswertes In Dülken gibt es eine alte Mühle, die das historische Narrenmuseum des Niederrheins beherbergt. Hier residiert seit Jahrhunderten auch die »Erlauchte Monduniversität«, zu deren Mitgliedern Wernher von Braun und amerikanische

Astronauten gehörten und gehören. Selbst Goethe korrespondierte mit der Dülkener Narrenzunft. – Die Süchtelner Höhen dienten in der Frühzeit der Menschheit als Opferstätte. Später wurden hier Gerichtstage abgehalten oder die Heiligen angebetet. Zeugnis dafür gibt die Waldkapelle, die von Irmgardis, Gräfin von Aspel, auf dem Heiligenberg errichtet wurde.

Tourenbeschreibung In dem offenen Land zwischen dem Rhein bei Krefeld und der Maas bei Venlo erhebt sich ein Höhenzug, der aus dem Häusermeer der Stadt Viersen aufzusteigen scheint. Dunkle Fichtenforste wechseln ab mit Buchen und Eichenhochwäldern. Tiefe Täler haben Furchen in den für den Niederrhein verblüffenden Bergrücken geschnitten.

Am Dülkener Stadtgarten, gleich hinter der Bürgermeister-Voß-Allee, dort wo sich der Fernsehturm über die Landschaft erhebt, beginnen wir unsere Wanderung zu den Süchtelner Höhen. Durch den schönen Park und durch Laubwald folgen wir der mit X 10 ausgeschilderten Hauptwanderstrecke bis zum *Dülkener Reitstadion*, unter der Autobahnbrücke hindurch und gleich wieder links auf einem asphaltierten Wirtschaftsweg, der »Dülkener Landwehr« hinüber zur Westseite des Höhenzugs.

An der Waldspitze halten wir uns halb rechts. Ein gepflegter Weg windet sich durch den Wald hinauf zum *Bismarckturm.* Hier wechseln wir auf das Zeichen X 3 über, das uns noch ein kleines Stück im Gleichlauf mit X 10 im spitzen Winkel am Gasometer vorbei steil bergab zum Albert-Stracke-Platz weist. Sofort geht es jedoch wieder empor durch Buchenhochwald zur Hohen Uhl. Jetzt bleibt unser Wanderkurs oben auf dem Scheitel des Berges. Wir passieren die Schutzhütte und wandern geradeaus weiter. Nachdem wir einen Waldweg gekreuzt haben, verzichten wir bei einer Wegegabelung auf das X-Zeichen und wenden uns nach rechts und gleich wieder rechts und noch eine Weile geradeaus zum *Wildgehege.*

Später, wenn wir das Wildgehege – es hat nur einen Ein- und Ausgang – wieder verlassen haben, wandern wir rechts hinunter zum Waldausgang und dann links am Waldrand entlang bis zu einem geteerten Waldweg.

Wir folgen jetzt dem Zeichen A 3 durch den Nachtigallenwald, an der am Friedhof entlang der Jugendwiese vorbei und im Bogen die Holztreppe hinauf zur *Irmgardiskapelle.* Dort gibt es die Möglichkeit, die Wanderung um etwa drei Kilometer abzukürzen, wenn wir uns weiter nach dem Zeichen A 3 richten.

Einen größeren Bogen machen wir von der Irmgardiskapelle mit dem X-Zeichen auf dem Äquatorweg, unter der Hindenburgstraße hindurch, durch Tannenwald und Süchtelner Wohngebiet, dann auf dem Dornbuscher Weg links an der großen Kiesgrube und dem Landesjugendheim vorbei. Mit A 5 gehen wir links durch den Wald. Ohne Wanderzeichen gehen wir jetzt links auf einem Trampelpfad an der Kiesgrube und dem Feld entlang, an der Waldspitze jedoch nach rechts zum Kriegerehrenmal. Mit dem Zeichen A 4, nur ein paar Schritte nach rechts durch den Wald kommen wir zur Landstraße und überqueren beim Haus Wachlin die Straße nach Dülken folgen ihr ein paar Meter, bis wir wieder nach links in den Wald einbiegen.

Kurz vor der Irmgardiskapelle knickt unser Wanderweg mit A 3, das uns aber bald wieder verläßt, auf einem schönen Birkenweg rechts ab, an der neuen Bezirkssportanlage vorbei und immer am Waldrand entlang. Erst dann, wenn wir auf eine asphaltierte Waldstraße stoßen halten wir uns mit X 3 rechts, an der Waldgaststätte Schroers vorüber immer geradeaus bis zum Waldrand kurz vor der Autobahn.

Wir bleiben weiter am Waldrand nach Süden, überqueren dann aber die nächste Autobahnbrücke nach *Schirick* und gelangen auf dem Kampweg, der Lindenallee und dem Bielenweg zum Ausgangspunkt am *Turmrestaurant Windrose* zurück.

31 Durch den Krefelder Forstwald

Anfahrt für Autofahrer Autobahn Düsseldorf – Mönchenglad-
bach – Roermond (A 52) bis zum Neersener Kreuz, dann Auto-
bahn A 44 bis Krefeld-Hückelsmay, Hückelsmaystraße und
Hochbendweg.
Verkehrsmöglichkeiten Bundesbahn bis Krefeld/Forsthaus.
Parkmöglichkeiten Parkplätze am Bahnhof Forsthaus.
Wegmarkierungen Andreaskreuz X 10.
Tourenlänge 8 km.
Wanderzeit Etwa 2 Stunden.
Wanderkarten 1:50 000 Blatt L 4704 Krefeld.
Wissenswertes Die Alte Landwehr, die aus zwei hohen Wällen
und drei Gräben bestand, wurde 1372 zum Schutz der kurkölni-
schen Ämter Linn und Kempen gegen die Grafschaft Moers und
die Herrlichkeit Krefeld angelegt. 1758 verteidigten sich hier die
Franzosen bei einem Angriff der Preußen unter Herzog Ferdi-
nand von Braunschweig. 1858 wurde ein Denkmal, das an den
Sieg der Preußen erinnert, an der Hückelsmay errichtet.
Tourenbeschreibung Etwa 130 Jahre sind es her, als Land-
schaftsarchitekten das diagonale Wegesystem im Krefelder
Forstwald entworfen hatten. Wir beginnen unsere Wanderung an
der Eisenbahnstrecke, und zwar an der Straßenkreuzung Bellen-
weg/Hochbendweg. Dort führt diagonal nach Nordwesten ein
Weg durch ein Buchenwäldchen und mündet in einer kleinen
Siedlung in den Feldburgweg. Wir gehen geradeaus weiter am
Rand eines im Wald liegenden Militärgeländes entlang – rechter
Hand sehen wir die Peripherie von *St. Tönis* –, überqueren eine
Straße und streifen links an einem ehemaligen Baggersee entlang
wiederum durch ein Waldstück.

Der Pfad im Wald macht einen Linksbogen; schon beim zweiten Querweg halten wir uns rechts, kommen zu einer Waldstraße,
dem Degensweg, dem wir nur kurz nach links folgen. Bald treffen wir auf das X-Zeichen der Hauptwanderstrecke 10. Es weist
uns den Kurs nach links auf einem Waldweg parallel zur
Plückertzstraße bis zur Waldspitze.

Auf dem Stockweg überqueren wir das Eisenbahngleis und
bleiben auf dem herrlichen Weg entlang der Plückertzstraße. Das
Wanderzeichen X führt uns schnurgerade durch den Forstwald.
Nachdem wir die Forstwaldstraße überquert haben, bringt uns X
zur *Alten Landwehr*, dem mittelalterlichen Festungswall. Wir
bleiben entlang des Walls und erreichen die Waldspitze.

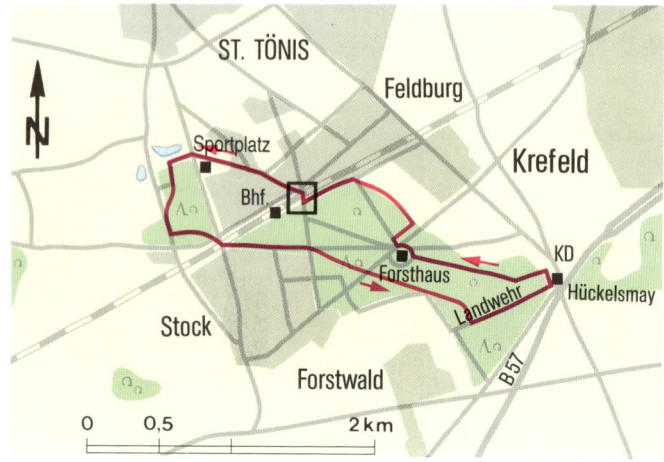

Hier befindet sich das Kriegerdenkmal an der *Hückelsmay*. Kurz vor der Waldspitze drehen wir nach links ab und folgen von einem Gedenkkreuz an einer breiten Schneise dem Waldlehrpfad. Erst am Wildgatter des *Forsthauses* biegen wir nach rechts ab und erreichen über die Forstwaldstraße hinweg einen Waldparkplatz. Hier beginnt nun ein Trimmpfad, der uns am Waldrand entlang zur Eisenbahnstrecke und ein Stück weiter links zum Bahnhof Forsthaus zurückbringt.

Zu Tour 33　**Greiffenhorst-Schlößchen**　　　　(Foto: Stadt Krefeld, Presseamt)

32 Durch den Herrenbusch bei Lank-Latum

Anfahrt für Autofahrer Linksrheinische Autobahn Köln – Krefeld – Goch (A 57) bis zum Strümper Kreuz, dann Autobahn A 44 und Bundesstraße 222 bis Lank-Latum.

Verkehrsmöglichkeiten Bundesbahn bis Düsseldorf, Omnibus bis Lank-Latum/Hauptstraße. Oder Bundesbahn bis Krefeld, Omnibus bis Lank-Latum/Mittelstraße.

Parkmöglichkeiten Entlang der Uerdinger Straße.

Wegmarkierungen Teilweise Andreaskreuz X 2.

Tourenlänge 7 km.

Wanderzeit Etwa 2 Stunden.

Wanderkarten 1:50 000 Blatt 34 Kreis Viersen/Stadt Krefeld.

Tourenbeschreibung Das Waldgelände des *Herrenbuschs* im Meerbuscher Ortsteil *Lank-Latum* ist das Ziel unserer Wanderung – oder sagen wir lieber: unseres ausgedehnten Spaziergangs. Wir starten von der Bismarckstraße aus über die Mittelstraße nach links durch die Siedlung am Weingartsweg und am Waldweg, kommen durch Wiesengelände bis zu einem Pappelweg, in den wir rechts einbiegen. An seinem Ende beginnt der herrliche Buchenhochwald, der durchsetzt ist von einzelnen mächtigen Eichen und Pappeln. In einem großen Linksbogen geht es weiter bis zur Schneise. Hier wandern wir mit dem Andreaskreuz der Hauptwanderstrecke 2 (X 2) nach rechts durch den Wald, dann

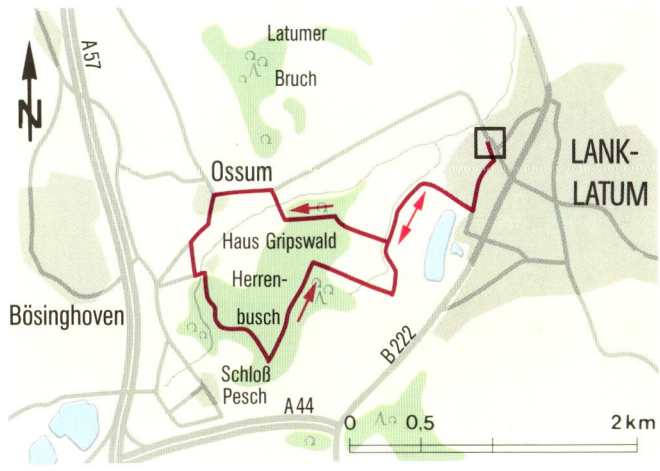

Zu Tour 40 **Stadtmühle Kempen**
(Foto: Medienzentrum des Kreises Viersen/Herbert Tichy)

durch Bruchgebiet und Wiesen bis zur Landstraße. Wir halten uns links und erreichen bald die Ortschaft *Ossum*.

Das Andreaskreuz-Wanderzeichen haben wir hier verlassen. Wir schwenken in der Ortsmitte in der Nähe der kleinen Kirche links ein in Richtung Meerbusch-Bösinghoven; sofort der erste Feldweg, der hinter der Straßenkuve nach links abzweigt, bringt uns hinüber zum Gutshof *Haus Gripswald*. Hier am Waldrand, unmittelbar vor dem Eingang in den Gutshof, befindet sich ein Brückchen. Wir wählen jetzt den ersten Weg, der rechts in den Wald hineinführt. Bald tauchen im Wald rechts vor uns die Umrisse von *Schloß Pesch* auf.

Leider können wir keinen Bogen mehr durch den – allerdings völlig verwahrlosten – Schloßpark machen. Es ist auch nicht zu empfehlen, den Weg durch die eindrucksvollen Schloßalleen zu nehmen. Die heutigen Mieter des Schlosses betrachten jeden ungebetenen Wanderer, der durch die Alleen an der Vorderfront des Schlosses vorbeigeht, als Hausfriedensbrecher.

Wir bleiben also auf den schönen Waldwegen des Herrenbusch und wenden uns allmählich nach Norden. Zwischen den alten Buchen, von denen viele gefällt werden mußten, gibt es inzwischen viele Aufforstungen. Wenn wir bei einem Querweg auf das Andreaskreuz (X 2) stoßen, halten wir uns rechts und gelangen aus dem Wald hinaus. Jetzt geht es durch die Felder bis zum nächsten Querweg, dem die Pappeln fast den Charakter einer kleinen Allee geben. Auf diesem Weg gelangen wir durch Viehkoppeln zurück zum Waldweg in *Lank-Latum*.

33 Zur Burg Linn und zum Römersee

Anfahrt für Autofahrer Linksrheinische Autobahn Köln – Krefeld (A 57) bis zur Ausfahrt Krefeld-Mitte, dann Berliner Straße bis zum Schönwasserpark.

Verkehrsmöglichkeiten Bundesbahn bis Krefeld, Straßenbahn bis Botanischer Garten.

Parkmöglichkeiten Straßen am Schönwasserpark.

Wegmarkierungen Andreaskreuz X 4 und X 5.

Tourenlänge 10 km.

Wanderzeit Etwa 2½ Stunden (ohne Burgbesichtigung).

Wanderkarten 1:50 000 Blatt L 4704 Krefeld.

Wissenswertes Die kurkölnische Wasserburg Linn entstand im 12. Jahrhundert und erhielt um 1300 eine massive Ringmauer, runde Ecktürme und einen rechteckigen Torturm. Nachdem die Burg aus dem Besitz des Grafen von Kleve in den des Kölner Erzbistums gewechselt war, ließ Erzbischof Friedrich von Saarwerden im Burghof Innenmauern errichten und einen Bergfried erbauen. Um 1500 entstand die äußere Ringmauer mit einem Wehrgang, einer zweiten Zugbrücke und mehreren Bastionen.

Tourenbeschreibung Diese reizvolle Stadtwanderung sollte den für die Geschichte interessierten Wanderer zu einem Besuch des historischen Kleinods *Burg Linn* anregen. In der Nähe des *Römersees* liegt auch das Ausgrabungsfeld *Gellep-Stratum*, wo nach Berichten von Tacitus eine der Schlachten der Römer gegen die aufständischen Bataver stattgefunden hat. Die Ausgrabungen sind nicht zu besichtigen; viele Funde sind aber im Landschaftsmuseum in Linn ausgestellt. Ebenso lohnenswert ist ein Besuch des Textilmuseums in Alt-Linn.

Wir beginnen unsere Wanderung am Botanischen Garten, der am Rande des Schönwasserparks liegt. Freundliche Parkatmosphäre begleitet uns ein großes Stück des Wegs: zuerst ein großer Teich, dann herrliche Rasenflächen und alte Bäume. Wir überqueren mit dem Andreaskreuz der Hauptwanderstrecke 4 die Buddestraße, die Maybachstraße, die Glindholzstraße und kommen dann an einem Wasserlauf entlang unter der Autobahnbrücke hindurch, vor dem Eisenbahndamm links auf die Hauptstraße und auf einem Parkweg zur Burg Linn. Nach einem Rundgang um die äußeren Bastionen gelangen wir zur Kurkölner Straße, die wir überqueren. Auf dem Fußgängerpfad, der in den Weg »Am Mühlenhof« einmündet und dann einer Pappelallee folgt, geht es entlang des Burggrabens weiter. Auf dem Elter

Schützenweg, der rechts in die Felder abbiegt, wandern wir (jetzt ohne Wanderzeichen) bis zu den nördlichen Spitzen des Golfplatzes.

Bei einem Wegekreuz – links das Schloß Greiffenhorst – gehen wir unmittelbar hinter dem Gutshof rechts auf einem schmalen Feld- und Waldweg in südlicher Richtung am Wasserschutzgebiet vorbei bis zum Knopshof. Am Wegedreieck wenden wir uns nach links und erreichen auf der Heulesheimer Straße am Reiterhof »Siebenlinden« vorbei nach 500 Metern die Straße »An der Puppenburg«, der wir nach links am Gelände des Gartenbauvereins Gellep-Stratum vorbei folgen. Bei der nächsten Kreuzung wandern wir rechts über eine kleine Brücke und gleich darauf links auf der Kaiserswerther Straße nach Nordosten bis zum Biselter Weg. Hier treffen wir wieder auf das Andreaskreuz.

Der Biselter Weg führt uns nun zum Römersee. Auf einem von Akazien umsäumten Pfad geht es um den See herum. Das X-Zeichen weist uns an Wiesen und Wohnhäusern vorbei zum idyl-

lischen *Greiffenhorst-Park*, den wir in westlicher Richtung durchqueren. Wir passieren das *Greiffenhorst-Schlößchen* und kleine Brücken. Am Mühlenhof biegen wir an einem Bauernhof rechts ab und gelangen über die Rheinbabenstraße wieder nach Alt-Linn, wo wir es nicht versäumen sollten, einen Abstecher zum Andreasmarkt zu machen. Von hier aus kann man mit der Straßenbahn von der Haltestelle »Burg Linn« wieder zum Botanischen Garten zurückfahren.

34 Rund um Schloß Lauersfort

Anfahrt für Autofahrer Linksrheinische Autobahn Köln – Krefeld – Goch (A 57) bis zur Ausfahrt Moers-Kapellen, dann Landstraße nach Kapellen, Bahnhofstraße und Moerser Straße bis Bendmannsfeld.

Verkehrsmöglichkeiten Bundesbahn bis Krefeld oder Moers, Omnibus bis Kapellen/Am Bendmannsfeld.

Parkmöglichkeiten Parkplatz am Bendmannsfeld.

Wegmarkierungen Rundweg A 1.

Tourenlänge 9 km.   **Wanderzeit** Etwa 2 Stunden.

Wanderkarten 1 : 50 000 Blatt L 4504 Moers.

Wissenswertes Schloß Lauersfort war ein Lehen der Abtei Werden. Die älteste Burganlage stammt aus dem 14. Jahrhundert; das heutige Schloßgebäude ist um 1716 erbaut worden.

Tourenbeschreibung Am Bendmannsfeld, unmittelbar vor dem Ortsschild »Kapellen«, beginnt die Wilhelm-Anlahr-Straße. Auf ihr starten wir unsere Wanderung mit dem Zeichen A 1 unter der Autobahnbrücke hindurch nach Holderberg. Vor der Gaststätte »Jägerhof« geht es rechts ab und gleich wieder links in den Aubruchsweg hinein. In Höhe des Aubruchshof bietet sich uns ein weiter Blick in die Landschaft südlich von Moers.

Hinter einem Wiesengrund kommen wir in den *Lauersforter Wald*. Bei einem Wegekreuz an der Lauersforter Straße knickt unser Wanderkurs in der Höhe der markanten Eichen nach links ab. Wir wandern durch Wiesen und Felder, bis von einer Hochspannungsleitung der Weg »Am Bindel« nach rechts nach *Vennikel* führt.

Wir überqueren den Sittardsweg und gelangen auf dem Viertelsheideweg geradeaus wieder in das Waldgebiet. Aber schon bald, am Tirgrathsfeldweg, zeigt das Zeichen A 1 an einer Barriere nach rechts. Wir folgen dem einsamen Waldweg nach We-

sten und treffen schließlich in *Boschheide* auf den Lauersforter Waldweg, auf dem wir zunächst ein Stück geradeaus bleiben. Beim letzten Haus schwenken wir jedoch nach rechts in das Forstgebiet, in dem sich ein schöner Waldsee befindet, ein. Auf der Lauersforter Straße halten wir uns dann links. Wenn wir auf der schönen Allee, die aus dem Wald hinausführt, die Holderberger Straße überquert haben, liegt rechts das *Schloß Lauersfort* vor uns.

Unter der Autobahnbrücke hindurch erreichen wir einen nach rechts abzweigenden, baumbestandenen Dammweg. Links von uns liegt jetzt *Kapellen*. Wir können noch einen kleinen Abstecher um den See, der aus einem Baggerloch entstanden und heute von schönen Parkanlagen umgeben ist, machen, ehe wir geradeaus auf dem Dammweg zu unserem Ausgangspunkt zurückkehren.

35 Von Krefeld zum Hülser Berg

Anfahrt für Autofahrer   Linksrheinische Autobahn Köln – Krefeld – Goch (A 57) bis zur Ausfahrt Krefeld-Gartenstadt, dann Nordtangente und über die Moerser Straße bis zum Grafschaftsplatz.

Verkehrsmöglichkeiten   Bundesbahn bis Krefeld, Omnibus bis Grafschaftsplatz.

Parkmöglichkeiten   Parkplätze auf der Husarenallee oder Hüttenallee.

Wegmarkierungen   Andreaskreuz X 2, X 4 und X 5, Wanderzeichen spitzer Winkel, Rundweg A 1.

Tourenlänge   20 km.

Wanderzeit   Etwa 5 Stunden.

Wanderkarten   1:50 000 Blatt L 4704 Krefeld.

Wissenswertes   Vor 150 000 wurde der Hülser Berg von einem Moränenwall aus Rheinschotter hochgeschoben. Die viele Kilometer breite Ebene rund um den Hülser Berg war vor 50 000 Jahren das Flußbett des Rheins. Heute erhebt sich über dem Hülser Berg ein Aussichtsturm, eine 40 Meter hohe Stahlkonstruktion. Ihre Plattform liegt 100 Meter über dem Meeresspiegel.

Tourenbeschreibung   Unsere Wanderung beginnt am Krefelder Stadtwald, einem reizvollen Gebiet am Rande der Großstadt. Genauer gesagt: am Stadtwaldhaus. Vor der Husarenallee oder von der Hüttenallee können wir durch ein Wäldchen oder auf Wiesenwegen hinübergehen zu dem Weiher mit dem kleinen Tempel – eine Idylle tut sich hinter dem Stadtwaldhaus auf. Die Wege sind gepflegt, und hinter der großen Stadtwaldwiese erstreckt sich ein schöner Buchenhochwald.

Das Wanderzeichen X 2 bringt uns von dem verträumt in der Landschaft liegenden Weiher durch den Wald etwa bis zum Eingang der *Pferderennbahn*. Zwei Hauptwanderstrecken des Vereins Linker Niederrhein tangieren dieses Gebiet; beide führen hinauf auf den Hülser Berg. Wir schlagen vor – kleine Abweichungen inbegriffen – mit X 5 hinauf zur Bergkuppe zu wandern und den Rückweg mit X 2 zu nehmen.

Von der nördlichen Seite der Krefelder Galopprennbahn wenden wir uns durch den Buchenhochwald nach Westen, überqueren dann auf der Fußgängerbrücke die Nordtangente, kommen durch ein Wäldchen in einen herrlichen Park und bleiben auf dem Hermann-Kresse-Weg immer geradeaus an einem Weiher

vorbei, an hohen Pappeln entlang, durch eine Niederung und
durch Bruchgebiet am Rande des Stadtteils *Verberg.*

Wenn wir auf den Busenpfad treffen, können wir zwischen
zwei Möglichkeiten wählen: Entweder mit X 5 nach links und auf
dem Luiter Weg und Kullpfad bis zu den *Niepkuhlen.* Das wäre
eine Abkürzung. Oder geradeaus weiter auf dem schönen Weg
bis zur Moerser Landstraße und auf dieser bis zur Einmündung
des Buscher Holzwegs. Hier biegen wir nach links ein, dann geht
es auf dem Kirschkamper Weg weiter. Eine abwechslungsreiche

Landschaft mit vielen Bauerngehöften, Wiesen, Feldern und Waldstücken liegt ausgebreitet vor uns. Wir steigen hinauf zum *Egelsberg:* vor uns jetzt das Gelände des Flugplatzes und im Hintergrund die Egelsbergmühle.

Direkt an der südöstlichen Ecke des Landeplatzes wandern wir bei dem Schild »Landwirtschaftlicher Verkehr frei« den Hang hinunter, am Fuß des Egelsbergs entlang bis zum Luiter Weg, und von dort mit dem Zeichen »spitzer Winkel« nach wenigen Schritten links sofort wieder rechts in den Wald hinein. Es sind schöne verflochtene Pfade, die uns zunächst durch den Forst, dann über eine Wiese und wiederum durch einen Waldstreifen bis zu den *Niepkuhlen,* einem Altrheingewässer, führen. Hier finden wir auch wieder das Zeichen X 5.

Eine schmale Holzbrücke spannt sich über den sumpfigen See. Wir halten uns jenseits der Brücke auf der Nieper Straße wenige Meter nach rechts, dann halb links auf einem unbefestigten Pfad durch die Wiesen und Felder zum Fuß des *Hülser Bergs.* Von dort klettern wir die Höhe hinauf. In vielen Windungen, bergauf, bergab geht es bis zum *Aussichtsturm.* Unbedingt sollten wir – sofern wir schwindelfrei sind – auf die Plattform des stählernen Gerüsts hinaufsteigen und den herrlichen Weitblick ins Rheintal und über die weiten Flächen des Niederrheins genießen.

Von der Gaststätte Bergschänke, die in der Nähe des Aussichtsturms liegt, richten wir uns auf dem Rückweg nach Krefeld zuerst nach dem Rundwegezeichen A 1 einen sandigen Hügel hinunter und dann links am Fuß des Berges weiter bis zum *Wildgehege.* Wenn wir uns ohne Wanderzeichen bei der ersten Kreuzung hinter dem Schwarzwildgelände rechts halten, kommen wir geradeaus zum Hubertushof.

Wir überqueren die Landstraße und gehen weiter nach Süden auf einer Schneise durch den Wald bis zu dem aufgeschütteten Müllberg; hier lagert, inzwischen von Büschen und Bäumen bewachsen, der Trümmerschutt aus dem zweiten Weltkrieg. Links um den Trümmerberg herum – parallel zur Fahrrad-Wanderstrecke 1 – gelangen wir zum Waldgasthof *»Krefelder Sprudel«.* Dort setzen wir unsere Wanderung mit dem Andreaskreuz (X 2) fort.

Zunächst geht es entlang der Straße ein kurzes Stück nach rechts, dann von der anderen Straßenseite durch Jungbuchenwald auf stillen Pfaden bis zum Hökendyk. Hier zweigt unsere Route nach links in Richtung Kliedbruch ab. Auf Vorstadtstraßen durch gepflegtes Wohngebiet geht es ohne Wegemarkierung zu unserem Ausgangspunkt zurück: zuerst die Kliedbruchstraße nach rechts, über den Nassauerring hinweg, den Dahlerdyk nach links und rechts in den Appellweg. An der Hubert-Houben-Kampfbahn vorbei und dann über die Moerser Straße hinweg stoßen wir etwas oberhalb auf der Vogelsangstraße wieder in den Stadtwald hinein. Auf dem ersten Waldweg nach rechts kommen wir zur Husarenallee und zum Grafschaftsplatz zurück.

36 Um den Wolfsberg und Hülser Berg herum

Anfahrt für Autofahrer Autobahn Duisburg – Venlo (A 40) bis zur Ausfahrt Kerken, dann Bundesstraße 9 bis Krefeld-Hüls, Landstraße Boomdyk und Talring.
Verkehrsmöglichkeiten Bundesbahn bis Krefeld, Omnibus bis Hülser Berg/Endstation.
Parkmöglichkeiten Waldparkplatz am Bahnhof Hülser Berg.
Wegmarkierungen Rundwege A 4, A 1, Andreaskreuz X 2.
Tourenlänge 11 km.
Wanderzeit Etwa 2½ Stunden.
Wanderkarten 1:50 000 Blatt 34 Kreis Viersen/Stadt Krefeld.
Wissenswertes Die Hülser und Tönisberger Berge sind in der Eiszeit entstanden. Die Gletscher, die bis ins Rheintal vorstießen, hinterließen ihre Spuren; die Hügel sind Reste einer Endmoräne.
Tourenbeschreibung Ganz in der Nähe des alten Bahnhofs Hülser Berg und der Gaststätten befindet sich ein Waldparkplatz, an dem unsere Wanderung beginnt. Wir folgen dem Zeichen A 4 durch den Wald und anschließend durch ein Wiesenstück zum *Lamershof.* Nach links auf der Straße »Siebenhäuser« und gleich darauf nach rechts geht es in Kurven auf den *Wolfsberg* hinauf. Wenn wir den Berg wieder hinunterwandern bietet sich uns ein schöner Blick auf Tönisberg mit seiner Kirche, der Zeche und der alten Bockwindmühle.

Auf der Straße »Achterberg« halten wir uns rechts und wandern durch das Selzer Bruch, an Hofschaften vorbei und treffen an einer Kreuzung wieder die Straße »Siebenhäuser«. Jetzt biegen wir links in den Waldwinkelsweg ein. Hier befindet sich das Altrheingewässer *Niepkuhlen.*
Mitten in einem kleinen Waldstück zeigt A 4 nach rechts, an der ehemaligen Limnologischen Station vorbei bis zum asphaltierten Fahrweg. Wir verlassen das Rundwegezeichen und wenden uns auf der Straße – es ist der Lookdyk – nach rechts.

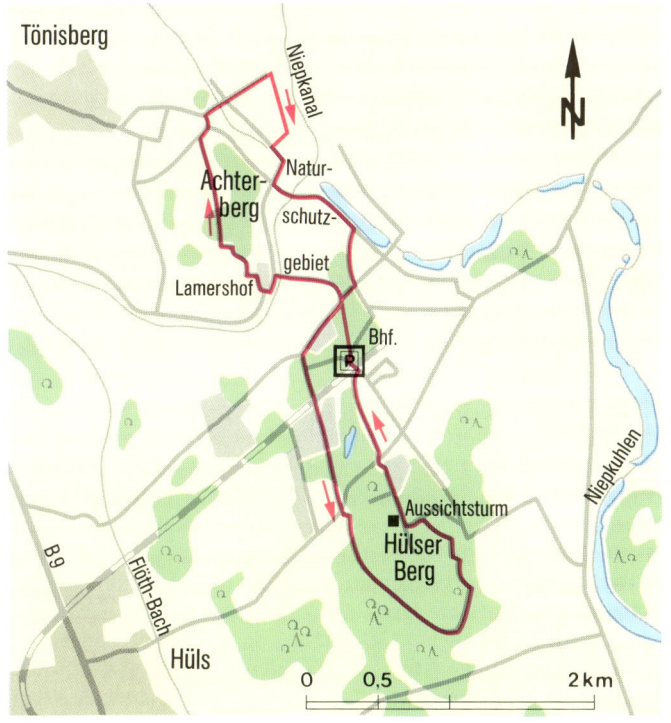

Nach etwa 800 Metern zweigt vom Lookdyk nach links die Straße Talring ab, die uns geradeaus an einem Betonwerk vorbei bis zur Kreuzung Hohlweg/Boomdyk bringt. Gleich hinter dieser Kreuzung befindet sich, unterhalb des *Hülser Bergs*, ein Waldparkplatz. Jetzt vertrauen wir uns dem Wanderzeichen A 1 an: südwärts am Fuß des Hügels entlang, einmal kurz mit einem Bogen um ein Rotwildgehege herum, weiter am Schwarzwildgehege vorbei auf schönen Wegen bis zum südlichsten Zipfel des Hülser Bergs.

Die mit A 1 bezeichnete Route führt jetzt nach links steil die Anhöhe empor und in vielen Windungen zum *Aussichtsturm*. Die Plattform des stählernen Gerüsts liegt etwa hundert Meter über dem Meeresspiegel; herrliche Rundblicke ins Rheintal und bis zu den Süchtelner Höhen können wir von hieroben genießen.

Von der in der Nähe gelegenen Bergschänke an richten wir uns nach dem X-Zeichen der Hauptwanderstrecke 2. Auf dem Rennstieg nach Norden, einmal den Hohlweg kreuzend, gelangen wir an der Konrads- und Eremitenkapelle vorbei zu unserem Ausgangspunkt zurück.

37 Von Tönisberg ins Neufelder Kullgebiet

Anfahrt für Autofahrer   Autobahn Duisburg – Venlo (A 40) bis zur Ausfahrt Kerken, dann Bundesstraße 9 bis Tönisberg.
Verkehrsmöglichkeiten   Bundesbahn bis Krefeld, Omnibus bis Tönisberg/Klaßberg.
Parkmöglichkeiten   Parkplatz an der Bockmühle.
Wegmarkierungen   Andreaskreuz X 2.
Tourenlänge   13 km.   **Wanderzeit**   Etwa 3 Stunden.
Wanderkarten   1 : 50 000 Blatt L 4504 Moers.
Wissenswertes   Das Gebiet um Tönisberg war im Mittelalter das strategisch bedeutsame Dreiländereck zwischen dem Erzbistum Kurköln, dem Herzogtum Geldern und der Grafschaft Moers.
Tourenbeschreibung   Von der *Kastenbockwindmühle,* dem Wahrzeichen *Tönisbergs,* wandern wir mit dem Zeichen A 5 den Windmühlenweg hinunter in den Ort, biegen beim Friedhof in den Erprathsweg ein und erreichen nach einem Stück des Wegs durch die hügelige Landschaft das *Rittergut Haus Erprath.* Unmittelbar hinter den Burgmauern folgen wir dem Andreaskreuz der Hauptwanderstrecke 2 (X 2) nach Norden und bei der nächsten Kreuzung, bei einem Heiligenhäuschen, auf der Rheinstraße nach rechts durch eine Siedlung, später auf einem schmalen Pfad durch Felder und Koppeln durch das Gebiet von Achterberg, bleiben aber am Fuße der Erhöhung.

Viele Bauernhöfe zwischen Tönisberg und Neufeld sind Stationen unserer Wanderung, die begleitet wird von dem Zugangsweg (N) zum Naturfreundehaus Kullhaus. Anfangs finden wir die Zeichen auf dem asphaltierten Weg aufgemalt. Wir kommen jenseits eines großen Feldes am Tönisenhof vorbei und wandern auf dem Wolfsbergweg weiter. Kurz vor der Autobahnunterführung befindet sich rechts, ein Stück vom Weg entfernt, das ausgedehnte Gewässer des Kullgebietes mit Naturfreundeheim. Vom Ortseingang von Neufeld zeigt unser Wanderzeichen unmittelbar hinter der Autobahnbrücke in die Alte Poststraße, führt

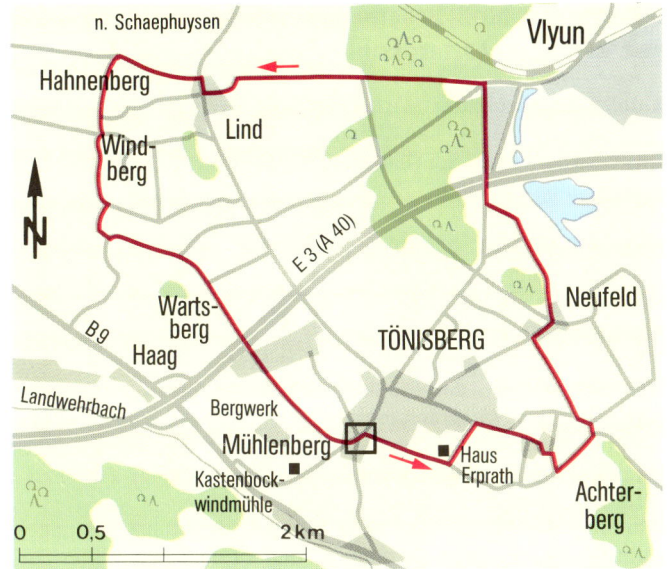

zwischen Waldstücken, Schrebergärten und kleinen Häusern hindurch bis zu einer Wegekreuzung am Eichenkamp. Hier biegen wir in den zweiten Weg, der nach links weiterführt, ein.

Wenn wir jenseits des wildreichen Waldgebietes durch Wiesen und Felder streifen, können wir am Horizont im Norden die Silhouette von Schaephuysen ausmachen. Beim Gestüt Bonnhof in *Lind* gehen wir rechts ein paar Meter entlang der Landstraße und dann auf der anderen Straßenseite einen Hohlweg hinauf zum Hahnenberg. Oben auf der Höhe an einer Kreuzung führt unsere Wanderung dem Andreaskreuz (X 2) folgend um den Hügel des Hahnenbergs herum, ein kleines Stück über das Feld, dann am Westrand des Windbergs entlang. Überall haben wir auf diesem Wegeabschnitt einen herrlichen Blick ins Kerkener und Gelderner Land.

An dem Berghang – links oben liegt die Fernmelde- und Entstörungsstation der Bundespost – halten wir uns mit X 2 zweimal nach links (Vorsicht bei der zweiten Wegegabelung: nicht X 12, sondern X 2 folgen) den Hügel hinauf. Bei der ehemaligen Sandkuhle weist X 2 nach rechts durch die Felder, über die Autobahnbrücke geradeaus auf dem Kirchweg durch die Wartsbergsiedlung – unmittelbar vor uns befindet sich jetzt der Förderturm der Niederrheinischen Bergwerks-AG – und später einen langgezogenen Hohlweg hinunter nach *Tönisberg.*

38 Schloß Bloemersheim und die Littardkuhlen

Anfahrt für Autofahrer Autobahn Duisburg – Venlo (A 40) bis zur Ausfahrt Neukirchen-Vluyn, dann Niederrheinallee Richtung Kerken bis Vluyn/Friedhof.

Verkehrsmöglichkeiten Bundesbahn bis Moers, Omnibus bis Vluyn/Vluyner Hof.

Parkmöglichkeiten Parkplatz am Friedhof.

Wegmarkierungen Rundwege A 4, A 14, Andreaskreuz X.

Tourenlänge 10 km.

Wanderzeit Etwa 2½ Stunden.

Wanderkarten 1:50 000 Blatt L 4504 Moers.

Wissenswertes In der Frankenzeit erwarb die Abtei Werden Ländereien bei Schaephuysen: den Wald Liutridi, den heutigen Littardwald. Mitten in diesem Kullgebiet liegt das 1406 erstmals erwähnte Wasserschloß Bloemersheim, im Mittelalter Zufluchtsstätte für die niederrheinischen Bauern.

Tourenbeschreibung Das Wanderzeichen A 4 führt uns ungewöhnlicherweise zuerst durch den Friedhof und dann hinter der Kapelle links über einen Heckenweg nach Norden. Linker Hand befindet sich eine große Baumschulengärtnerei, die bis zu einem Waldgelände reicht. Im großen Bogen um die Gärtnerei herum, durch Felder und am Rande des Pappel- und Erlenwaldes vorüber erreichen wir *Schloß Bloemersheim*.

Den direkten Weg durch das Schloßgelände gibt es nicht mehr. Wir müssen vielmehr nach rechts an einem Zaun entlang einen Bogen um das Anwesen schlagen. Einen Blick auf das Portal mit der alten Zugbrücke oder auf die Wassergräben und Ententeiche können wir dann werfen, wenn wir uns von der Nordseite des Schlosses nach links halten.

Unseren Wanderkurs setzen wir allerdings nach rechts durch eine Allee mit markanten Eichen fort. Sie bringt uns zur Hochkamer Straße, der Landstraße nach Moers. Geradeaus – der Waldweg ist durch eine Barriere für Fahrzeuge gesperrt geht es durch Eichen- und Mischwald weiter. Hinter einem dichten Fichtenwaldstück halten wir uns beim ersten Wegekreuz links, beim nächsten Wegekreuz aber wiederum rechts. Am Waldrand knickt die A 4-Route auf dem Heisterweg nach links ab, an dem Trafo-Häuschen »Vluynbusch« vorüber und geradeaus am Waldrand entlang zum *Samannshof*.

An dieser Stelle wechseln wir auf das Zeichen A 14 über und wandern auf der Fahrstraße nach Norden weiter. Rechter Hand hört bald der Wald auf, und über die Wiesen hinweg bietet sich uns ein weiter Blick ins Moerser Land. Erst dann, wenn die Straße eine kleine Kurve macht, biegen wir nach links über einen Bach in den Wald hinein.

Schon nach wenigen Schritten treffen wir auf das X-Zeichen der Hauptwanderstrecke 2. Im Gleichlauf mit A 14 weist es uns den Weg südwärts an den vielen wunderschönen Waldseen entlang. Zwischen den Bäumen erkennen wir die versteckt gelegenen Wochenendhäuschen mit den Uferstegen.

Jeder, der Sinn für Romantik hat, wird von dieser Landschaft angetan sein. Irgendwann verläßt uns A 14 nach links über eine kleine Brücke; wir orientieren uns aber stets an dem Andreaskreuz. So erreichen wir nach einem erholsamen Spaziergang den Waldparkplatz und die Rayener Straße. Ein paar Schritte nach links zeigt das Andreaskreuz an den »Hacksteinskuhlen« wieder nach Süden und trifft sich mit dem Rundwegezeichen A 4. Es ist eine herrliche Strecke, die durch Felder, an kleinen gepflegten Häusern vorbei und immer wieder entlang der verträumten Seenlandschaft zum Waldrand führt. Später kommen wir durch Buchenhochwald in die Gegend südlich von Schloß Bloemers-

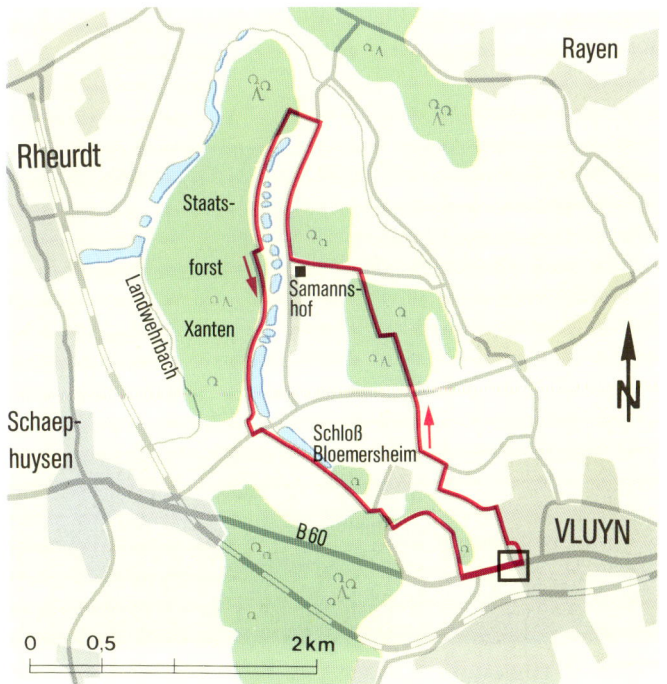

heim. Beim zweiten Wegedreieck wandern wir mit A 4 nach links – das Andreaskreuz verläßt uns hier – am Forsthaus vorbei zur Bundesstraße und dort links nach *Vluyn* zurück.

39 Durch das St. Huberter Bruch

Anfahrt für Autofahrer   Autobahn Duisburg – Venlo (A 40) bis zur Ausfahrt Kerken, dann Bundestraße 9 bis Tönisberg, Tönisberger Straße bis St. Hubert.
Verkehrsmöglichkeiten   Bundesbahn bis Krefeld, Omnibus bis St. Hubert/Hohenzollernplatz.
Parkmöglichkeiten   Parkplätze an der Waldschänke.
Wegmarkierungen   Rundwege A 1, A 3 und A 4, Andreaskreuz X 12.
Tourenlänge   11 km.
Wanderzeit   Etwa 2½ Stunden.
Wanderkarten   1:50 000 Blatt L 4504 Moers.
Tourenbeschreibung   Das *St. Huberter Bruch* hat durch den Bau der Venloer Autobahn und von Umgehungsstraßen etwas von seiner Urtümlichkeit verloren. Dennoch findet man hier im-

Zu Tour 49   **Lüttelforster Mühle bei Niederkrüchten**   (Foto: Herbert Maeger)

mer noch jene Charakteristika, die man allgemein für typisch
niederrheinisch hält: sumpfige Bruchwälder, saftige Viehkoppeln
und fruchtbare Felder. Das Waldgasthaus Waldschänke, von St.
Hubert aus über die Stendener Straße zu erreichen, ist der Ausgangspunkt unserer Rundwanderung. Wir folgen zunächst dem
Zeichen A 3 auf dem Weg »Schadbruch« nach Westen, biegen in
die Stendener Straße ein und wandern nach links bis zum Waldausgang. Wenn A 3 nach links weiterführt, halten wir uns mit
dem Andreaskreuz (X 12) nach rechts am Waldrand entlang. In
der Höhe des Fritz-Lewerentz-Heims stoßen wir auch auf das
Zeichen A 4, das im Gleichlauf mit dem Andreaskreuz über die
Autobahnbrücke hinweg nach *Stenden* weist.

Beim Transformatorenhaus geht es rechts ab in die Dorfstraße,
beim Ortsende nach Norden über die Bundesstraße hinweg
durch Felder auf den Wartsberg hinauf. Unsere Wanderstrecke
macht eine Schleife um die Sandkuhle herum (die Wanderzeichen sind hier teilweise auf den asphaltierten Boden aufgemalt); wir kommen nach rechts mit A 4 durch Ackerland und
später über die Autobahnbrücke zur *Siedlung Wartsberg*. Die
Schachtanlage mit dem Förderturm, der die Landschaft
beherrscht, lassen wir rechter Hand liegen und wandern weiter
auf dem Kirchweg und später durch einen Hohlweg hinunter
nach *Tönisberg*.

Jetzt bringt uns der Windmühlenweg nach rechts hinauf zur Kastenbockmühle, dem Wahrzeichen Tönisbergs, und dann die Straße »Haag« hinunter zur Bundesstraße. Auf der gegenüberliegenden Straßenseite beginnt wieder das typische Bruchgebiet, das wir von der Tönisberger Straße abbiegend zuerst nach rechts am Waldrand entlang und dann links ab durch Birkenwald und Mischwald durchwandern. Mit dem Zeichen A 1 kommen wir durch den Wald, beim Querweg links, und dann auf dem Weg »Schadbruch« nach rechts zur Waldschänke zurück.

🟢 40 Rund um die Thomasstadt Kempen

Anfahrt für Autofahrer Autobahn Duisburg – Venlo (A 40) bis zur Ausfahrt Kempen.
Verkehrsmöglichkeiten Bundesbahn bis Kempen. Oder verschiedene Omnibuslinien aus Krefeld, Mönchengladbach oder Nettetal bis Kempen.
Parkmöglichkeiten Am Kempener Bahnhof.
Wegmarkierungen Teilweise Andreaskreuz X 11.
Tourenlänge 8 km.
Wanderzeit Etwa 2 Stunden.
Wanderkarten 1:50 000 Blatt L 4704 Krefeld.
Wissenswertes Kempen ist eine kurkölnische Siedlung, um 1290 befestigt. Heute noch sind das alte Stadtbild und Teile der Befestigungswälle erhalten. Den Namen Thomasstadt erhielt Kempen von dem Mönch Thomas von Kempen (*1471), der durch bedeutende religiöse Schriften berühmt geworden ist.
Tourenbeschreibung Die Wanderung führt durch eine alte Stadt mit vielen historischen Baudenkmälern, an den Befestigungsanlagen vorbei und teilweise durch vorbildlich angelegte Wohnsiedlungen.

Unser Rundkurs beginnt am *Kempener Bahnhof*. Über die Kurfürstenstraße gelangen wir zum Burgring und zur ehemaligen kurkölnischen Landesburg. Von hier aus gehen wir über eine schattige Promenade mit einem geschmackvoll angelegten Grüngürtel bis zum Kuhtor (aus dem Jahre 1370) und von dort am Möhlenring entlang – immer auf den Anlagewegen – bis zum Mühlenturm an der Stadtmauer.

Gegenüber der mächtigen Mühle beginnt der Peschweg, der durch ein Wohngebiet führt. Wir überqueren die idyllische Bir-

Zu Tour 40 **Das Kuhtor in Kempen** (Foto: Herbert Maeger)

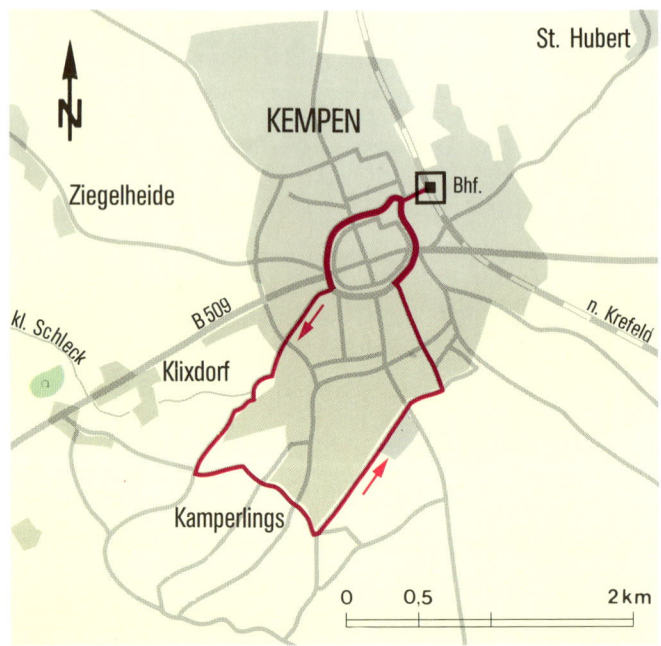

kenallee und kommen auf dem Peschweg bis zu einem Weiher.
Rechts um den kleinen Teich herumwandernd erreichen wir die
Straße »An Peschbenden«, halten uns rechts und bald darauf auf
dem Weg »Klixdorf« wieder rechts durch Felder, in südwestlicher
Richtung. Etwa 200 Meter hinter dem letzten Bauernhof treffen
wir auf das Andreaskreuz der Hauptwanderstrecke (X 11), mit
dem wir im spitzen Winkel in Richtung Kempen zurückkehren
(nicht auf dem Fahrradweg). Kurz vor der Siedlung *Kamperlings*
weist das Andreaskreuz rechts zum Grünkesweg und geradeaus
an einem alten jüdischen Friedhof vorbei bis zur Landstraße
(L 444). Dort, wo die Landstraße rechts abbiegt, verlassen wir
das Andreaskreuz und wandern links bei einem Fußgänger-
hinweisschild durch den Baumtunnel geradeaus nach Norden.

Hinter dieser »Liebesallee« – einer ehemaligen Eisenbahntrasse – überqueren wir zuerst die Rosenstraße in einer neueren
Siedlung, dann die Vorster Straße und gehen geradeaus in einen
Birkenweg hinein. Bei der Wegegabelung bleiben wir links und
kommen nach wenigen Metern an Ackerland vorbei zur
St.-Peter-Allee. Wir wenden uns wieder nach links, und nun geht
es immer geradeaus durch schöne Wohnstraßen. Wir überqueren

114

den Blatendoop, die Herckenrathstraße und schließlich die Dinkelbergstraße. Auch hier ändern wir die Richtung nicht und gelangen an einem Kinderspielplatz und einer Gartenkolonie vorbei zum Ring rund um die Kempener Altstadt. Rechts auf dem Donkring geht es zurück über den Viehmarkt zur Burg und zum Bahnhof.

 Durch das Wurm-Tal nach Heinsberg

Anfahrt für Autofahrer   Autobahn Mönchengladbach – Aachen (A 44) bis zur Ausfahrt Aldenhoven, dann Bundesstraße 56 nach Geilenkirchen.

Verkehrsmöglichkeiten   Bundesbahn bis Geilenkirchen.

Parkmöglichkeiten   Parkplätze am Bahnhof Geilenkirchen.

Wegmarkierungen   Andreaskreuz X 1.

Tourenlänge   20 km.

Wanderzeit   Etwa 5 Stunden.

Wanderkarten   1:50 000 Blatt 45 Kreis Heinsberg.

Wissenswertes   Im Tal der Wurm liegen zwischen Geilenkirchen und Randerath viele Burgen und Schlösser, Adelshöfe und Kastelle. Teilweise verkünden sie noch von der Macht in früheren Jahrhunderten, manchen sieht man allerdings ihre ehemalige Bedeutung nicht mehr an. Die Ruinen der Wasserburg Geilenkirchen gehen zum Teil noch auf das 14. Jahrhundert zurück. Schloß Trips stammt aus dem 15. Jahrhundert, die beiden Vorburgen wurden 1672 errichtet. Die Wasserburg Kleinsiersdorf wurde zwar erst im 18. Jahrhundert gebaut, kann sich jedoch auf einen adligen Ahnherren von 1244 berufen. Von dem Adelssitz der Edelherren von Randerath ist heute lediglich eine Kellnerei vorhanden, deren Strebepfeiler Reste des mächtigen Burgturms aus dem 14. Jahrhundert sind. – Zeugen der Vergangenheit in der Kreisstadt Heinsberg sind der hohe gotische Selfkantdom und die Burgruine auf dem Burgberg. (Stadtrechte seit 1256.)

Tourenbeschreibung   *Geilenkirchen* ist der Ausgangsort unserer Streckenwanderung durch das *Wurm-Tal*. Vom Bahnhof aus die Alte Poststraße entlang und über die Konrad-Adenauer-Straße hinweg finden wir vor dem Eingang der Kreissparkasse den schmalen Durchgang zu dem Flüßchen, das an den Tennisplätzen und später an der Realschule vorbei zum Schloß Trips fließt. *Schloß Trips* ist eine malerische Wasserburg aus dem 15. Jahrhundert. Den Weg durch das stille Wiesental zeigt uns meistens

Herb

Horst

Uetterath

Randerath

Nirm

Wurm

Tripsrath

Gut Klein-
siersdorf

Würm

Müllen-
dorf

Süggerath

B 221

Wurm

Schloß
Trips

Prummern

0   0,5   2 km

B 221

B 56   Immendorf

GEILENKIRCHEN

das Andreaskreuz der Hauptwanderstrecke 1 (X 1) an. Wir bleiben immer auf den neuangelegten, sauberen Uferwegen an der Wurm, wechseln nur des öfteren einmal vom Ostufer zum Westufer – oder umgekehrt.

So kommen wir zuerst an *Süggerath,* dann an *Müllendorf* vorbei zum *Gut Kleinsiersdorf.* Wir wandern auf den Uferwegen des munter dahinplätschernden Flußes weiter und kommen am Rande eines Pappelwaldes und durch Wiesengelände bis *Randerath.*

Jetzt haben wir knapp die Hälfte des Weges zurückgelegt, und es besteht schon von Randerath aus die Möglichkeit zur Rückfahrt nach Geilenkirchen. Wer aber noch gut zu Fuß ist, biegt bei der Wurm-Brücke in Randerath mit dem Andreaskreuz nach links in die Buschstraße zur Ortsmitte ein. Gegenüber der Kirche nimmt uns die Asterstraße auf, und wir schwenken kurz vor dem Ortsausgang nach links in die Straße »Driesch«. Es geht an Sportplätzen vorbei bis nach *Horst.*

Weiter geht es mit dem Wanderzeichen X nach rechts in die von-Kesseler-Straße und über die Bahngleise halbrechts zur Wurm zurück. Auf einem Wiesenweg schlängelt sich unsere Tour unmittelbar am Flußlauf entlang.

Einmal wechseln wir die Uferseite und bei der *Porselener Mühle* überqueren wir die Fahrstraße, um durch Bleckden wieder zum Flußlauf zu gelangen. So kommen wir nach *Oberbruch.*

Hier müssen wir die Wurm kurz verlassen, um das AKZO-Werk zu umlaufen: rechts in die Boos-Fremery-Straße, dann links die Niethausener Straße entlang. Kurz hinter den letzten Häusern der Ortschaft biegt links die Wurmstraße ein, von der wir direkt wieder links den Fluß wiederfinden. Unsere Wanderung führt jetzt erneut auf den Uferwegen der Wurm weiter. Zuerst links, dann rechts des Flußlaufs gelangen wir schließlich zur Brücke der Unterbrucher Straße. An dieser Stelle verlassen wir die Wurm und die Hauptwanderstrecke X 1, halten uns links und kommen die Hochstraße weiter zum Busbahnhof von Heinsberg, wo wir Omnibusverbindungen zurück nach Geilenkirchen finden.

42 Von Burg Wassenberg zum Birgelener Pützchen

Anfahrt für Autofahrer   Autobahn Neuss – Heinsberg (A 46) bis zur Ausfahrt Hückelhoven, dann Landstraße über Ratheim nach Wassenberg.

Verkehrsmöglichkeiten   Bundesbahn bis Erkelenz, Omnibus bis Wassenberg/Burg.

Parkmöglichkeiten   Parkplätze an der Burg Wassenberg.

Wegmarkierungen   Teilweise Andreaskreuz X 1, Rundweg A 2.

Tourenlänge   9 km.

Wanderzeit   Etwa 2½ Stunden.

Wanderkarten   1:50 000 Blatt L 4902 Heinsberg.

Wissenswertes   Der Wassenberger Horst, ein Höhenzug mitten in der niederrheinischen Bucht, ist ein historisch bedeutsamer Landstrich. Die Burg Wassenberg wurde im 10. Jahrhundert als Schutz gegen die normannischen Raubzüge erbaut. 1206 fiel in der Schlacht von Wassenberg die Entscheidung um den deutschen Kaiserthron: König Philipp von Schwaben hielt in der Burg den Kölner Erzbischof Bruno IV. und den Grafen von Wassenberg gefangen, die auf Seiten des Gegenkönigs standen.

Zu Tour 43   In der »Myhler Schweiz«   (Foto: Herbert Maeger)

Der heute noch erhaltene Bergfried, die Befestigungsanlage, das Roßtor und das Verlorenentor stammen aus dem 15. Jahrhundert.

Tourenbeschreibung Ein geschichtsträchtiges Gebiet voller landschaftlicher Reize durchwandern wir von der Burg Wassenberg aus. Von der Kirchstraße steigen wir an der alten Stadtmauer mit dem Roßtor und dem Verlorenentor hinunter zu einem kleinen Teich, wenden uns »Am Wehrturm« links, durchqueren die alte Eisenbahntrasse und stoßen geradeaus an dem Sportgelände vorbei in das *Marienbruch*. Es ist ein idyllisches Waldstück, von herrlichen, kurvenreichen Wegen durchzogen. An dem ersten Wegedreieck halten wir uns rechts, um gleich nach etwa 100 Metern links in einen Weg einzubiegen, der an einen Wassergraben gelangt. Weiter nach links, entlang dieses Grabens, treffen wir an einer Holzbrücke auf das Rundwanderzeichen A 2, mit dem wir im Bogen zu einem Querweg kommen, an dem sich ein Wildgatter mit Damwild und Bergziegen befindet.

Jetzt biegen wir links ein und gelangen am Haus »Alt Holland« zur Bundesstraße 221. Dort ein Stück nach rechts setzen wir auf der gegenüberliegenden Seite unsere Wanderung auf der Straße »An der Kreuzkirche« fort. Am Ende dieser Straße liegt die Kirche mit dem modernen, markanten Glockenturm.

Am Rand des Birgeler Waldes geht es auf der Bergstraße in nordöstlicher Richtung, entweder auf dem Baronsweg oder ein

Stück weiter auf der Straße »Herrschaftliche Heide« links ab bis *Entenpfuhl.* Auf der Straße »Entenpfuhl« wandern wir durch den Wald bis kurz vor *Birgelen.* Scharf nach links gelangen wir zum Birgelener Waldfriedhof, und nun befinden wir uns auch auf der mit X 1 gekennzeichneten Hauptwanderstrecke.

Die Wandermarkierung weist in den Wald hinein, fast ständig bergab und einmal nach rechts zur Wallfahrtskapelle *Birgelener Pützchen.* Wir passieren im Forst Gedenkstätten, die den Leidensweg Jesus Christus symbolisieren. In vorchristlicher Zeit befand sich hier vermutlich eine heidnische Kultstätte. Dem X-Zeichen folgen wir waldaufwärts zu einem Friedhof und zu einer Siedlung, auf der Tannenwaldstraße zur Bergstraße und auf der Kirchstraße hinunter zur *Burg Wassenberg.*

43 Durch die Myhler Schweiz

Anfahrt für Autofahrer Autobahn Neuss – Heinsberg (A 46) bis zur Ausfahrt Hückelhoven, dann Landstraße über Golkrath und Gerderath bis Myhl.

Verkehrsmöglichkeiten Bundesbahn bis Erkelenz, Omnibus bis Myhl/Feuerwehr.

Parkmöglichkeiten Parkplätze an der St.-Johannes-Straße/ Erkelenzerstraße.

Wegmarkierungen Andreaskreuz X 10 und X 8, Rundweg A 11.

Tourenlänge 7 km.

Wanderzeit Etwa 2 Stunden.

Wanderkarten 1:50 000 Blatt L 4902 Heinsberg.

Wissenswertes Das landschaftlich wundervolle Gebiet der Myhler Schweiz ist ein Teil des Wassenberger Horstes, der nach Westen an einer ausgeprägten Bruchlinie – dem sogenannten Rur-Rand – etwa 600 Meter zur feuchten Niederung der Rur und der Wurm abfällt. Die erdgeschichtlich sehr jungen Höhenverschiebungen nehmen jedes Jahr um etwa zwei Millimeter zu. – Myhl stammt von dem Wort Meielo ab, das ist die keltische Bezeichnung für Sumpfland.

Tourenbeschreibung Das Andreaskreuz X 10 ist unser erster Wegweiser. Es führt vom Parkplatz an der Straßenkreuzung nach Südwesten über die St.-Johannes-Straße, Am Schwanderberg, oberhalb des Sportplatzgeländes bis zum Wassenberger Wald. Hier verzichten wir auf die Markierung, wenden uns nach rechts

und kommen am Waldessaum entlang hinauf zur Klosterstraße in Wassenberg. In diese von Birken besetzte Allee biegen wir nach links ein. Noch vor dem Parkplatz an der Wingertsmühle liegt linker Hand das Ausflugslokal »Tante Lucie«, wo wir das Wanderzeichen X 8 finden.

Auf der Straße »An der Windmühle« wandern wir zurück in den Wald und um die Myhler Höhe herum. Wenn der schöne Waldweg einen kleinen Linksbogen macht, biegen wir rechts ein und steigen mit X 8 und dem Rundwegezeichen A 11 hinunter zu den Waldteichen und in das Wiesengelände des Myhler Bachs.

Nur ein kleines Stück rechts auf der Orsbecker Straße geht es wieder in den Wald mit den vielen Fischteichen hinein. Nach etwa 600 Metern knickt unser Wanderweg an der Bergwerksanlage links ab und schlängelt sich durch Nadelwald hinauf bis zur Höhe. Hier verlassen wir das Wanderzeichen X und marschieren mit A 11 nach rechts durch Ackerland geradeaus zum Bildstock »Lindchen«, von dort nach links das hügelige Land hinunter zum Friedhof und auf der Dorfstraße nach *Myhl* zurück.

44 Von Birgelen zum Effelder Waldsee

Anfahrt für Autofahrer Autobahn Neuss – Heinsberg (A 46) bis zur Ausfahrt Hückelhoven, dann Landstraße über Ratheim und Wassenberg nach Birgelen.

Verkehrsmöglichkeiten Bundesbahn bis Erkelenz, Omnibus bis Birgelen/Kirche.

Parkmöglichkeiten Parkplätze an der Birgelner Kirche.

Wegmarkierungen Rundwege A 5, A 7 und A 9.

Tourenlänge 20 km.

Wanderzeit Etwa 5 Stunden.

Wanderkarten 1:50 000 Blatt L 4902 Heinsberg.

Wissenswertes Erdgeschichtliche Informationen bietet das Sandwerk von Rosenthal; die Nordsee und die Urströme von Rhein und Maas hinterließen ihre Ablagerungen: Kies, Quarzsand, Ton und Braunkohle. – Birgelen war um Christi Geburt der Schnittpunkt zweier bedeutsamer Römerstraßen.

Tourenbeschreibung Von der *Birgelner Kirche* aus führt uns das Zeichen A 5 die Sandstraße hinauf auf einem wunderschönen, schmalen Waldweg in den ausgedehnten *Birgelner Wald*. Unweit unseres Wanderweges verläuft parallel eine Waldstraße, die Birgelner und Arsbecker Bahn. Wir überqueren den Rurweg, dann den kleinen Schaagbach, gehen auf dem Schaagweg ein kurzes Stück nach rechts, ehe wir kurz vor einer Schutzhütte weiter nach Norden den Hang hinaufsteigen. Auf der Anhöhe knickt der Weg nach Westen ab, nach einem Kilometer kommt er aber nach links wieder zurück zum Schaagweg. Hier, bei einer Schutzhütte, folgen wir A 5 westwärts bis zum Campingplatz von *Rosenthal*.

Wir verlassen an dieser Stelle das Zeichen A 5, wenden uns unmittelbar vor dem ehemaligen Bahnhof Rosenthal nach rechts und gehen gleich wieder links weiter bis zu einem asphaltierten Weg. Dort schwenken wir rechts ein; von jetzt richten wir uns nach dem Rundwegezeichen A 7: zuerst über die Querstraße, der Rödger Bahn, dann bei einem alleinstehenden Haus an einem Feld vorbei, am Waldrand entlang und geradeaus wieder in den Kiefernwald hinein. Sandige Wege durch Heide und Wald sind es, die wir passieren. Bei einer Wegegabelung halten wir uns rechts, nach einem kleinen Anstieg links. So gelangen wir in das Sumpfgebiet des Rothenbachs und an die niederländische Grenze.

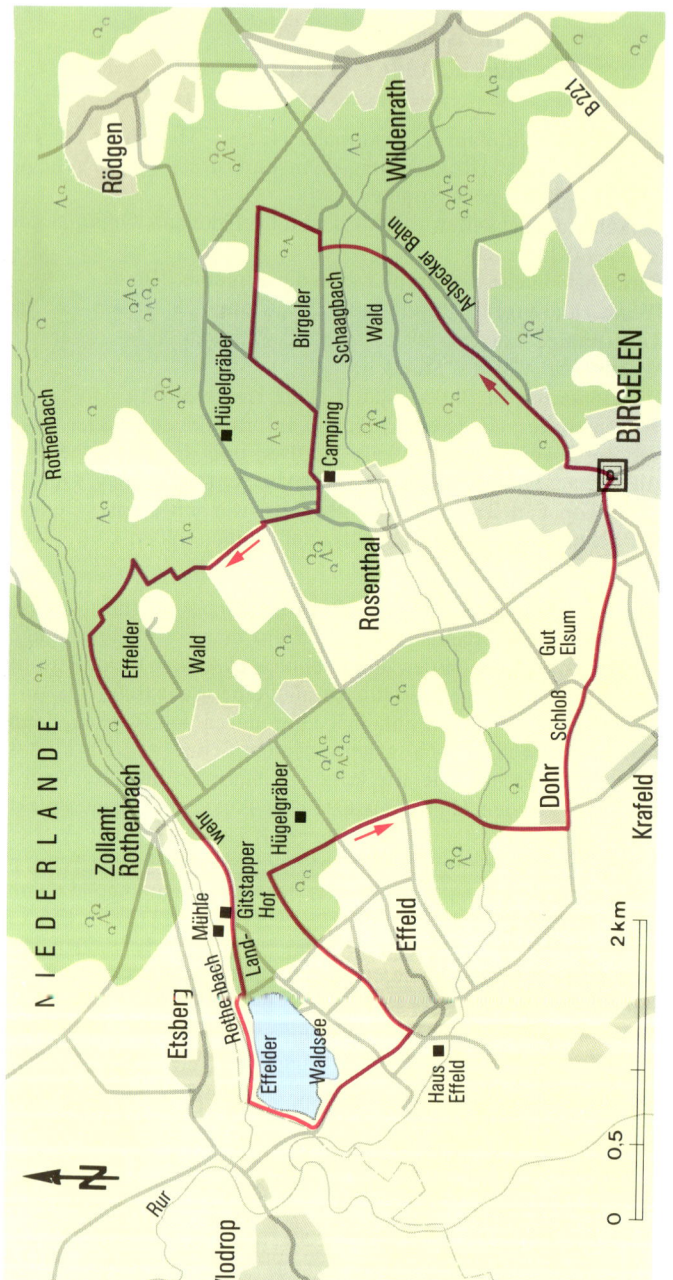

Wieder schwenkt die Wanderstrecke mit A 7 an der Grenze im rechten Winkel nach links ab und kommt nun immer geradeaus am Zollamt Rothenbach und am Grenzübergang heraus. Geradeaus wandern wir weiter: parallel zur holländischen Grenze, meist am Waldrand und der Landwehr entlang, in der Nähe des Gitstapper Hofes und der Mühle vorbei. Hier knickt der A 7 – Rundkurs nach links ab; wir aber bleiben weiter geradeaus und kommen dann zum *Effelder Waldsee.* Dort führt uns das Wanderzeichen A 9 um den See, einem großen Erholungszentrum mit Wassersportmöglichkeiten, Sportplätzen, Angelrevier und Campinggelände, herum. Der Waldsee ist aus einer Kiesbaggerei entstanden.

Am Effelder Waldsee haben wir den westlichsten Punkt erreicht; wir setzen unsere Wanderung ohne Zeichen durch die Bruchstraße zum *Ort Effeld* fort. Ein kleiner Abstecher durch die Schloßstraße zum Wasserschloß Haus Effeld bietet sich an. Über die Kreuzstraße, an der Kirche vorbei, gelangen wir zur Dorfstraße, wo es Möglichkeiten zur Rückfahrt nach Birgelen mit Omnibussen gibt.

Wer noch gut zu Fuß ist, geht direkt von der Schloßstraße auf der Schleidstraße weiter durch den Ort, durch Felder und bei einem Kruzifix in den Ophovener Wald hinein. Beim ersten

Zu Tour 48 **Burg Wegberg**   (Foto: Herbert Maeger)

Wegestern treffen wir in der Nähe einer Waldschutzhütte auf die Wegemarkierung A 7 und halten uns rechts. Immer geradeaus in südöstlicher Richtung – bei der zweiten Straßenkreuzung verläßt uns A 7 – meist durch Waldgebiet oder am Waldrand entlang gelangen wir zu den Häusern von Dohr, dann nach links auf der Fahrstraße zum *Wasserschloß Elsum* mit seinem schönen Park. Von dort sind es auf dem Elsumer Weg noch etwa 1500 Meter zurück nach *Birgelen.*

45 Stille Grenzwege am Rothenbach

Anfahrt für Autofahrer Autobahn Neuss – Heinsberg (A 46) bis zur Ausfahrt Hückelhoven, dann Landstraße über Ratheim und Wassenberg in Richtung Roermond bis zur Zollstation Rothenbach.
Verkehrsmöglichkeiten Bundesbahn bis Erkelenz, Omnibus bis Rothenbach/Abzw.
Parkmöglichkeiten Parkplätze am *Haus Rothenbach* oder an den Markthallen.
Wegmarkierungen Rundwege A 6, A 7 (auf deutscher Seite).
Tourenlänge 11 km.
Wanderzeit Etwa 3 Stunden.
Wanderkarten 1:50 000 Blatt L 4902 Heinsberg.
Wissenswertes Mehr als zwei Drittel der nordöstlichen Rurniederung sind von einer fast geschlossenen Flugsanddecke überlagert, teilweise wurden die Sande zu flachen Binnendünenfeldern zusammengeweht. In dieser an die Lüneburger Heide erinnernden Landschaft des Grenzwaldes gibt es fast keine Siedlungen.
Tourenbeschreibung Vorweg: die Hälfte unserer Wanderstrecke liegt auf niederländischem Gebiet. Insgesamt überschreiten wir die Grenze viermal, also Personalausweis oder Reisepaß nicht vergessen!

Vom Parkplatz am ehemaligen Zollamt biegen wir nach rechts in den wenig befahrenen Stationsweg mit dem Schild »Vlodrop-Station« ein; Kiefern- und Birkenwälder nehmen uns auf. Neben uns schlängelt sich der Rothenbach durch Sumpfgebiet dahin. Erst bei Vlodrop-Station kommen wir zu einer kleinen Lichtung. Die Waldstraße macht hier einen Bogen über die Eisenbahngeleise hinweg und führt zum Eingang des mitten im Wald gelegenen *St.-Ludwigs-Kollegs.*

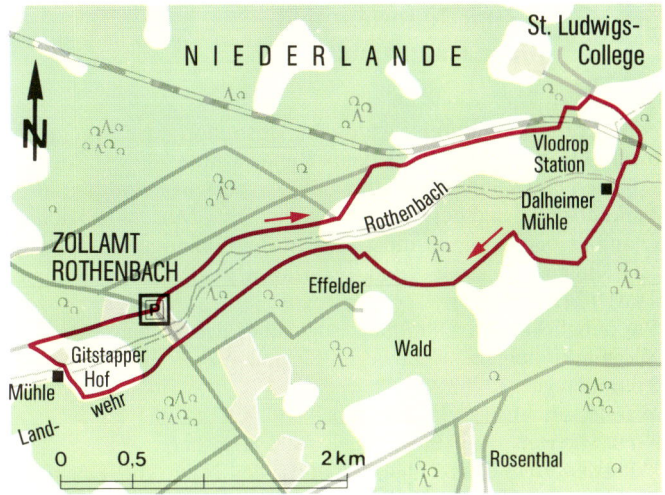

Auf der Allee, die von dem Franziskaner-Kolleg herunterkommt, nach rechts überschreiten wir wieder die Grenze, halten uns auf der Straße »Am deutschen Eck« rechts und unterqueren sofort den Eisenbahnviadukt. Eine Idylle erwartet uns: die *Dahlheimer Mühle* inmitten der Mühlenweiher und des Bachlaufs.

Von jetzt an orientieren wir uns an dem Rundwegezeichen A 6 und wandern auf gewundenen Pfaden westwärts durch den Dalheimer Wald. Wenn A 6 jedoch im rechten Winkel nach links abzweigt, bleiben wir geradeaus und gelangen, dem Zeichen A 7 folgend, auf sandigen Wegen durch den Kiefernhochwald zum *Zollamt Rothenbach* zurück. Wir empfehlen, die Wanderung noch nicht abzubrechen, sondern noch ein bißchen auszudehnen, und zwar mit A 7 jenseits der Straße weiter durch den Effelder Wald und am Waldrand entlang. Rechts vor uns liegen am Rothenbach der Gitstapper Hof und die Gitstapper Mühle. Hier verlassen wir das A 7-Zeichen, gehen hinüber zum Bauernhof und noch ein kleines Stück weiter zur Fahrstraße auf der niederländischen Seite. Nach rechts einschwenkend sind wir bald wieder an der ehemaligen Zollstation.

46 Zum Naturlehrpfad am Haus Wildenrath

Anfahrt für Autofahrer Autobahn Düsseldorf – Mönchengladbach – Roermond (A 52) dann Bundesstraße 230 bis Niederkrüchten und Bundesstraße 221 über Arsbeck nach Wildenrath.

Verkehrsmöglichkeiten Bundesbahn bis Mönchengladbach, Omnibus bis Wegberg, umsteigen in den Omnibus bis Wildenrath/Kirche. An Sonn- und Feiertagen AST (Anruf Sammel Taxi) 0 24 51/22 24.

Parkmöglichkeiten Parkplatz gegenüber des Rathauses.

Wegmarkierungen Rundwege A 7 und A 8.

Tourenlänge 10 km.

Wanderzeit Etwa 2½ Stunden.

Wanderkarten 1:50 000 Blatt L 4902 Heinsberg.

Wissenswertes Das Dünengebiet in der Nähe von Schaufenberg war vor Urzeiten Meeresgrund gewesen. Nachweisbar war das Land in diesem Bereich schon in der Steinzeit besiedelt.

Tourenbeschreibung Das erste Ziel unserer Wanderung, das wir von der *Wildenrather Kirche* aus über die Hochstraße und die Straße »Auf dem Kirchkamp« erreichen, ist der *Naturlehrpark* am *Haus Wildenrath*. Hier führen kulturgeschichtliche, geologisch-bodenkundliche, pflanzenkundliche, vegetationskundliche und landschaftskundliche Lehrpfade durch das Quellgebiet des Schaagbachs. Überall in diesem Wald mit seiner reichen geschichtlichen Vergangenheit befinden sich auch gewässerkundliche Beobachtungspunkte. Es ist ungemein reizvoll, das rätselhafte, verzweigte Netz von Dämmen, Gräben und Wallvierecken, das früher wehrtechnischen und wirtschaftlichen Aufgaben gedient haben mag, zu studieren.

Unsere Wanderstrecke, durch das Zeichen A 7 gekennzeichnet, führt uns durch eines der schönsten Gebiete des Naturparks Schwalm-Nette. Unmittelbar hinter Haus Wildenrath geht es rechts auf einem Pfad in den märchenhaften Wald hinein, später in kleines Stück an einem Feld entlang und dann auf verschlungenen, kurvenreichen Wegen durch eine verwunschene Forstlandschaft. Wir passieren mit Bohlen überbrückte Sumpfgebiete und bald auch ein dichtes Tannengebüsch und treffen schließlich auf eine Marienkapelle.

Hier, bei dem Wegekreuz am Waldsportplatz, wechseln wir auf A 8 über und wandern an dem Sportgelände entlang geradeaus durch den Birgeler Wald. Der Weg macht allmählich einen weit ausholenden Linksbogen und endet an der Schachtanlage V der Steinkohlenzeche Sophia-Jacoba. Hinter dem Schachtgelände, zwischen den Feldern biegen wir rechts ab, an einem Transformatorenhaus vorbei, nach *Schaufenberg*.

Nun folgt A 8 einem Sandweg bis zum Campingplatz und schwenkt bei einem Wegestern rechts in den sogenannten Schaagweg ein. Dieser Weg zieht sich etwa zwei Kilometer lang oberhalb des Schaagbachtals durch den Wald. Erst wenn wir eine Waldstraße, die sogenannte Birgelner Bahn, erreichen, bie-

Zu Tour 52, 53 **Burg Brüggen**   (Foto: Medienzentrum des Kreises Viersen)

gen wir nach links, also nach Nordosten, ab. Beim nächsten Wegekreuz nach rechts und dann von der Rosenthaler Straße wiederum nach rechts gelangen wir über die Dingeichenstraße, am Friedhof vorbei, Jenngesfeldstraße und die Hochstraße zurück zur Wildenrather Kirche.

47 Rund um die Dalheimer Mühle

Anfahrt für Autofahrer Autobahn Düsseldorf – Mönchengladbach – Roermond (A 52) dann Bundesstraße 230 bis Niederkrüchten, Bundesstraße 221 bis Arsbeck, Landstraße bis Rödgen.
Verkehrsmöglichkeiten Bundesbahn bis Möchengladbach, Omnibus bis Wegberg, umsteigen in den Omnibus bis Dalheim-Rödgen.
Parkmöglichkeiten Parkplatz an der Rödgener Kirche.
Wegmarkierungen Rundwege A 4 und A 11.
Tourenlänge 14 km.
Wanderzeit Etwa 3½ Stunden.
Wanderkarten 1:50 000 Blatt L 4902 Heinsberg.
Wissenswertes Meinweg – das ist eine mundartliche Wortschöpfung, die »Gemeinsame Weide« bedeutet. Das rund 10 000 Morgen große Waldgebiet erstreckt sich von der Schwalm bei Niederkrüchten bis zur Rur bei Vlodrop. Von altersher waren 14 Gemeinden am Meinweg berechtigt; das heißt, sie durften hier

Holz schlagen. Da der Wald im Mittelalter aber hauptsächlich als Rinder- und Schafweide benutzt wurde, verwandelte sich der ausgedehnte Eichenforst durch Tierverbiß bald in eine Heide. In der napoleonischen Zeit wurde der Meinweg vermessen und unter den 14 Gemeinden aufgeteilt. Eine der Vermessungslinien wurde 1815 die deutsch-niederländische Grenze.

Tourenbeschreibung Die Wälder um die *Dalheimer Mühle* sind so einsam, daß sich hier Fuchs und Dachs gute Nacht zu sagen scheinen. In den Teichen und Tümpeln des Rothenbachs tummeln sich Unken, und in den Grenzwäldern gibt es noch Kreuzottern. Der stille Wanderer kann hier auch Fischreiher und Zaunkönige beobachten.

Von der Ortsmitte in *Rödgen* wandern wir die Rödgener Straße hinunter, vor dem Eisenbahnviadukt links auf dem Dammweg weiter, auf der geteerten Straße durch die sumpfige Bruchlandschaft und mitten durch den Dalheimer Klosterhof hindurch. Wenn wir uns bei dem Wegekreuz rechts halten würden, wären wir bald an der Dalheimer Mühle. Wir empfehlen aber noch einen Bogen durch den Dalheimer Wald: Also bleiben wir vom Klosterhof zuerst einmal geradeaus, dann schwenken wir nach 250 Metern links ein. Das Wanderzeichen A 4 kennzeichnet den Weg. Eine Buchenallee mitten im Wald führt uns eine Anhöhe hinauf; oben beim Wegekreuz geht es dann rechts wieder leicht bergab.

Am Fuß der Anhöhe, etwa dort, wo der Hauptweg einen kleinen Knick nach links macht, biegen wir bei einem Wegestern in den zweiten Weg, der rechts hinaufgeht, ein. Über den Hügel hinweg können wir auf diesem Pfad bleiben; wir können aber auch oben nach links einschwenken und an einer alten, aufgelassenen Sandgrube vorbei einen schönen Hangweg hinuntersteigen. In beiden Fällen kommen wir zur Aufschüttung der ehemaligen Eisenbahnlinie, die wir überschreiten, und erreichen wenig später die idyllisch gelegene *Dalheimer Mühle*.

Nun geht es über den *Rothenbach* hinweg, am Mühlenteich vorbei nach Norden, durch den Eisenbahneinschnitt hindurch, an den Häusern »Am Deutschen Eck« vorüber durch den wunderschönen Grenzwald mit den Kiefern-, Lärchen- und Birkenbeständen. Erst bei Sechseichen, an einer verwachsenen, knorrigen Eiche, wechseln wir an der Grenzbarriere von A 4 auf A 11 über und gehen jetzt auf dem Grenzweg kerzengerade nach Nordwesten, jenen Weg, den Napoleon einst anlegen ließ. Am *Klifsberg,* beim Grenzschild, biegen wir rechts in den Lykersweg ein, nach 1200 Metern abermals rechts und kommen durch das Dünengebiet des Meinwegs bis zur Dalheimer Bahn. Die breite

Schneise führt uns – mit A 11 wiederum nach rechts – zu Sechseichen zurück, dann links ab über den Sechseichenweg bis
Dalheim. Jetzt folgen wir vom Parkplatz am Waldrand an dem
Waldweg durch eine schöne Wohnsiedlung, durch den Eisenbahnviadukt hindurch und über die Rödgener Straße zur Kirche.

48 Von Burg Wegberg durch den Beecker Wald

Anfahrt für Autofahrer Autobahn Aachen – Venlo (A 61) bis zur Ausfahrt Mönchengladbach-Holt, dann Bundesstraße 57 über Rheindahlen bis zur Abzweigung nach Wegberg.

Verkehrsmöglichkeiten Bundesbahn bis Mönchengladbach, Omnibus bis Wegberg.

Parkmöglichkeiten Parkplätze vor der Burg Wegberg.

Wegmarkierungen Rundwege A 2, A 7 und Andreaskreuz X 10.

Tourenlänge 13 km.

Wanderzeit Etwa 3 Stunden.

Wanderkarten 1:50 000 Blatt L 4902 Heinsberg.

Wissenswertes Bei einem Hoftag in Aachen schenkte Kaiser Otto der Große der Aachener Domgeistlichkeit am 17. Januar 966 Grund und Boden in Wegberg. Um diese Zeit entstand am linken Schwalmufer die erste Burg Wegberg. – Wegberg ist der Mittelpunkt des Schwalm-Quellengebietes. Um die Stadt herum führt der Grenzlandring, der einige Zeit als Europas schnellste Automobil-Rennstrecke galt.

Tourenbeschreibung Die verschiedenen Quellen der *Schwalm* verleihen dem Land um *Wegberg* einen besonderen Reiz: Auwald, Birkenmoore, Bruchlandschaft, Felder, Wiesen und kleine Weiher wechseln sich ab.

Wir beginnen unsere Wanderung am Parkplatz vor der Burg mit dem Zeichen A 2, biegen hinter der Burgstraße und der Hauptstraße in die Markusstraße ein, überqueren die Kreuzherrenstraße, gehen auf der Echter Straße ein paar Schritte nach links und folgen dann dem Lauf des *Beecker Baches* aufwärts – an malerischen Winkeln, am Wegberger Gymnasium, an der Ophover Mühle und dem Staubecken vorbei bis *Großgerichhausen*. Das Bachufer führt uns zur Straße »Am Haus Beeck«, wo wir ein kurzes Stück nach rechts und gleich wieder links einschwenken. Hinter der katholischen Grundschule bringt uns A 2 nahezu rechtwinklig nach links zum Kirchplatz von *Beeck*.

Der Kirchplatz ist eine malerische Idylle; in seiner Geschlossenheit und Intimität erinnert er an die Plätze in Zons. Von hier aus geht es weiter durch die Holtumer Straße, am Friedhof links ab auf der Straße »Am Friedhof 27«, dann rechts am Rande des Buchenwaldes und dem Sportplatz vorbei, über den *Grenzlandring* hinweg weiter am Waldrand entlang nach Norden in Richtung Ellinghoven. Etwa 400 Meter weiter biegt unser Weg bei

einem alleinstehenden Haus im Feld nach links ab und stößt in
den schönen *Beecker Wald* hinein. Wir durchstreifen dieses
Waldstück in seiner ganzen Breite, überqueren eine Eisenbahn-
linie, halten uns bei einem Wegedreieck links und verlassen den
Rundweg A 2 erst im Gebiet des Sandbergs am Ende des
Waldes.

Eine breite Waldstraße bringt uns rechts zur *Holtmühle* und
dem in einer herrlichen Heide- und Waldlandschaft gelegenen
Weiher. Jetzt setzen wir unsere Wanderung mit dem Zeichen A 7
nach Nordwesten fort. Die Hospitalstraße führt am Rande des
Alsbachtals entlang, das manchmal urwaldähnlichen Charakter
hat und durch seine Moore nicht zugänglich ist, bis zur
Buschmühle. Den See, der hier bis an die Straße herantritt, lassen wir links liegen. Wir folgen auch nicht weiter der Straße, sondern dem Weg geradeaus, immer in der Nähe des Alsbachs, in
das Gebiet von *Balkhoven*. Erst geht es durch Wald, dann am
Waldrand entlang, manchmal durch Wiesen und Felder oder an
einsamen Häusern in der Waldlandschaft vorbei. In Balkhoven
überqueren wir die Landstraße und erreichen über den Bollen-

berg und in Serpentinen abwärts die *Molzmühle.* Hier fließt der Alsbach, auch Mühlenbach genannt, in die Schwalm.

Zurück nach Wegberg vertrauen wir uns dem Wanderzeichen X 10 an. Es zeigt kurz hinter der Molzmühle ins Schwalmtal hinein, führt auf dem Ostuferweg über eine kleine Brücke, durch Sumpfgebiet und durch Dickicht nach Süden und dann über den Grenzlandring. Auf der anderen Straßenseite wandern wir durch Vorgärten hinauf zur Dorper Straße, dann auf der Bahnhofstraße durch *Dorp,* dann die Straße »Im Ländchen« und schließlich auf dem Kringskamp weiter durch das Schwalmtal südwärts. Die Eisenbahnlinie unterqueren wir auf einem Bohlensteg über der Schwalm, und kurze Zeit später taucht auch die *Burg Wegberg* wieder vor uns auf.

 Von Niederkrüchten ins Tal der Mühlen

Anfahrt für Autofahrer Autobahn Düsseldorf – Mönchengladbach – Roermond (A 52) dann Bundesstraße 230 bis Niederkrüchten.

Verkehrsmöglichkeiten Bundesbahn bis Mönchengladbach, Omnibus bis Niederkrüchten/Sparkasse.

Parkmöglichkeiten Parkplätze am Weiher oder »Am Kamp«.

Wegmarkierungen Rundweg A 3 und Andreaskreuz X.

Tourenlänge 12 km.

Wanderzeit Etwa 3 Stunden.

Wanderkarten 1:50 000 Blätter L 4702 Nettetal und L 4902 Heinsberg.

Wissenswertes Öl- und Kornmühlen waren einmal eigentümlich für die Schwalm. Der Wasserreichtum des breiten Bruchgebiets gab dem Flüßchen die Kraft, trotz seines geringen Gefälles die bis zu acht Meter großen Wasserräder der Mühlen ständig zu treiben.

Tourenbeschreibung Reizvoll sind die Wanderungen von Mühle zu Mühle zwischen Bruch und Wald. Viele Mühlen, die unwirtschaftlich geworden und deshalb außer Betrieb genommen worden sind, präsentieren sich heute als romantische, gepflegte Gaststätten am Schnittpunkt vieler Wanderstrecken.

Wir beginnen unsere Wanderung an der Stadionstraße in *Niederkrüchten.* In westlicher Richtung geht es zwischen Sportplatz und Freibad hindurch in den Wald bis zur *Schwalm.* Wir biegen

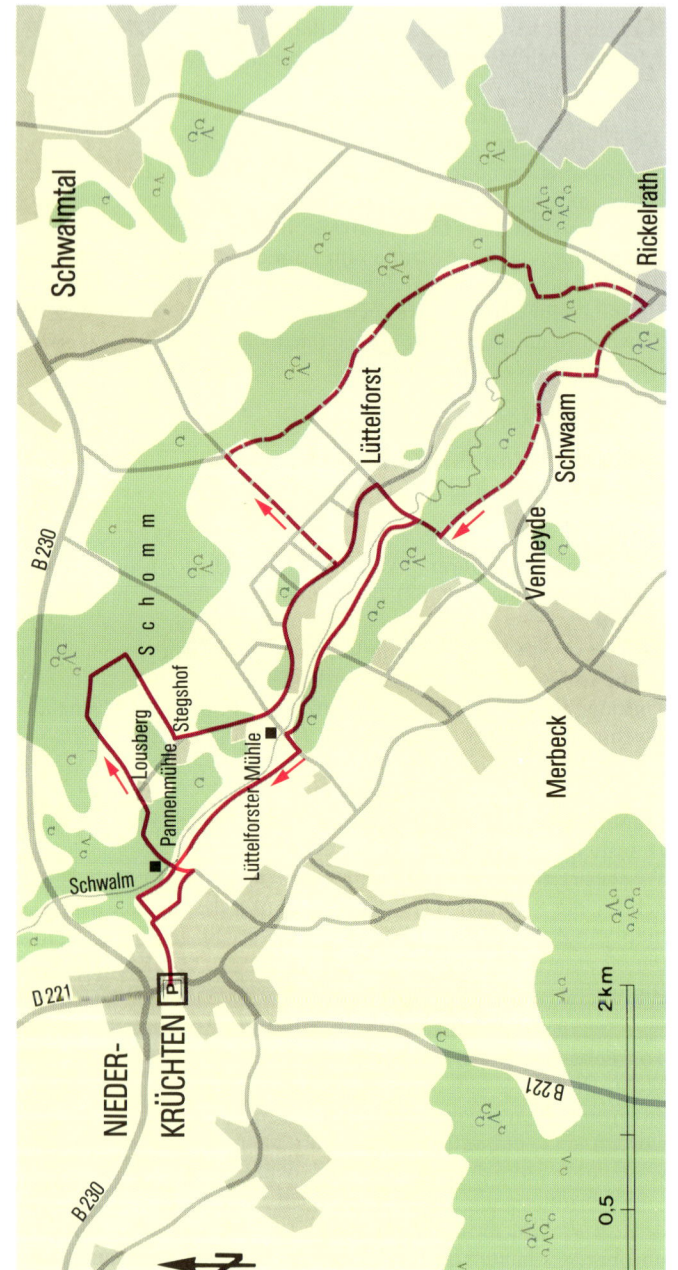

Schwalmtal

Rickelrath

B 230

Lüttelforst

Schwaam

Schomm

Venheyde

Lousberg
Stegshof
Pannenmühle
Lüttelforster Mühle

Merbeck

Schwalm

NIEDER-
KRÜCHTEN

D 221

B 230

B 221

N

0   0,5   2 km

rechts ab und erreichen bei der *Pannenmühle* das Wanderzeichen A 3. Es führt uns über die Fahrstraße hinauf nach *Lousberg* und dort auf einem Feldweg geradeaus in das Waldgebiet der *Schomm.*

Unser Wanderkurs macht eine kleine Rechtskurve und folgt bei einem Wegekreuz der großen Schneise, die den Namen »Heerbahn« trägt, nach rechts. Aber schon beim nächsten Querweg halten wir uns wiederum rechts und kommen aus dem Wald heraus, durch Ackerland leicht abwärts zum *Stegshof.*

Jetzt folgen wir der Fahrstraße nach links durch das Lousberger Naturschutzgebiet bis zur Landstraße, die wir überqueren. Hundert Meter rechts liegt im idyllischen Schwalmtal die Lüttelforster Mühle. Wir setzen unsere Wanderung jedoch geradeaus durch den schönen, langgezogenen Ort *Lüttelforst* fort.

Wer gut zu Fuß ist, kann die Wanderung vom Transformatorenhaus aus mit dem Wanderzeichen A 6 auf dem Kammelsweg in nordöstlicher Richtung durch Ackerland, dann rechts ab durch ein Waldgebiet und jenseits der Straße durch das Naturschutzgebiet des Papelter Bruchs nach *Rickelrath* ausdehnen. Über *Schwaam* mit seinen riedgedeckten Häusern und am Waldrand entlang käme man nach Lüttelforst zurück. Diese zusätzliche Strecke ist etwa sieben Kilometer lang.

Ansonsten geht es etwa 400 Meter hinter der Kirche bei einem restaurierten Bauernhaus nach rechts auf der Straße nach Merbeck ab, und auf ihr erreichen wir bald die Schwalmbrücke. Hier finden wir auch das Wanderzeichen X. Es ist ein malerischer, bezaubernder Weg, der sich an dem Flüßchen entlang bis zur *Lüttelforster Mühle* hinschlängelt. Auch weiterhin, wenn es von der Lüttelforster Mühle nordwestwärts zur Pannenmühle geht, verliert der Weg nicht an Reiz, wenn er auch seine ursprüngliche Intimität zugunsten eines alleenartigen Charakters aufgibt.

Hinter dem Campinggelände grüßt linker Hand schon die Kirche von Niederkrüchten. Wir verlassen in der Nähe der Pannenmühle den Fluß, wählen den ersten Weg hinter der Schwalmbrücke, der rechts nach Niederkrüchten führt, und erreichen hinter dem Stadiongelände wieder unseren Ausgangspunkt.

50 Durch den Elmpter Grenzwald

Anfahrt für Autofahrer Autobahn Düsseldorf – Mönchengladbach – Roermond (A 52) bis zur Ausfahrt Schwalmtal-Waldniel, dann Bundesstraße 230 über Niederkrüchten bis Elmpt.

Verkehrsmöglichkeiten Bundesbahn bis Mönchengladbach, Omnibus bis Elmpt/Markt oder Elmpt/Heinrichsstraße.

Parkmöglichkeiten Parkplatz vor dem Elmpter Rathaus.

Wegmarkierungen Rundweg A 12.

Tourenlänge 25 km.

Wanderzeit Etwa 7 Stunden.

Wanderkarten 1:50 000 Blatt 34 Kreis Viersen/Stadt Krefeld.

Wissenswertes Wegen seiner landschaftlichen Schönheit, seiner botanischen und zoologischen Bedeutung wurde das Elmpter Schwalmbruch zum Naturschutzgebiet erklärt. Hier liegt die letzte Wacholderheide des Niederrheins. Seltene Vögel brüten im Sumpfgebiet, hier gibt es auch noch Kreuzottern.

Tourenbeschreibung Der Tagesmarsch, der nur für geübte Wanderer zu empfehlen ist, führt in ein abgeschiedenes, stilles Waldgebiet an der holländischen Grenze. Das erste Ziel ist der Ort *Overhetfeld* am Rande des Naturschutzgebietes. Wir erreichen ihn mit dem Wanderzeichen A 12 von dem *Elmpter Markt* aus über die Poststraße, Overhetfelder Straße, nach links durch Lehmkul, hinter dem Sportzentrum rechts ab durch die Elmpter Platte, am Wegekreuz links und die Waestraße kreuzend vor dem Campingplatz Graskamp rechts. In Overhetfeld geht es links über die Dorfstraße und eine Waldstraße durch Kiefern- und Birkenwald am Westufer des idyllischen Venekoten-Sees vorüber bis zur Schwalm.

Das Gebiet, in das wir jetzt hineinwandern, ist eine Oase der Ruhe, ein Stück unberührte Natur. Ein Uferweg an der Schwalm entlang bringt uns nach links durch die feuchte Talsohle, durch Erlenbruch und Birkenmoore. Wenn der Wanderweg das Flüßchen verläßt, weist A 12 in eine urtümliche Bruchlandschaft hinein. Später kommen wir an einer Wiese vorbei, auf die Sanddüne Vogelsberg hinauf und dann rechter Hand am Waldrand hinunter zum *Gehöft Tackenbenden*. Und wieder zeigt A 12 in ein einsames Waldstück hinein, teilweise durch Lärchenwald, ehe wir am Grenzstein 417 die niederländische Grenze erreichen.

Den Grenzweg gehen wir weiter. Links von uns liegt das Waldgebiet des Galgenbergs, rechts die bäuerliche Landschaft

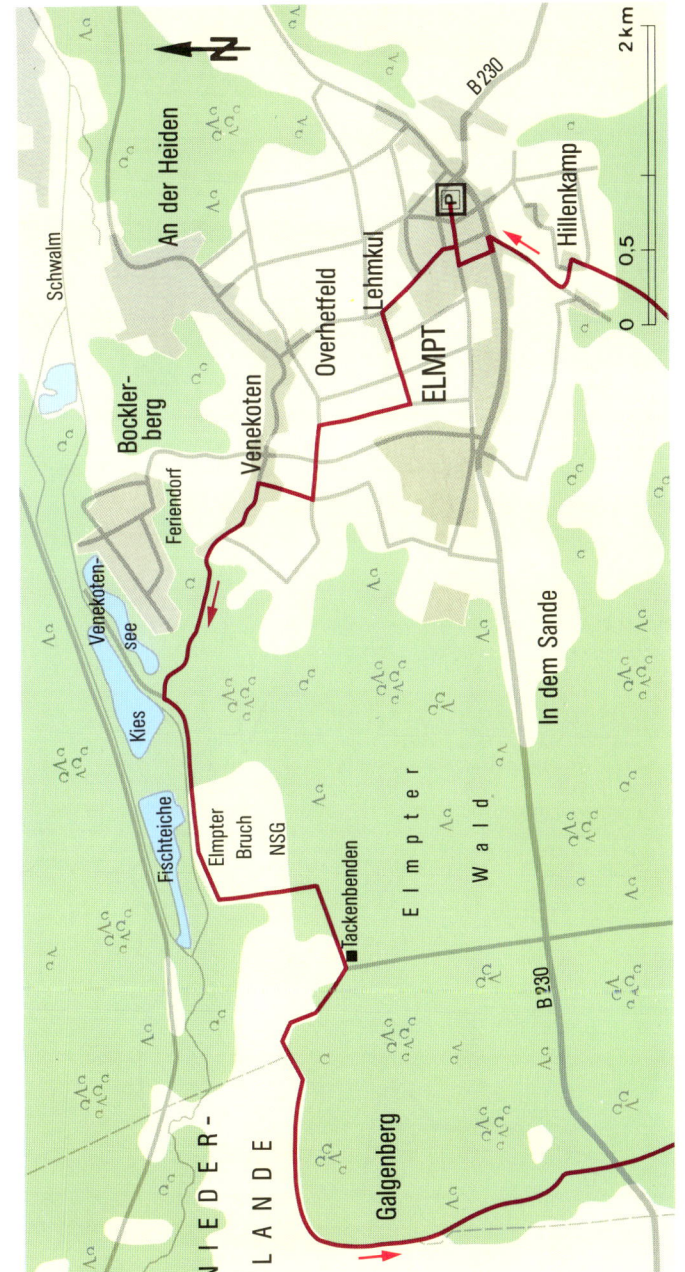

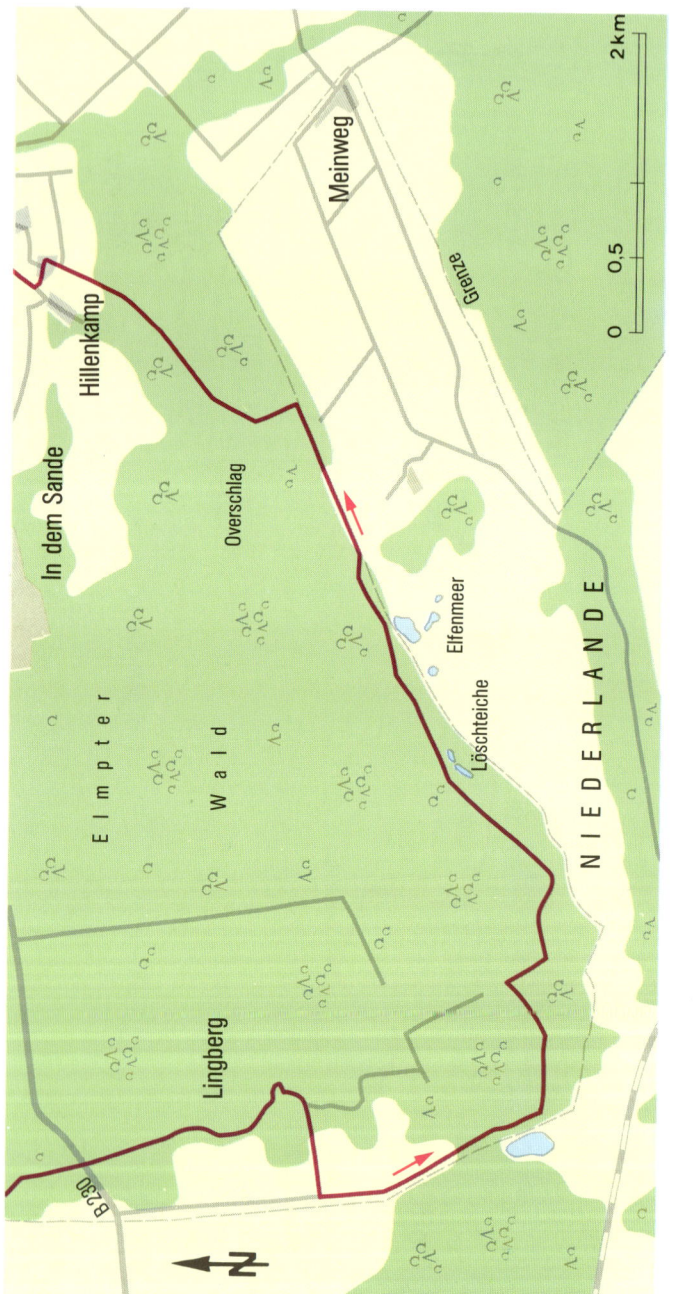

der Provinz Limburg. Am Grenzstein 412, wo wir auf die alte, sandige Zollstraße treffen, biegt der Grenzweg nach Süden ab, führt zuerst am Waldrand entlang und später durch Mischwald und überquert nach etwa zwei Kilometern die Bundesstraße 230.

Die Waldwege, die in südlicher Richtung um den Lingberg herumführen, sind nicht überall in gutem Zustand. Die Beschaffenheit unseres A 12-Wanderwegs ändert sich erst dort, wo der Kurs einen rechtwinkligen Knick nach Westen macht und in eine große Niederung führt. Hier haben wir einen herrlichen Ausblick in das Gebiet von Roermond.

Unmittelbar vor der Grenze biegen wir nach links ab. Wer hier werktags wandert, dem kann es passieren, daß er stunden-

Zu Tour 49 **Die Lüttelforster Mühle** bei Niederkrüchten
(Foto: Medienzentrum des Kreises Viersen)

lang keiner Menschenseele begegnet. Von holländischer Seite
schieben sich im südwestlichsten Abschnitt des Elmpter Waldgebietes ebenfalls Wälder des Naturreservates an unseren Wanderweg heran: der Bremmersbosch und die Zandbergen, nur kurz
einmal durch die märchenhaften Seen des Blanke Water unterbrochen. Kurz darauf biegt A 12 nach Osten ab; wir steigen eine
Anhöhe empor und gehen dann rechts durch den Rauhbruch
weiter; einen schier unendlichen, aber nichtsdestoweniger reizvollen Weg durch die Kiefern- und Mischwälder, am holländischen Naturreservat entlang, durch eine wildromantische Heidelandschaft und am Elfenmeer, einem Waldgewässer, vorüber.

Kurz vor dem Grenzstein 400 verläßt A 12 die Bundesgrenze.
Links ab geht es jetzt durch das Waldgebiet des Overschlag,
dann bei einer Schutzhütte auf einem asphaltierten Waldweg
weiter, am militärischen Sperrgebiet vorbei, durch die Rurheide,
über eine Eisenbahnschiene nach *Hillenkamp,* und auf dem
Krummen Weg und der Straße Kreithövel gelangen wir nach
Elmpt zurück. Die Heinrichsstraße bringt uns hinauf zum Ausgangspunkt am Elmpter Markt.

51 Von Niederkrüchten zum Hariksee

Anfahrt für Autofahrer   Autobahn Düsseldorf – Mönchengladbach – Roermond (A 52) dann Bundesstraße 230 bis Niederkrüchten.

Verkehrsmöglichkeiten   Bundesbahn bis   Mönchengladbach,
Omnibus bis Niederkrüchten/Sparkasse.

Parkmöglichkeiten   Parkplätze am Weiher oder „Am Kamp".

Wegmarkierungen   Rundwege A 2 und A 5.

Tourenlänge   10 km.

Wanderzeit   Etwa 2½ Stunden.

Wanderkarten   1:50 000 Blatt L 4702 Nettetal.

Wissenswertes   Der 1200 Meter lange und 250 Meter breite Hariksee ist heute mit seinen Gaststätten, dem Strandbad und den
Campingplätzen ein beliebtes Ausflugsziel im Grenzland. Auf
seinem Staudamm verlief im Mittelalter die Grenze zwischen
den Herzogtümern Jülich und Geldern.

Tourenbeschreibung   Diese Wanderung führt in eines der
schönsten Teile des *Schwalmtals.* Bevor die Schwalm in die Maas
mündet, durchbricht sie den Brüggener Horst. Dadurch bildete
sich eine Reihe von Stauseen, zum Beispiel der *Hariksee.*

Vom Parkplatz am Weiher in der Ortsmitte von *Niederkrüchten* wandern wir nördlich auf der Mittelstraße und dann auf der
Hochstraße etwa 200 Meter nach rechts. Jenseits der Molkerei
erreichen wir das Wanderzeichen A 2, das in den Brempter Weg
weist und durch ein Wohngebiet und an Feld und Niederwald
vorbei zur Ortschaft *Brempt* führt. In den asphaltierten Weg
»Zur Brücke« geht es rechts ab zum See mit der alten Ölmühle.

Kurz hinter der Ölmühle verlassen wir bei der Schwalmbrücke
das Zeichen A 2 und gehen links auf der Kahrstraße und sofort
rechts durch die Wiesenstraße zum Café »Mariandl«. Hier folgen
wir am Kinderspielplatz dem Zeichen A 5 links durch den Wild-
pfad. Wir gelangen an einer kleinen Häusergruppe vorbei in das
herrliche Waldgebiet des Gützenrather Bruchs, das unter Land-
schaftsschutz steht und sich am Westufer des Hariksees bis zur
Mühlrather Mühle hinzieht. Mitten im Wald macht unser Wanderkurs einen Links-Rechts-Knick.

Bei der Mühle setzen wir unseren Weg wieder über die
Schwalm, an einem Karpfenteich vorbei und dann am Seeufer-
weg hinein in ein Waldparadies fort. Kleine Wochenendhäuser
liegen links und rechts des Weges. Hinter dem Strandbad über-

schreiten wir eine idyllische Brücke, erreichen das Inselschlöß-
chen und beenden beim Café »Mariandl« die Seewanderung
A 5.

Zurück über die Wiesenstraße und dann links durch die Kahrstraße stoßen wir bei der Schwalmbrücke in Brempt wieder auf
das Zeichen A 2, auf dem wir sofort hinter dem Parkplatz rechts
waldein und gleich wieder rechts ins Erlenbruch weiterwandern.
Wir steigen den *Raderberg* hinauf und kommen im Bogen um
einen Bauernhof herum zur Bundesstraße 230 und auf dieser
nach wenigen Schritten nach rechts zur *Radermühle.*

Jetzt müssen wir die Bundesstraße überqueren und uns nach
Süden an einer Wiese vorbei in den Eichenwald wenden. Wenn
wir an einer breiten Waldstraße angelangt sind, liegt rechts die
Pannenmühle. Hinter dieser Mühle gehen wir über die Schwalmbrücke und folgen rechts dem Flußlauf. Links geht es schließlich
durch ein Wäldchen und am Sportplatzgelände vorbei nach *Niederkrüchten* zurück.

52 Im großen Bogen um den Borner See

Anfahrt für Autofahrer Autobahn Mönchengladbach – Venlo
(A 61) bis zur Ausfahrt Viersen-Boisheim, dann Landstraße nach
Brüggen.
Verkehrsmöglichkeiten Bundesbahn bis Mönchengladbach,
Viersen oder Kempen. Omnibusse bis Brüggen/Markt.
Parkmöglichkeiten Parkplätze am Omnibusbahnhof/Markt.
Wegmarkierungen Rundweg A 10 und Andreaskreuz X 4.
Tourenlänge 10 km.
Wanderzeit Etwa 2½ Stunden.
Wanderkarten 1:50 000 Blatt L 4702 Nettetal.
Wissenswertes Die Burg Brüggen wurde urkundlich 897 zum
ersten Male erwähnt. Auf einer Fluchtinsel aus germanischer
Zeit wurde von 1230 bis 1264 die jetzt noch bestehende Anlage
gebaut. Die Wasserburg wurde restauriert und beherbergt ein
Museum. In unmittelbarer Nähe befindet sich ein ehemaliges
Kreuzherrenkloster mit einer Klosterkirche aus dem 15. Jahr-
hundert.
Tourenbeschreibung Vom Parkplatz am Markt gehen wir den
Burgwall hinunter durch das romantische Burggelände, an der
Schwalmmühle und der Torschänke vorbei und auf der Kloster-

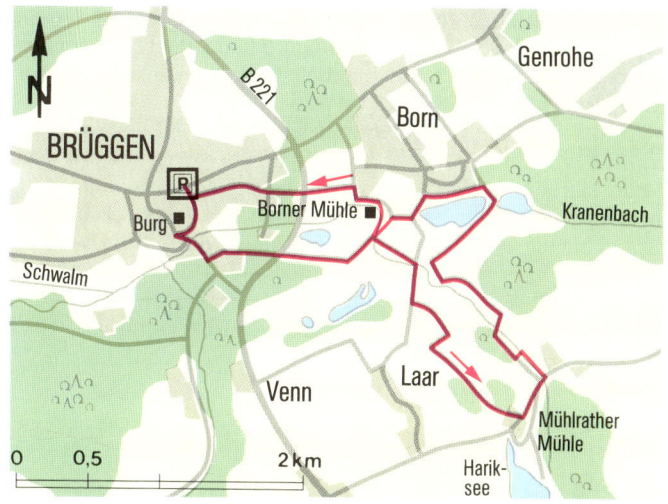

straße nach Süden. Schon bald biegt links eine anheimelnde
Straße ab, in der die Häuser nur über kleine Brücken über den
Laarer Bach zu erreichen sind. Ein Wanderzeichen gibt es auf
dem ersten Teil unserer Strecke nicht; allerdings kommt uns der
mit A 4 markierte Weg entgegen.

Jenseits der Bundesstraße 221 ändert sich das Landschaftsbild:
Ein schöner Weg führt am Bachlauf entlang durch Weide- und
Ackergelände bis zur Schwalm. Unmittelbar hinter der Brücke
wenden wir uns rechts auf dem Uferweg nach Süden bis zur
nächsten Schwalmbrücke, von dort – nun mit der Rundwegemar-
kierung A 10 – ins *Laarer Bruch*.

Nach einigen hundert Metern verlassen wir den asphaltierten
Weg, wandern links in eine feuchte Niederung hinein, biegen
einmal rechts, dann wieder links ab und kommen durch ein
Waldstück bis zur *Mühlrather Mühle*. Von hier aus lohnt sich ein
kleiner Abstecher zum Nordufer des Hariksees. Wer will, kann
auch einmal ganz um den See herumgehen. Diese Strecke ist
etwa drei Kilometer lang.

Zurück führt unser mit A 10 gekennzeichneter Wanderweg um
den Mühlrather Hof herum, ein kleines Stück auf der Landstraße
und dann durch das Tal der Schwalm, zuerst auf schmalen Wiesenwegen, dann auf Pfaden durch den Wald. Wenn wir wieder
das Wiesengelände bei Laar erreichen, biegen wir bei dem ersten
Querweg ohne Wanderzeichen nach rechts ab bis zu dem vogel-
reichen *Borner Seen-Gebiet*.

Eine kleine Holzbrücke bringt uns zum nördlichen Ufer, an dem wir unterhalb des Ortes bleiben. Hinter dem See wenden wir uns links wieder in das Landschaftsschutzgebiet des Laarer Bruchs hinein.

An der Schwalm treffen wir auf jene Stelle, auf der wir beim Hinweg schon einmal abgebogen sind. Hier gehen wir mit dem Andreaskreuz der Hauptwanderstrecke 4 (X4) auf dem Uferweg in anderer Richtung zur *Borner Mühle*, ein paar Schritte die Straße hinauf und dann im rechten Winkel nach Westen. Über den *Vennberg* kommen wir zur Bundesstraße 221, die wir überqueren, und weiter durch ein Wäldchen zur Straße »In der Haag«. Diese Straße führt direkt zur Burg Brüggen zurück.

53 Von Brüggen an den Venekoten-See

Anfahrt für Autofahrer Autobahn Mönchengladbach – Venlo (A 61) bis zur Ausfahrt Viersen-Boisheim, dann Landstraße nach Brüggen.

Verkehrsmöglichkeiten Bundesbahn bis Mönchengladbach, Viersen oder Kempen, Omnibusse bis Brüggen/Markt.

Parkmöglichkeiten Parkplatz P 1 am Brüggener Schulzentrum/ Rathaus.

Wegmarkierungen Rundwege A 6, A 3, A 4, A 2 und A 1.

Tourenlänge 14 km.

Wanderzeit Etwa 3½ Stunden.

Wanderkarten 1:50 000 Blatt L 4702 Nettetal.

Wissenswertes In dem Wasserschloß Dilborn ist heute ein von Klosterfrauen betreutes Kinderheim untergebracht. Nur die Vorburg mit ihren hervortretenden Ecktürmen stammt noch aus dem 18. Jahrhundert, die neugotische Kapelle wurde erst 1867 in den Wassergraben hineingebaut. – Die Kapelle An der Heiden in Overhetfeld bewahrt als kostbares Andachtsbild einen Antwerpener Schnitzaltar (1530).

Tourenbeschreibung Das ehemalige *Kreuzherrenkloster* mit der Klosterkirche aus dem 15. Jahrhundert ist der Ausgangspunkt unserer Wanderung. Hier befindet sich auch das Rathaus. Das Zeichen A 6 führt uns durch die *Brüggener Altstadt*, durch die Bruchstraße, den Westring, den Deichweg und dann links ab in die Schwalmaue hinein. Bei einer Brücke verlassen wir den

Flußlauf, gehen ein kurzes Stück bis zum Deichweg und folgen dann der Allee nach Westen. Am Ende der Straße zeigt A 2 geradeaus in den Niederwald des Öbeler Bruchs hinein, weist auf der Fahrstraße nach links, über die Kanalbrücke, an einer Kiesbaggerei vorbei zur Schwalm.

Unmittelbar hinter der Schwalmbrücke wenden wir uns (mit A 3) nach rechts und wandern auf idyllischen Wegen an dem Flüßchen entlang, durch einen Hain, an einem alten Haus vorbei, vor dessen Tür sich ein Wasserrad dreht, bei einer Wiese nach rechts und dann (mit A 4) immer weiter an dem schattigen Ufer der Schwalm bis zum *Venekoten-See.*

Eine Dünenlandschaft von bezaubernder Schönheit erwartet uns. Am Nordrand des Sees streifen wir auf schmalen Pfaden weiter, praktisch auf einer Landenge zwischen See und Fluß – am anderen Ufer der Schwalm eine riesige Sandgrube –, bis wir in diesem Heidegebiet auf einem asphaltierten Wanderweg laufen. Bei der ersten Möglichkeit abzubiegen, weist das Wanderzeichen A 4 nach links die asphaltierte Straße hinauf bis nach *Venekoten,* gegenüber dem Haus mit der Nr. 119 links zwischen Feldern waldeinwärts und dann über die Straße »Am Kupenberg« quer durch das romantische *Feriendorf Venekoten.*

Ausgangs des Feriendorfs, hinter dem großen Parkplatz, steigen wir mit dem Wanderzeichen A 3 den bewaldeten Bockler Berg hinauf. Vor dem kleinen Plätzchen halten wir uns rechts und auf dem Ziegelweg gehen wir hinunter nach *Overhetfeld*. Geradeaus auf der Straße liegt die Kapelle »An der Heiden«; wir sollten uns unbedingt den kostbaren, aus dem Jahre 1530 stammenden Antwerpener Schnitzalter in dem Kirchlein anschauen.

Zurück nach Brüggen könnten wir entweder mit dem Zeichen A 6 direkt durch den Dilborner Wald oder mit dem Zeichen A 1 in einem Umweg über den Diesberg gehen. Im letzteren Fall würden wir am Westhang des Dilborner Waldes den Berg hinauf über die Eichenstraße hinweg bis zur Höhe wandern, dann zweimal links ab durch Felder bis zum Waldrand und wieder in den Forst hinein und später im rechten Winkel nach links, nach Norden also.

So erreichen wir am Fuß des Diesberges eine Landstraße und im Buchenwald gegenüber das herrlich gelegene Kinderheim im *Wasserschloß Dilborn*. Hier setzen wir unsere Wanderung mit A 6 fort. Auf Waldpfaden stoßen wir auf die Schwalm, halten uns rechts auf dem verträumten Uferweg und gelangen unterhalb der Burg nach *Brüggen* zurück.

54 Zum Weißen Stein und zum Dassenberg

Anfahrt für Autofahrer   Autobahn Mönchengladbach – Venlo (A 61) bis zur Ausfahrt Brüggen-Bracht, dann Bundesstraße 221 bis Bracht und Landstraße bis Heidhausen.
Verkehrsmöglichkeiten   Bundesbahn bis Nettetal-Kaldenkirchen, Omnibus bis Bracht/Heidhausener Weg.
Parkmöglichkeiten   Waldparkplätze in Heide.
Wegmarkierungen   Rundwege A 6, A 5 und A 9.
Tourenlänge   13 km.
Wanderzeit   Etwa 3 Stunden.
Wanderkarten   1:50 000 Blatt L 4702 Nettetal.
Wissenswertes   Der Weisenstein, heute Weißer Stein genannt, ist eine mittelalterliche Gerichtsstätte im Grenzwald. In frühfränkischer und mittelalterlicher Zeit kamen hier freie Männer aus Bracht zu Gerichtsverhandlungen zusammen und entschieden »nach alten Weistümern« über Leben und Tod. Oft wurden die Angeklagten an die Gerichtsstätte gestoßen mit dem Spruch:

»Du wirst gestoßen an den Weisenstein, du kehrst nicht mehr zu
Vater und Mutter heim.« Die armen Sünder wurden dann meistens im Galgenvenn gehenkt.

Tourenbeschreibung Wer mit einem öffentlichen Verkehrsmit-
tel nach Bracht kommt, geht zuerst die zwei Kilometer lange
Straße nach Heidhausen hinüber und nimmt direkt hinter dem
Fabrikgelände von inworm-bau die Wanderung auf. Autofahrern
empfehlen wir, durch den Ort Heidhausen einen der schönen
Waldparkplätze in Heide oder entlang der Tonabfuhrstraße an-
zusteuern.

Von diesen Ausgangspunkten wandern wir zuerst einmal zurück zu den ersten Häusern von *Heide;* hier stoßen wir auf das
Rundwegezeichen A 6, dem wir nach links in das Landschaftsschutzgebiet und in der Nähe des Waldrandes wiederum nach
links durch den Wald des Langen Venn folgen. Dort, wo wir auf
eine Querschneise treffen, wenden wir uns – jetzt mit A 5 als
Orientierung – nach rechts. So kommen wir über das Fünf-We-
ge-Kreuz auf der Roermonder Straße bis zu einem breiten, von
einer Reitbahn begleiteten Weg und auf diesem nach links bis
zur *»Schlucht«.*

Hier, an einer Schutzhütte, befinden wir uns unmittelbar an der niederländischen Grenze. Wir steigen durch einen lichten Birkenwald auf sandigen Wegen einen Berg hinunter. Die Hauptterrasse aus Kies und Sand ist vor der Eiszeit von Maas und Rhein gemeinsam aufgeschwemmt worden. Unten, am Fuß des Hügels, weist das Zeichen A 5 auf einem Waldweg entlang der niederländischen Grenze etwa 2500 Meter im Gleichlauf mit X 1 durch rekultiviertes Tonabbaugebiet bis zum Grenzübergang *»Am Weißen Stein«*.

Hier nun, in der Nähe der mittelalterlichen Gerichtsstätte, macht unser Wandervorschlag mit dem Zeichen A 9 einen Bogen durch den herrlichen Grenzwald nach Süden. Zunächst geht es an dem Grenzcafé und an der Schießanlage der Sportschützen Reuver vorbei auf einem idyllischen Grenzpfad bis zu einer Sitzgruppe an einer Grenzbarriere, dort ein paar Schritte nach links und schließlich auf einem breiteren Weg nach rechts durch eine Heidelandschaft. Achten wir hier genau auf das Wanderzeichen A 9: Es zeigt plötzlich nach links eine Anhöhe hinauf, gleich noch einmal nach links durch Kiefern- und Lärchenwaldungen und später rechter Hand empor zum *Dassenberg*.

Wenden wir uns nach links den Weg hinunter durch ein Birkenwäldchen, von der Waldstraße aber sofort wieder nach rechts auf einem schmaleren Weg in den Wald hinein. So gelangen wir – zunächst geradeaus, dann bei einem Wegedreieck nach links – auf den *Ickxberg* hinauf und anschließend auf schönen Pfaden hügelabwärts und ein Stück am Zaun des Militärgeländes entlang zurück zu dem Parkplatz *»Am Weißen Stein«*.

Noch bevor wir auf die Tonabfuhrstraße treffen, halten wir uns rechts. Wir finden hier wieder das Wanderzeichen A 5, das uns durch den Wald des Schäferstrauchs, später am eingezäunten Militärgelände entlang und links ab durch eigentümliche Seidenkiefernwälder zurück zur Straße bringt. Nach rechts kommen wir an riesigen Tongruben vorbei, verlassen die Straße und erreichen das Ende des militärischen Sperrgebietes. Hier wechseln wir geradeaus auf das Zeichen A 6 über, das uns durch den Wald nach Heide zurückbringt.

55 Der Grenzwald bei Kaldenkirchen

Anfahrt für Autofahrer Autobahn Mönchengladbach – Venlo (A 61) bis Ausfahrt Kaldenkirchen. Durch die Bahnhofstraße, Wallstraße, Vennstraße, Ringstraße und Buschstraße zum Schulzentrum.

Verkehrsmöglichkeiten Bundesbahn bis Nettetal-Kaldenkichen oder Kempen, Omnibusse bis Kaldenkirchen/Schwimmbad.

Parkmöglichkeiten Parkplätze am Sportzentrum.

Wegmarkierungen Rundwege A 2 und A 1.

Tourenlänge 11 km.

Wanderzeit Etwa 3 Stunden.

Wanderkarten 1:50 000 Blatt L 4702 Nettetal.

Wissenswertes Der Kaldenkirchener Grenzwald ist durch die Sequoia-Farm, eine Mammutbaumfarm, bekannt. Hier findet man fast alle Baumarten der nördlichen Erdhalbkugel. Am Sternenbusch liegen ausgedehnte Flugsanddünen. Die Grenze nach Holland wurde 1815 auf dem Wiener Kongreß festgelegt: Sie mußte eine Kanonenschußweite von der Maas entfernt sein.

Tourenbeschreibung Die Wanderung führt uns zu einem großen Teil an der niederländischen Grenze entlang. An der

Zu Tour 58, 59 **Leuther Mühle**   (Foto: Medienzentrum des Kreises Viersen)

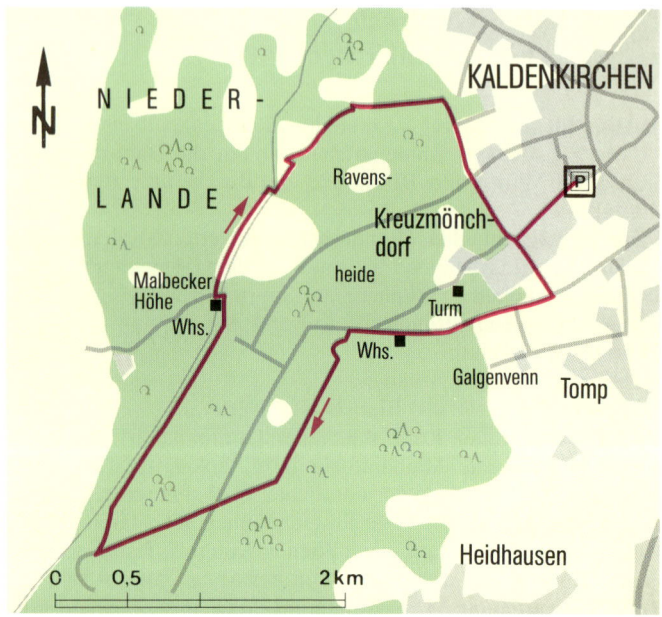

Schlucht, am Terrassenrand zum Maas-Urstromtal, bieten sich
herrliche Ausblicke in die Niederlande.

Vom Schul- und Sportzentrum in *Kaldenkirchen* aus gehen wir
die Buschstraße in südwestlicher Richtung an der Jahn-Kampf-
bahn vorbei, dann links auf der Kreuzmönchstraße solange weiter, bis rechts die Knorrstraße abzweigt. Ihr folgen wir am Reit-
stall Grenzwald vorbei bis zum Haus Galgenvenn. Hier liegt
auch die *Sequoia-Farm* mit dem imponierenden Baumbestand in
unmittelbarer Nähe.

Mit dem Wanderzeichen A 2 wandern wir zuerst geradeaus,
dann zweimal links ab auf schönen Heidewegen an Flachskuhlen
und Kieferschonungen vorbei und später rechts ab durch eine
breite Brandschutzschneise bis zur Schutzhütte und zur Schlucht
an der holländischen Grenze. Scharf rechts folgt unser Wanderweg A 2 der Grenzmarkierung gut zwei Kilometer lang nach
Norden bis zur *Malbecker Höhe*.

Bleiben wir von hier aus ein Stück auf der niederländischen
Seite, von dem Gasthaus »Malbecker Höhe« zieht sich ein schöner, gepflegter Weg an der Grenze entlang zuerst durch Felder,
bald darauf im Rechtsbogen durch ein Waldstück. Übrigens:
Diesen Weg begleitet kein Wanderzeichen. Ein solches treffen

wir erst wieder, wenn wir in einer Kurve beim Grenzstein 441 auf die deutsche Seite hinübersteigen und uns von nun an nach A 1 richten.

An einer früheren Sandgrube vorbei führt unser Wanderkurs auf schönen Waldwegen durch den Sternenbusch. Bei der Sandstraße geht es rechts weiter, am Waldrand bei der Wambacher Straße noch einmal nach rechts. Die Wambacher Straße geht in die Kreuzmönchstraße über und die Buschstraße bringt uns nach links schließlich zum Hallenbad zurück.

56 Rund um den Breyeller See

Anfahrt für Autofahrer Autobahn Mönchengladbach – Venlo (A 61) bis zur Ausfahrt Nettetal-Lobberich.
Verkehrsmöglichkeiten Bundesbahn bis Düsseldorf, Viersen oder Nettetal-Kaldenkirchen, Omnibus bis Nettetal-Lobberich/ Breyeller Straße.
Parkmöglichkeiten Parkplatz am Nettebruch.
Wegmarkierungen Rundweg A 3.
Tourenlänge 7 km.
Wanderzeit Etwa 2 Stunden.
Wanderkarten 1:50 000 Blatt L 4702 Nettetal.
Wissenswertes Die alte keltische Siedlung Breyell gehört zu jenen ehemals selbständigen fünf Städten und Gemeinden, die seit 1970 eine neue Einheit bilden. Das Flüßchen Nette hat der neuen Stadt den Namen gegeben, und fünf Seerosenblätter im neuen Stadtwappen symbolisieren die fünf ursprünglichen Siedlungen dieser Seenlandschaft.

Tourenbeschreibung Ungemein reizvoll ist die ausgedehnte Bruch- und Seelandschaft im *Tal der Nette*. Die Wanderwege schlängeln sich fast ständig am Wasser entlang.

Ausgangspunkt dieser Wanderung ist der Parkplatz am Nettebruch an der Breyeller Straße in *Lobberich*. Zunächst gehen wir ein kurzes Stück in westlicher Richtung über die Nettebrücke. Dann weist uns das Wanderzeichen A 3 nach links in einen Pappelweg am Nettebruch entlang.

Dem Uferweg folgen wir immer in südlicher Richtung; linker Hand die große Wasserfläche, rechter Hand ein schönes Waldgebiet. Dort, wo der See schmaler wird, weist das Wanderzei-

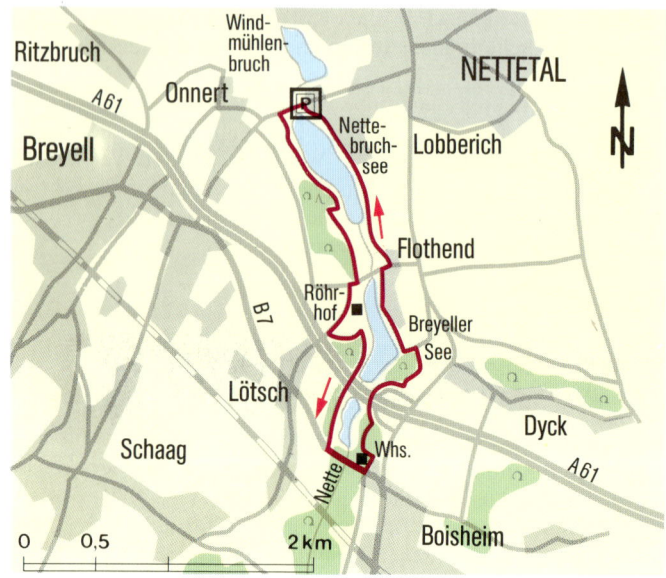

chen zuerst nach rechts, dann gleich wieder nach links an kleinen, von hohen Pappeln umsäumten Wasserläufen entlang.
Noch einmal, bei der Hofschaft Roerhof, macht die Wanderstrecke einen kleinen Rechts-Links-Knick und führt dann durch
Ackerland.

Genau an der Stelle, wo der asphaltierte Weg hinauf zur
Autobahnbrücke ansteigt, schwenken wir nach links und kom-
men im Bogen zum Breyeller See. Südwärts unterqueren wir die
Autobahn und erreichen auf einem wunderschönen Uferweg die
Landstraße. Ein paar Schritte nach links liegt die Gaststätte
»Zum Schänzchen«. Hier haben wir die Hälfte unserer Wande-
rungen hinter uns.

Unmittelbar hinter der Gaststätte biegt der Wanderweg nach
Norden ab und führt durch Nieder- und Birkenwald bis zum
Straßendamm. Die *Nette* begleitet uns unter der Autobahnbrücke und fließt dort in den Breyeller See. Die Wanderstrecke
selbst macht einen Rechtsbogen durch Niederwald hindurch und
bald darauf am Waldrand entlang. Kurz vor einem alleinstehenden Haus biegen wir direkt vor einer kleinen Brücke nach links
und stoßen nach wenigen Metern wieder ans Seeufer.

Ein schmaler Pfad schlängelt sich am Ostufer entlang nordwärts. An seinem Ende liegt die Kothmühle. Wir wandern jetzt

durch *Flothend*, einem Straßenzug, der sich am Rand der Wiesen- und Bruchlandschaft hinzieht. Und dann öffnet sich der Blick wieder auf die große Wasserfläche des Nettebruchs. An schönen alten und neuen Einfamilienhäusern vorbei kommen wir in einen kleinen Park, an dessen Ende sich unser Ausgangspunkt befindet.

 **Rund um den De-Witt-See**

Anfahrt für Autofahrer Autobahn Mönchengladbach – Venlo (A 61) bis zur Ausfahrt Nettetal-Lobberich.
Verkehrsmöglichkeiten Bundesbahn bis Düsseldorf, Viersen oder Nettetal-Kaldenkirchen, Omnibus bis Nettetal-Lobberich/Breyeller Straße.
Parkmöglichkeiten Parkplatz am Nettebruch.
Wegmarkierungen Rundwege A 1, A 2 und A 4.
Tourenlänge 12 km.
Wanderzeit Etwa 3 Stunden.
Wanderkarten 1:50 000 Blatt L 4702 Nettetal.
Wissenswertes Die vielen Gewässer der Seenkette entstanden durch Stauungen der Nette, als in der Nacheiszeit die große tertiäre Scholle des Venloer Grabens brach und absank. Verlandungen und Moorbildung schlossen in Jahrtausenden die Wasserflächen. Im Mittelalter wurden sie durch Torfgraben und Mühlenstaue wieder geöffnet.
Tourenbeschreibung Insgesamt sechs Seen streifen wir bei unserer Wanderung durch das *Nettetal*. Zuerst den *Windmühlenbruch*, den wir unmittelbar im Norden des Parkplatzes erreichen und in einem großen Rechtsbogen bis zur Mühlenstraße und dann auf dem Windmühlenweg umwandern. Das Zeichen A 2 führt uns von der Neumühle aus auf der Straße Sassenfeld an der Nette entlang, an Weiden und schönen Einfamilienhäusern vorüber bis zum zweiten See, dem *Ferkensbruch*.

Beim Strandhaus Elbers zeigt die Wegemarkierung weiter nach Norden, bis wir zur Eisenbahnlinie kommen. Hier biegt A 2 nach links ab; wir aber wechseln auf A 1 über, wandern an großen Bauernhöfen vorbei, ehe wir die Straße verlassen und beim Parkplatz in den Niederwald am Ostufer des *De-Witt-Sees* hineinstoßen. Nach etwa einem Kilometer weist A 1 nach links zum nördlichen Rand des Sees.

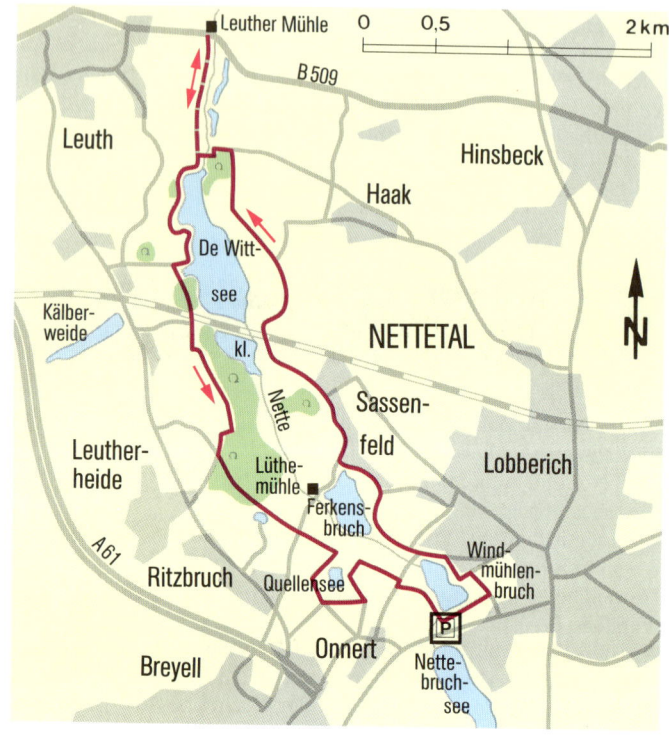

Von der Holzbrücke über die Nette lohnt sich ein kurzer Abstecher am Westufer des idyllischen Flüßchens entlang bis zur historischen *Leuther Mühle.* Nach dem Weg zurück bis zur Holzbrücke empfängt uns eine verträumte Landschaft mit herrlichen Seeuferwegen, an Bootsschuppen, Anlegestegen und an einem Campingplatz vorbei durch die ganze Seerosenbucht.

Hinter dem Strandlokal und dem großen Parkplatz geht es am Minigolfplatz vorbei südwärts, durch Eichenwald und durch Wiesen, die mit großen Bäumen durchsetzt sind – hier liegt im Westen der *See Kälberweide.* An der Eisenbahnlinie erreichen wir wieder das Wanderzeichen A 2, dem wir nach Süden durch Pappelalleen folgen. Wenn wir uns gleich bei der nächsten Wegegabelung links halten, können wir bei einer Schutzhütte auf einem kleinen Stichweg zu dem Steg hinaustreten, der ein Stück in den *kleinen De-Witt-See* hinausragt. Hier haben wir die Möglichkeit, in der abgeschirmten Bucht viele Wasservögel zu beobachten.

Später wandern wir in Ufernähe weiter durch Wiesen und Wäldchen. Wieder stehen mächtige Pappeln an unserem, von A 2 und X gekennzeichneten Weg. Ein Sportplatz liegt im Wald; hier schwenken wir nach links ein. Hinter dem Klärwerk überqueren wir eine Landstraße, orientieren uns jetzt nach dem Zeichen A 4 und gehen einen Pappelweg weiter.

Beim nächsten Wegekreuz hinter einem Bruchwaldstück biegen wir rechts ab und umrunden im großen Bogen nach Westen, fast bis an den Ortsrand von Breyell, den *Quellensee*. Vor dem Strandrestaurant halten wir uns zum ersten Male links, später auf einem Querweg zum zweiten Male, ehe wir jenseits der Felder bei einem Wegekreuz wieder auf A 2 treffen. Nun folgen wir A 2 von der Waldspitze aus scharf nach rechts durch Ackerland, durch eine Hofschaft und schließlich am Westufer des Windmühlenbruchs zurück zum Ausgangspunkt.

58 Im Nettetal durch das Hinsbecker Seen-Gebiet

Anfahrt für Autofahrer Autobahn Duisburg – Venlo (A 40) bis zur Ausfahrt Straelen-Herongen, dann Bundesstraße 221 bis Leuth, Bundesstraße 509 bis Hinsbeck.
Verkehrsmöglichkeiten Bundesbahn bis Kempen oder Nettetal-Kaldenkirchen, Omnibusse bis Hinsbeck.
Parkmöglichkeiten Parkplätze rund um die Hinsbecker Kirche.
Wegmarkierungen Rundweg A 5.
Tourenlänge 12 km.
Wanderzeit Etwa 3 Stunden.
Wanderkarten 1:50 000 Blatt L 4702 Nettetal.
Wissenswertes Die abwechslungsreiche Landschaft rund um Nettetal bildete sich zum Ende der Braunkohlenzeit. Während der großen Erdbewegungen brach die Scholle des Venloer Grabens mit dem Nettetal ab. Das Grundwasser im Talboden stieg an und verursachte große Niedermoore. Sie wurden im Mittelalter ausgetorft, und so entstanden vier reizvolle Seen.
Tourenbeschreibung Um die *Hinsbecker Seen* liegt ein Kranz von herrlichen Wäldern, durch die einst die Römerstraße von Köln nach Xanten führte. Über diese historische Straße geht teilweise unser Wanderweg.

Vom Hinsbecker Markt aus gehen wir die Wankumer Straße und gleich links die Oberstraße hinauf, ohne zunächst auf das

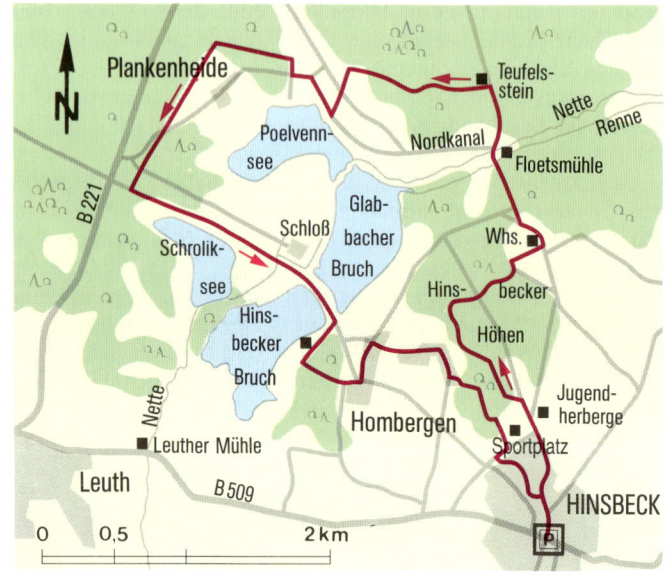

Wanderzeichen A 5 zu achten. Wir kommen an der Jugendherberge Vierlinden vorbei und erreichen das herrliche Waldgebiet der *Hinsbecker Höhen.* Erst jetzt orientieren wir uns nach dem Zeichen A 5, das uns links am Spielplatz vorbei in den Wald, rechts durch die Schöffenschlucht und auf dem Naturlehrpfad am Fuß des Galgenbergs und des Taubenbergs entlangführt. Zu unserer Linken typischer Birkenbruchwald, und ab und zu können wir durch die Bäume in der Ferne die Wasserfläche des Hinsbecker Bruchs durchschimmern sehen.

Vom Waldrand aus wandern wir durch ein eingezäuntes Wiesengelände hinüber zur Gaststätte »Waldesruh«. Die Fahrstraße, auf die wir hier treffen, ist die alte Römerstraße. Wir folgen ihr in nördlicher Richtung durch den Wald, über den Nettekanal und die Nette hinweg, an der Flootsmühle vorbei bis zum »Teufelsstein«.

Hier biegen wir von der Straße nach links in einen Waldweg ein, der allmählich ansteigt zum Birkenkopf und dann wieder hinunterführt an den Waldessaum. Wir halten uns links, überqueren eine landwirtschaftlich genutzte Fläche, eine Fahrstraße und das noch erkennbare System des napoleonischen Nordkanals. Gleich darauf kommen wir auf einem kleineren Waldweg nach rechts zum Transformatorenturm »Plankenheide« und ein

158

Stück nach links zum Poelvennsee und zum Strandhotel »Fischerheim«.

Gegenüber dem großen Parkplatz stößt das Zeichen A 5 in den Wald hinein und weist dann nach links am Waldrand entlang und wieder durch Kiefernwaldungen bis zu einem Querweg. Jetzt geht es links weiter durch die Wald- und Heidelandschaft der *Plankenheide.* Zweimal überqueren wir Straßen: zuerst die Zufahrt zum Poelvennsee, dann die Schloßallee, die zum Schloß Krickenbeck führt.

Rechter Hand gelangen wir in ein Naturschutzgebiet. Kleinere Waldpfade schlängeln sich hier am Rande des Sees Schrolik entlang, bis unser Wanderweg auf die ehemalige Landstraße nach Hombergen wechselt. Auf unserem Kurs nach Hombergen grüßt von links das alte Schloß Krickenbeck herüber; bald darauf passieren wir die Landenge zwischen dem Glabbacher und dem Hinsbecker Bruch, und nun liegt *Hombergen* vor uns. Allerlei selten gewordene Wasservögel kann man hier noch beobachten.

Wir schwenken am Ende des Hinsbecker Bruchs rechts ein zum Strandbad und im Wald wieder links zum Forsthaus Hombergen. Über die Straße hinweg, durch die kleine Ortschaft hindurch und bei einem Bildstock nach rechts durchstreifen wir die »Künstlerkolonie« und steigen später, links von der Straße abbiegend, kurz ohne A 5 in Richtung Jugendherberge und LSB Feriendorf, hinauf ins Waldgebiet der Hinsbecker Höhen.

Oben auf der Höhe, bevor sich das Terrain öffnet, wenden wir uns bei einer Wegekreuzung nach rechts und gehen wieder mit

Zu Tour 62 **Partie an der Niers** (Foto: Kreisverwaltung Kleve)

A 5 am Rande eines Sportplatzes vorbei durch das Naturschutzgebiet hinunter nach *Hinsbeck.* Auf dem Höhenweg ein paar Schritte nach rechts zweigt linker Hand die Straße »Auf der Schomm« ab, die durch eine Siedlung, ein kleines Waldstück und durch das Schulzentrum Hinsbecks führt. Und dann ist es auf der Oberstraße abwärts auch nicht mehr weit bis zum Hinsbecker Markt.

59 Um Schrolik und Hinsbecker Bruch

Anfahrt für Autofahrer Autobahn Duisburg – Venlo (A 40) bis zur Ausfahrt Straelen-Herongen, dann Bundesstraße 221 bis zur Abzweigung der Landstraße nach Hinsbeck-Hombergen.

Verkehrsmöglichkeiten Bundesbahn bis Kempen oder Nettetal-Kaldenkirchen, Anruf-Sammel-Taxi bis Krickenbeck/Strandbad.

Wissenswertes Im 13. Jahrhundert entstand auf einer Landzunge zwischen den Nettetaler Seen die Wasserburg Krickenbeck. Sie diente als Amtssitz der geldrischen Landesherren. Nach einem Brand im Jahre 1902 wurde das heutige Schloß mit Stilelementen der Gotik und Renaissance erbaut. Das Schloß beherbergt heute eine Akademie der West LB.

Tourenbeschreibung Diese Wanderung führt uns in ein Seegebiet, das durch seine Flora beeindruckt. Es gibt kaum betretbaren Erlenbruchwald, breite Röhrichte und Seerosenfelder. Hier brüten Graureiher, Blaukehlchen, Rohrdommeln, Taucher und viele Entenarten.

Ausgangspunkt ist der Parkplatz am Strandbad *Krickenbeck.* Mit dem Zeichen A 3 wandern wir am Schwimmbad vorüber durch das Naturschutzgebiet waldeinwärts. Auf idyllischen Waldwegen geht es in südlicher Richtung bis kurz vor Haus Bey, dann rechts ab auf der Straße »An Haus Bey« durch Felder und Bruchgebiet, später nach links einschwenkend bis zur Gaststätte Secretis an der Bundesstraße 309.

Wir überqueren die Bundesstraße und haben auf unserem weiteren Weg »Schlöp« durch Wiesen und Felder einen schönen Blick auf Hinsbeck mit seiner überragenden Kirche. Beim Wegeschild Haak biegen wir nach rechts wieder in das Landschaftsschutzgebiet ein und erreichen den *De-Witt-See.* In dem wild-romantischen Gebiet führt ein Steg über die *Nette,* und dann folgen wir dem Flüßchen Nette nach Norden bis zur *Leuther Mühle.* Sehenswert sind die alten Mühlenwerke im Innern der Gaststätte.

Im weiteren Verlauf der Wanderstrecke kommen wir links an der Mühle vorbei auf schmalen Wegen am Waldrand entlang bis zur *Tüschenmühle*. Sehr abwechslungsreich ist hier die Landschaft. Kurvenreiche Pfade, Mischwald, Wiesen, Heide führen bis zum Gestüt Seehof. Vor dem Gestüt geht unser Wanderkurs zuerst links, dann rechts auf einem Waldweg weiter. Kurz vor der Bundesstraße 221 weist das Zeichen A 3 scharf nach rechts und folgt in vielen Windungen den schönen Waldwegen der Fränzkes Heide bis zum *Schrolik*. Hier lohnt sich ein winziger Abstecher zu einem der Stege, die durch das Röhricht in den See hineinragen.

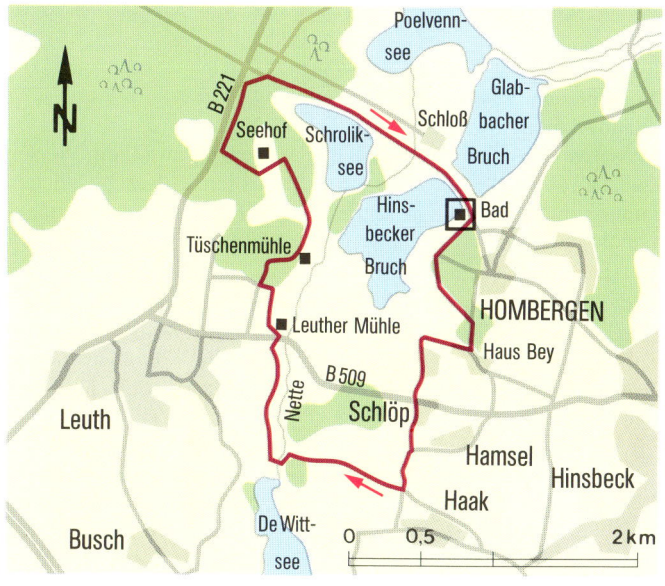

Der Wanderweg läuft jetzt parallel zur Landstraße in Richtung Schloß Krickenbeck, das von der anderen Straßenseite herübergrüßt. Die Landenge zwischen dem Glabbacher Bruch und dem Hinsbecker Bruch bietet fast immer ein Naturschauspiel mit vielen Schwimmvögeln als Hauptdarstellern. Am Ende der Seenlandschaft liegt der Parkplatz, von dem aus wir die Wanderung angetreten haben.

60 In die Hinsbecker Schweiz zwischen Hombergen und Müllem

Anfahrt für Autofahrer   Autobahn Duisburg – Venlo (A 40) bis zur Ausfahrt Straelen-Herongen, dann Bundesstraße 221 bis zur Abzweigung der Bundesstraße 509, die über Leuth nach Hinsbeck führt. Von dort auf der Landstraße nach Hinsbeck-Hombergen.

Verkehrsmöglichkeiten   Bundesbahn bis Kempen oder Nettetal-Kaldenkirchen, Anruf-Sammel-Taxi bis Krickenbeck/Strandbad.

Parkmöglichkeiten   Parkplätze am Strandbad.

Wegmarkierungen   Rundwege A 6, A 8, A 5, A 7 und Andreaskreuz X 1.

Tourenlänge   13 km.

Wanderzeit   Etwa 3 Stunden.

Wanderkarten   1:50 000 Blatt L 4702 Nettetal.

Wissenswertes   Mitten durch den Höhenzug zwischen Viersen und Herongen bahnte sich die Nette in der erdgeschichtlichen Braunkohlenzeit ihren Weg. In diesem Durchbruchstal wurde in napoleonischer Zeit der Alte Nordkanal angelegt.

Tourenbeschreibung   Die meiste Zeit führt unsere Wanderung durch Naturschutzgebiet am Südrand der *Hinsbecker Seen*. Aufmerksame Wanderer können in diesem Gebiet selten gewordene Vögel, zum Beispiel Fischreiher, Kiebitze oder Eisvögel, beobachten.

Vom Strandbad am herrlichen *Hinsbecker Bruch*, einen Steinwurf vom Schloß Krickenbeck entfernt, aus nehmen wir unsere Wanderung mit dem Zeichen A 6 auf, gehen am Schwimmbad vorbei in den Wald, links ab zum Forsthaus Hombergen und dann weiter durch den Ort *Hombergen*. Geradeaus, an einem Bildstock vorbei, gelangen wir auf einem asphaltierten Weg in das Naturschutzgebiet. Dort, wo A 6 im rechten Winkel nach rechts biegt, bleiben wir auf der Fahrstraße geradeaus und erreichen nach 500 Metern die alte Römerstraße.

Hier wenden wir uns nach links und folgen dem Wanderzeichen A 8 über den Nettekanal und die Nette hinweg und an verträumt gelegenen *Flootsmühle* vorbei. Bald hinter der Mühle geht nach rechts ein Weg von der Straße ab in den Wald hinein. Wir treffen dort, wo der Schürkesbach durch den Forst plätschert, auf einen Querweg, halten uns rechts und biegen nach wenigen Schritten leicht bergan im rechten Winkel nach rechts ab. Wenn wir später aus dem Wald herauskommen, haben wir einen Weitblick hinunter ins Nettetal. Vor uns liegt jetzt, im Bogen abwärts, die *Kovermühle.*

An dieser Stelle besteht die Chance, abzukürzen und die Wanderung mit A 8 nach rechts über die Nette hinweg fortzusetzen. Man kann aber auch noch einen etwa vier Kilometer langen Bogen nach Osten anfügen. Im zweiten Falle gehen wir von der Kovermühle auf der Müllemer Straße nach links, folgen auf dem neu angelegten Fußweg dem Zeichen A 5 bis zur Landstraße, dort nach rechts über die Nettebrücke und hinter dem Gutshof An der Paas nochmals rechts durch ein typisches niederrheinisches Wiesen- und Ackergelände. Später führt uns eine Pappelreihe an dem aus napoleonischer Zeit stammenden Kanalsystem entlang. Das Zeichen A 5 weist dann nach links durch die Felder hinauf zu einer Straße. 300 Meter nach rechts befindet sich ein Parkplatz am Waldrand. Hier stoßen wir wieder auf das A 8-Zeichen, das wir im weiteren Verlauf unserer Strecke als Orientierung benutzen.

Wir wandern durch den urtümlichen Bruchwald südlich des Nettetals, biegen bei einem Wegekreuz links ab und erreichen

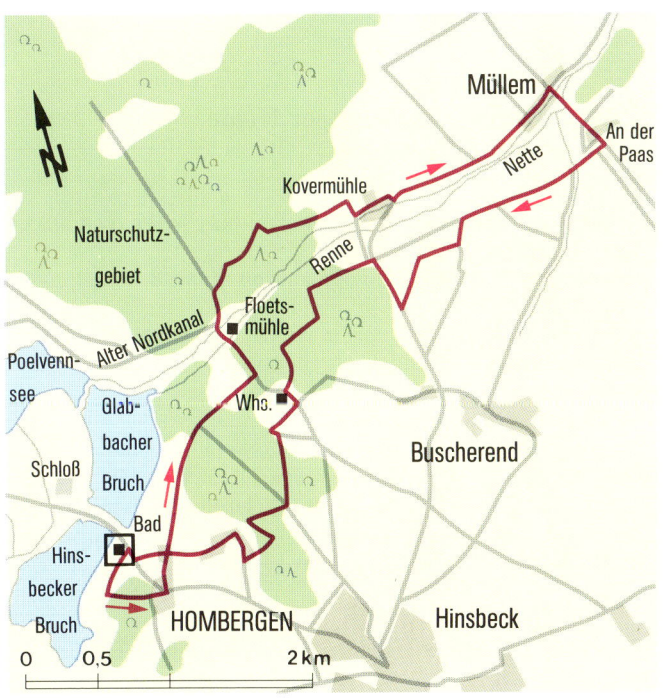

auf schönen Wegen den idyllischen Teich vor der Gaststätte Waldesruh. Hier verlassen wir A 8 und halten uns zunächst mit dem Andreaskreuz der Hauptwanderstrecke 1 links. X 1 leitet uns um die Gartenwirtschaft herum, gleich dahinter nach rechts durch ein Wiesengelände und dann in den Wald der Hinsbecker Heide hinein.

Wenn X 1 nach links abbiegt, halten wir uns weiter geradeaus und steigen mitten im Naturschutzgebiet eine Waldtreppe aufwärts. An einem Wegekreuz wenden wir uns halbrechts in Richtung »Aussichtsturm«. Hier befinden wir uns auf dem Galgenberg, der früheren Richtstätte der »Geer« Vierlinden.Wir könnten einen kurzen Abstecher nach rechts zu dem Aussichtsturm machen, von dem aus man das gesamte Seen-Gebiet der Hinsbecker Schweiz überblicken kann. Unser Wanderweg führt uns aber geradeaus weiter am Rand des Höhenzugs, wo wir auf den Naturlehrpfad treffen. Hier folgen wir A 7 nach rechts einen sandigen Hügel hinunter und am Fuß des Hangs links um den Berg herum. Jetzt taucht auch wieder das Wanderzeichen A 6 auf, das uns an einer Waldwiese scharf rechts weiterführt, aus dem Wald heraus, durch die »Künstlerkolonie« und durch *Hombergen* zurück zum Hinsbecker Bruch.

61 Durch die Heronger Heide zum Birkenkopf

Anfahrt für Autofahrer Autobahn Duisburg – Venlo (A 40) bis zur Ausfahrt Straelen-Herongen.
Verkehrsmöglichkeiten Bundesbahn bis Krefeld, Omnibus bis Herongen Post.
Parkmöglichkeiten Parkplatz in Herongen »An der Post«.
Wegmarkierungen Rundweg A 10, Andreaskreuz X 1.
Tourenlänge 11 km.
Wanderzeit Etwa 2½ Stunden.
Wanderkarten 1:50 000 Blatt L 4702 Nettetal.
Wissenswertes Zur Frankenzeit entstand die Gemeinde Herongen um das merowingische Krongut Heringa im Mülgau. 612 kam es durch Schenkung an den heiligen Amandus, Bischof von Maastricht, der die salischen Franken westlich des Rheins missionierte.

Tourenbeschreibung Wer Sandboden liebt und wem – vom Ruhrgebiet aus – die Lüneburger Heide zu weit entfernt ist, findet in der Heronger Gegend viele schöne Heidewege.

Wenn wir vom Parkplatz an der Heronger Post die Bergstraße an den beiden Kirchen vorbei hinuntergehen, stoßen wir links auf ein kleines, bezauberndes Backsteinhaus aus dem Jahre 1786. Von hier aus richten wir uns nach dem Rundwanderzeichen A 10, das in die Straße »Am Kattenberg« hineinzeigt, geradeaus in den Weg »Kahlenbeck« übergeht und uns an einem kleinen Waldstück entlang durch Wiesengelände leicht hügelauf führt. Auf dem nächsten Querweg, es ist der Brookerweg, ein paar Schritte nach rechts, bei einer kleinen Siedlung nach links, und gleich wieder auf dem Oberweg nach rechts kommen wir am Waldrand entlang und an einem kleinen Wildgehege vorüber bis zur Fußgängerbrücke über die Autobahn.

Wir bleiben geradeaus auf dem Weg am Waldessaum bis zum Jugendferienheim und zur Bundesstraße 221. Oberhalb der Straße halten wir uns rechts, überqueren aber bald die Fahrbahn und wandern in südlicher Richtung durch das Waldgebiet der *Heronger Heide*. Kurz vor dem Feuerwachturm schwenken wir vom Höhenweg nach links hinunter zur Jülicher Straße. Dies ist die Stelle, an der wir das Wanderzeichen A 10 verlassen.

Ohne Zeichen gehen wir auf der geteerten Waldstraße südwärts, also nach rechts. Nach etwa 1500 Meter treffen wir auf eine Querschneise; hier finden wir das Wanderzeichen X der Hauptwanderstrecke 1. Ihm folgen wir zurück nach Herongen: zuerst im Gleichlauf mit A 5 den Birkenkopf hinauf und nach einer Schutzhütte wieder abwärts, dann am Fuß des Berges nach rechts auf einer breiten, sandigen Schneise durch die Heidelandschaft, endlich wieder über die Bundesstraße 221 hinweg und unter der Autobahnunterführung hindurch.

In Höhe des ausgedehnten Campinggeländes erreichen wir den Ort *Herongen*. Auf der Beekerstraße dann rechts ab auf den Weg »Im Wiesengrund«. Dieser führt im Wiesengelände auf einen Weg, dem wir nach links an einem Waldstück und an einer Wohnsiedlung entlang hügelabwärts folgen, und der auf der Straße »Am Kattenberg« endet. Mit einem kleinen Rechts-Links-Knick gelangen wir zu unserem Ausgangspunkt zurück.

62 Rund um Wachtendonk durch das Tal der Niers und Nette

Anfahrt für Autofahrer Autobahn Duisburg – Venlo (A 40) bis zur Ausfahrt Wachtendonk.

Verkehrsmöglichkeiten Bundesbahn bis Duisburg, Krefeld oder Geldern, Omnibusse bis Wachtendonk/Friedensplatz.

Parkmöglichkeiten Parkplatz am Friedensplatz.

Wegmarkierungen Rundwege A 4 und A 6, Andreaskreuz X 11 und X 6.

Tourenlänge 8 km. **Wanderzeit** Etwa 2 Stunden.

Wanderkarten 1 : 50 000 Blatt 31 Kreis Kleve.

Wissenswertes Wachtendonks historischer Stadtkern ist in seiner Ursprünglichkeit erhalten. Sehenswert ist auch die Burgruine Wachtendonk aus dem 15. Jahrhundert.

Tourenbeschreibung Die Wanderstrecke führt uns durch das Tal der Niers und der Nette und in die Gegend, in der die beiden Niederrheinflüsse zusammenfließen.

Folgen wir zuerst einmal der Niers – allerdings dem Flußlauf entgegen, in südlicher Richtung. Wir starten am Friedensplatz im Mittelpunkt Wachtendonks. Auf der Moorenstraße finden wir sofort in Höhe der Schule einen neuangelegten Pfad direkt am Ufer und kommen nach etwa 500 Metern über eine schmale Steinbrücke zur Ruine der einstigen Feste Wachtendonk.

Mit dem Zeichen X 11 und A 4 bleiben wir auf der westlichen Niersseite, auch dann, wenn diese beiden Zeichen bei der näch-

sten Brücke nach links zeigen. Unser Wanderweg, der nun keine Markierung mehr hat, verläßt aber auch kurz vor der Autobahn den Fluß, führt nach rechts durch Ackerland zu einem Bauernhof und im Bogen an Bäumen und Gebüsch entlang bis zu einer Wegekreuzung.

Links ab orientieren wir uns jetzt an dem Rundwegezeichen A 6, passieren eine kleine Waldkapelle, wenden uns hinter dem Waldstück an einer Schutzhütte nach rechts, überqueren die Nette und kommen zu dem historischen Gutshof *Haus Langenfeld.* Weiter geht es durch Wiesen und Felder parallel zur Autobahn, bei der Querstraße – es ist der Kusenweg – nach rechts an einem Wäldchen vorbei bis zur Hofschaft Waerdt und, rechts einschwenkend, auf der Aerbecker Straße am Aerbecker Bach entlang. Jenseits der Felder sehen wir linker Hand die Ortschaft Wankum liegen.

Von der Aerbecker Straße biegen wir bei einem Gehöft und dem Hinweisschild »Wasserschutzgebiet« nach rechts in den kurvenreichen Fliethweg ein, der am Wasserwerk vorbei zur Nette führt und in Wachtendonk an der Wankumer Straße aufhört. Genau gegenüber wandern wir mit dem Andreaskreuz X 6 bei einer kleinen Kirche auf idyllischen Wegen an der Nette entlang weiter, zuerst am Schwimmbad und Sportplatz vorbei, über die Bundesstraße 60 hinweg durch Wiesen bis zu einer Waldecke.

Nicht weit von dieser Stelle mündet die Nette in die Niers.

Im spitzen Winkel gehen wir nun durch die Niederung von *Ponter Benden* zurück, erneut über die Bundesstraße 60, und gelangen dann auf dem Weg »Achter de Stadt« nach links jenseits der Niersbrücke zu unserem Ausgangspunkt.

63 Vom Eyller See durch die Bruchlandschaft bei Kerken

Anfahrt für Autofahrer   Autobahn Duisburg – Venlo (A 40) bis zur Ausfahrt Wachtendonk, dann Landstraße nach Wachtendonk und Bundesstraße 60 in Richtung Aldekerk bis Eyller Bad.
Verkehrsmöglichkeiten   Bundesbahn bis Duisburg, Omnibus bis Aldekerk/Eyller See.
Parkmöglichkeiten   Parkplätze am Strandbad Eyller See.
Wegmarkierungen   Rundweg A 1.
Tourenlänge   12 km.
Wanderzeit   Etwa 3 Stunden.
Wanderkarten   1 : 50 000 Blatt L 4504 Moers.

Tourenbeschreibung   Wer ausgedehnte Spaziergänge in einer einsamen Bruchlandschaft liebt, wird die Gegend südlich von Kerken äußerst reizvoll finden. Wir starten am Strandbad *Eyller See* mit dem Wanderzeichen A 1 in nordwestlicher Richtung und kommen über einen Querweg am Ende des Sees hinweg in einen Landstreifen, in dem sich große Viehkoppeln und kleine Wälder ablösen. Rechts hinter dem Wiesengelände können wir die Häuser von *Nieukerk* ausmachen. Dort, wo der Weg endet, wenden wir uns auf der Querstraße nach links, bleiben beim Wegekreuz mit A 1 geradeaus, überqueren den Bach »Schwarze Rahm« und biegen dann nach halblinks in den Wald ein. Das nächste Wegekreuz befindet sich am Waldausgang. Hier wandern wir zuerst rechts, dann kurz vor dem nächsten Wäldchen links in das ruhige Waldgebiet des *Eyller Bruchs* hinein.

Nach etwa einem Kilometer erreichen wir die Bundesstraße 60, halten uns links und schreiten wieder über die »Schwarze Rahm«. Schon nach hundert Metern weist das Wanderzeichen A 1 rechts ab auf einen Feldweg, der parallel zum Bachlauf an Äckern und Wäldchen entlangführt. Einmal macht der Weg einen kurzen Knick nach rechts, dann gleich wieder links. Von hier aus können wir am Horizont den Ort *Wachtendonk* erken-

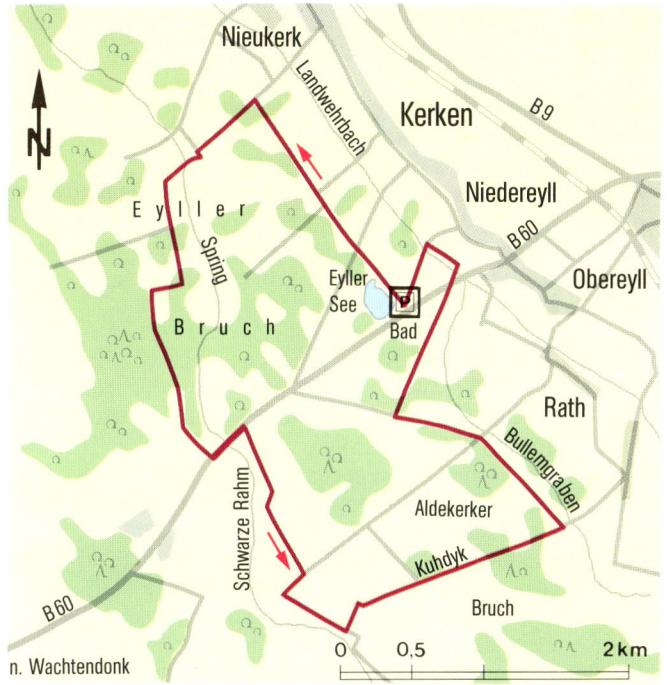

nen. Kurz vor einer Baumgruppe gehen wir in östlicher Richtung zu einem Bauernhof und den Wäldern des *Aldekerker Bruchs* weiter. Wir befinden uns hier auf dem *Kuhdyk,* den wir erst in Höhe der ersten Häuser von *Eyll* verlassen. Das Schild »Jagdhausweg« zeigt uns den Weg weiter am Forsthaus vorbei, dann bei einem Wegekreuz mit einem Kruzifix halblinks durch die Bruchlandschaft.

Wieder knickt der Wanderkurs bei einem Waldstück im rechten Winkel nach Norden ab und führt bis zur Bundesstraße. Auf der anderen Straßenseite geht es am *Landwehrbach* weiter. In Höhe der ersten Brücke halten wir uns links und gelangen zum Eyller See zurück.

64 Heide-Idylle in den Niederlanden

Anfahrt für Autofahrer Autobahn Duisburg – Venlo (A 40) über die niederländische Grenze bis zur Ausfahrt Velden/ Nijmegen, dann Nationalstraße 271 bis Arcen.

Verkehrsmöglichkeiten Eisenbahn bis Venlo, Omnibus bis Arcen/Maashotel.

Parkmöglichkeiten Parkplätze an der »Schans« am Maashotel.

Wegmarkierungen Roter, weißer oder grüner Pfahl.

Tourenlänge 14 km.

Wanderzeit Etwa 3½ Stunden.

Wanderkarten 1:50 000 Blatt L 4502 Geldern.

Wissenswertes Das Wasserschloß Arcen stammt in seiner heutigen Form aus dem 18. Jahrhundert. Lohnenswert die Schloßgärten, die 1988 durch eine Kombination von Historie, Kunst und Gartenarchitektur entstanden sind. In der Nähe befindet sich die Ruine Schanstoren, ein Teil der alten Befestigungsanlage, an der Maas.

Tourenbeschreibung Ravenvennen im Limburger Land – das ist ein Heidegebiet von märchenhafter Schönheit. Die vielen Moorseen mitten im Wald geben der Landschaft einen eigentümlichen Charakter, einen Hauch von Melancholie.

Wir beginnen unsere Wanderung unten am Maasufer in *Arcen*, in der Nähe der Ruine Schanstoren, in südlicher Richtung auf der Straße »Schans« an dem schönen *Wasserschloß Arcen* vorbei bis zur Nationalstraße 271. Auf der gegenüberliegenden Seite beginnt bei einer Lärchengruppe ein Weg, der in einem kleinen Bogen durch den Mischwald und an einem Bächlein entlang, später – seitlich versetzt hinter einem Querweg – durch eine Art Birken- und Pappelallee nach Süden führt. Wir überqueren den Hanikerweg und kommen durch Weideland nach *Lomm*.

Mit einem Rechts-Links-Knick gelangen wir in das Gewerbegebiet Spikweien. Dort halten wir uns links und erreichen hinter dem Ortsschild »Lomm« – bei der Wegegabelung die rechte Spur nehmen – das Naturreservat *Ravenvennen* in »Het Limburgs Landschap«. Dort am Waldrand befindet sich ein kleiner Waldparkplatz und eine Hinweistafel mit den niederländischen Wandermarkierungen: kleine, schräg abgeschnittene Pfähle, deren farbige Schnittflächen die Wegrichtung anzeigen. Wir folgen den weißen und roten Pfählen; die hier beginnenden Rundstrecken sind 4,4 oder 5,5 Kilometer lang.

Sofort werden wir von einer Heide-Idylle empfangen. Schmale Pfade führen durch Birken-, Fichten- oder Kiefernwald, an

einem kleinen Moorsee und anschließend an einer Lichtung vorbei. Hier gesellt sich – kurz vor einer Steigung – der »grüne« Wanderkurs zu unserer Route. Den sandigen Weg hinauf gelangen wir zu einem Straßendreieck. Jetzt trennen sich die Wanderwege.

Wir müßten, um zurück nach Arcen zu kommen, nach links den roten Pfählen folgen. Es wäre aber sehr schade, wenn wir auf einen herrlichen, zwischen zwei und drei Kilometer langen Rundkurs durch die urtümliche Sumpflandschaft der Ravenvennen verzichten würden. Die weißen und grünen Pfähle führen nach rechts mitten hinein in das Gebiet der *Schandeloschen Heide* mit den morastischen Waldgewässern.

Zwischen zwei Moorseen gabeln sich die Wanderstrecken. Die weißen Pfähle machen über den Bohlensteg den etwas größeren Bogen durch den Wald und an einem Wiesengrund entlang, die grünen Pfähle weisen auf verschlungenen Pfaden durch die Moorseen – tunlichst verlassen wir die ausgetretenen Pfade nicht – am Fuß des Witten Bergs vorbei. Dann treffen sich die beiden

Kurse wieder, trennen sich aber hinter dem Kiefernwald direkt an einer Lichtung erneut. Jetzt richten wir uns nur noch nach dem grünen Pfahl, und zwar in vielen Windungen um den Witten Berg herum zurück zu dem oben erwähnten Straßendreieck.

Nun ist es Zeit zum Rückweg: Zuerst mit den roten Pfählen ein Stück nach Norden, dann bei einem alleinstehenden Haus geradeaus auf der Fahrstraße nach *Hanik*. Rechts jenseits der Felder können wir am Horizont die Kirche von Straelen erkennen. Bei der Straßengabelung halten wir uns links durch den kleinen Ort und bleiben dann, wenn die Straße nach links abschwenkt, geradeaus am Waldrand entlang. Unmittelbar hinter dem Haus Nr. 43 und der dazugehörenden Gärtnerei biegen wir am Waldwinkel nach links in den breiten Waldweg ein. Der führt uns quer durch die *Leeremarksche Heide;* wir bleiben immer – auch bei Abzweigungen und bei einem Wegestern – auf dem breiteren Waldweg und kommen schließlich kurz vor der Nationalstraße 271 auf dem Lingsforterweg heraus. Jenseits der Nationalstraße beginnt eine Allee, auf der wir zum Schloß Arcen und zu unserem Ausgangspunkt an der Maas zurückkehren.

65 Von Walbeck an die Maas

Anfahrt für Autofahrer   Autobahn Duisburg – Venlo (A 40) bis zur Ausfahrt Straelen-Herongen, dann Bundesstraße 221 bis Straelen und Landstraße bis Walbeck.
Verkehrsmöglichkeiten   Bundesbahn bis Krefeld oder Geldern, Omnibus bis Walbeck/Maasstraße oder Walbeck/Bergsteg.
Parkmöglichkeiten   Parkplätze am Walbecker Markt oder am Freizeitzentrum.
Wegmarkierungen   Rundweg A 3, Andreaskreuz X 13, »N im Kroio«.
Tourenlänge   17 km.
Wanderzeit   Etwa 4 Stunden.
Wanderkarten   1:50 000 Blatt L 4502 Geldern.
Wissenswertes   Der Ort Walbeck, heute ein Stadtteil Gelderns, ist das Zentrum des Spargelanbaus am Niederrhein. Wer im Mai oder Juni hierherkommt, kann einer schönen Wanderung noch einen kulinarischen Genuß hinzufügen. Schloß Walbeck entstand in wesentlichen Teilen im 16. Jahrhundert nach dem Vorbild der benachbarten holländischen Kastelle. Es beherbergt

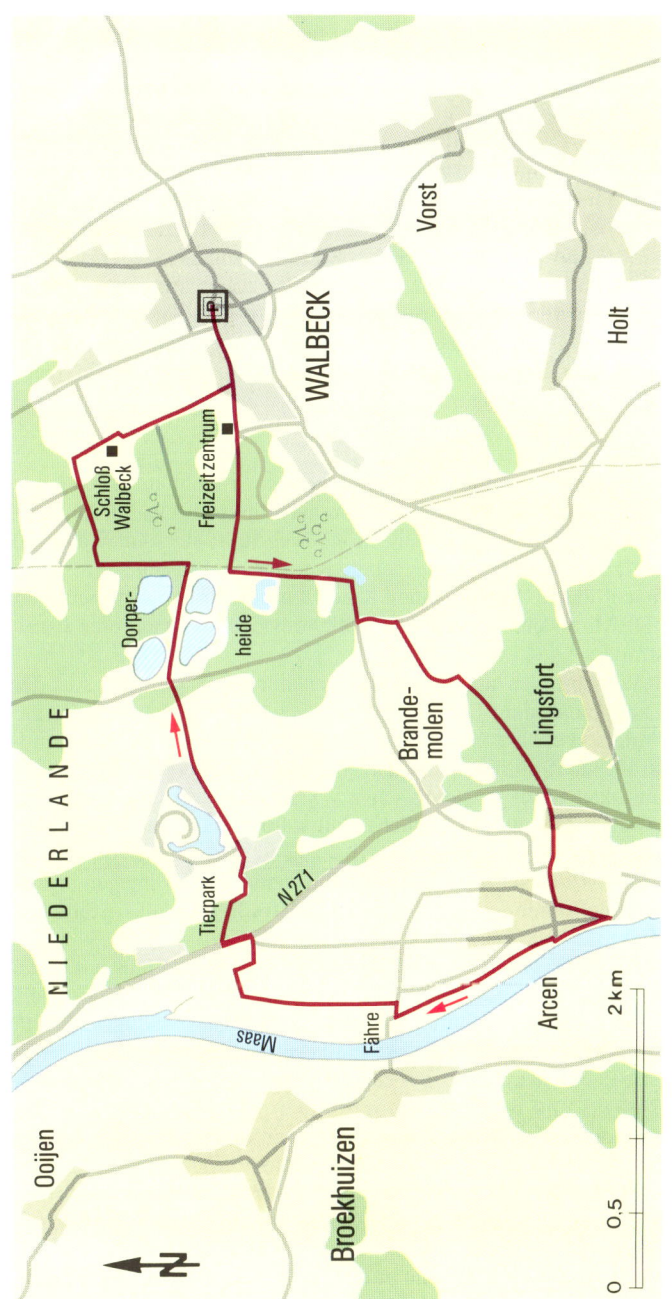

heute ein christliches Jugenddorf mit einem sozialpädagogischen Institut.

Tourenbeschreibung Der Ausflug in die niederländische Provinz Limburg ist nicht gerade kurz, aber sehr abwechslungsreich und voller landschaftlicher Reize. Von Walbeck geht es hinunter an die Maas und im Bogen zurück nach Deutschland.

Wir beginnen unsere Wanderung mitten in dem malerischen Dorf Walbeck. Das Wanderzeichen A 3 bringt uns auf der Maasstraße und dem Bergsteg durch eine schmucke Wohnsiedlung zum *Freizeitzentrum*. Hier geht vom Parkplatz aus ein Sportpfad in den herrlichen Kiefernwald hinein. Wir gehen jedoch auf dem Bergsteg geradeaus zu der quer verlaufenden Schneise »In den Honnen«. Dort, wo der A 3-Rundkurs nach rechts in diese Schneise einbiegt, wechseln wir auf das Wanderzeichen X 13 über. Es zeigt vom Bergsteg geradeaus in den Wald zur *niederländischen Reichsgrenze*.

Unmittelbar hinter aer Grenze gehen wir nicht auf dem »Rode Dijk« weiter, sondern schwenken nach links und wandern parallel zum Grenzverlauf. Der schöne Weg führt stets am Waldrand entlang – rechter Hand sehen wir riesige Baggerseen. Später macht unsere Strecke einen Knick um den großen Campingplatz »De Maasvallei« herum und stößt vom Grenzweg auf eine Landstraße.

Wir befinden uns hier im Gebiet der *Dorper Heide*. Auf der Landstraße, dem Dorperheideweg, nach links gelangen wir zum Waldbeckerweg. Gegenüber des Weges biegen wir – die Landstraße überquerend – nach rechts ein. Von jetzt an können wir uns nach dem Wanderzeichen »N im Kreis« richten, das uns durch Felder, an der Waldecke ein kleines Stück nach links, über die Steinbrücke des Lingforterbeeks und weiter durch den Hochwald bis zur Nationalstraße 271 von Venlo nach Nijmegen bringt. Auf der anderen Seite der Schnellstraße liegt das Städtchen *Arcen*.

Arcen ist ein schöner, sauberer Ort. Fast jedes Haus hat einen gepflegten Vorgarten. Wir können uns von der Idylle überzeugen, wenn wir durch die Platanenallee des Leermarkts und des »Steegs«, und dann links durch die Kerkstraße an der Peter- und-Paulus-Kirche vorbei zum Marktplatz mit dem pittoresken Rathaus und der Dorfpumpe streifen. Ein paar Schritte weiter befindet sich das Maashotel. Wir sehen die Reste des zur alten Dorfbefestigung zählenden Schanzturms.

Direkt bei der Omnibushaltestelle »Maashotel« wenden wir uns hinunter zur Maas. Die Burgemeester-Linders-Promenade führt an dem Strom entlang hinter den Häusern von Arcen nach Norden. Fast drei Kilometer lang ist die Strecke, auf der uns die

Frachtschiffe begleiten oder begegnen, und auf der sich ein wundervoller Blick auf das westliche Maasufer mit dem Ort Broekhuizen bietet.

Gegenüber von *Broekhuizen,* kurz vor der Fähre, macht unser Wanderkurs bei einem schönen Landhaus einen kleinen Knick nach rechts, führt dann aber gleich wieder links ab weiter nordwärts. Allmählich bewegt sich der Weg von der Maas weg durch die Felder und biegt in Höhe von Broekhuizenvorst nach rechts zur Nationalstraße und zum Restaurant »Rooland« ab.

Zu Tour 66 **Niederrhein-Landschaft bei Geldern** (Foto: Kreisverwaltung Kleve)

Etwa hundert Meter begleiten wir die Nationalstraße auf dem Roobeekweg nach Norden, dann drehen wir bei einem Christuskreuz in den Weg »*Klein Vink*« ein. Der Tier- und Erholungspark, der hier angelegt wurde, ist mit Schlagbäumen für Autofahrer gesperrt. Weiter durch den Park, die Felder und durch ein kleines Waldstück, über eine asphaltierte Straße und immer geradeaus an den großen Sandgruben vorbei treffen wir wieder auf die *Bundesgrenze.*

Genau am Grenzübergang halten wir uns an einem alleinstehenden Haus links und bleiben auf dem Grenzpfad am Waldrand und am Baggersee vorbei bis zum Grenzstein 499. Er steht an einer Wegekreuzung, wo wir die Richtung nach rechts ändern und durch Schwarzkiefern- und Hochwald das *Schloß Walbeck* erreichen. Auf der Teerstraße »An Schloß Walbeck«, die nach rechts abzweigt, und mit dem Zeichen X 13 als Orientierung kommen wir am Waldrand entlang nach Walbeck zurück.

66 Wanderwege nördlich von Geldern

Anfahrt für Autofahrer Autobahn Duisburg – Venlo (A 40) bis zur Ausfahrt Kerken, dann Bundesstraße 9 bis Geldern.

Verkehrsmöglichkeiten Bundesbahn bis Geldern.

Parkmöglichkeiten Parkplätze am Markt.

Wegmarkierungen Andreaskreuz X 13, Rundweg A 8.

Tourenlänge 10 km.

Wanderzeit Etwa 2½ Stunden.

Wanderkarten 1:50 000 Blatt 31 Kreis Kleve.

Wissenswertes Geldern ist eine sagenumwobene alte Grafen- und Herzogstadt. Der Name soll von dem Todesschrei eines dort erschlagenen Drachen stammen: »Gelre«. 1229 erhielt Geldern die Stadtrechte. Heute erinnert wenig daran, daß der Ort im Mittelalter eine mächtige Festung war; die Fußgängerzonen, die hübschen Wohngebiete und die vielen volkstümlichen Straßenfeste machen das Fluidum des modernen Geldern aus. – Schloß Haag, in der Bruchniederung der Niers gelegen, war der bedeutendste Adelshof des alten Amtes Geldern. Das im 17. Jahrhundert neu aufgebaute Schloß ist im zweiten Weltkrieg zum Teil zerstört worden.

Tourenbeschreibung Das alte Wasserschloß Haag, von dem die beiden Vorburgen mit ihren charakteristischen Rundtürmen erhalten blieben, ist das erste Ziel unserer Wanderung. Wir wenden uns vom Markt im Zentrum Gelderns aus auf der Issumer Straße zum Nordwall. Dort beginnt in einer Straßenkurve der Florianweg, und genau an dieser Stelle treffen wir auf das Wanderzeichen X 13, das uns ein großes Stück des Wegs begleitet.

Der Florianweg schlängelt sich zwischen schönen Einfamilienhäusern hindurch und findet nach links in dem Heiligenweg seine Fortsetzung. Später wandern wir, die Lindenallee kreuzend, auf der Haagschen Allee weiter nach Norden, überqueren hinter dem Wohngebiet die Königsberger Straße und gelangen auf einem Eichenweg durch ein Waldstück und an einem Weiher entlang zum *Schloß Haag*.

Alle Straßen, die wir bis jetzt passiert haben, sind kleine Alleen. Wir sollten einmal auf die Bäume achten: Zuerst auf dem Heiligenweg sind es Birken und Buchen, dann Linden, auf der Haagschen Allee japanische Kirschbäume, auf dem Weg zum Schloß Kastanien und später, nach rechts vom Schloß weg, Eichen.

Bei einem Marienbildnis, dort wo die Clemensstraße in den Bartelter Weg einmündet, führt das Wanderzeichen X 13 nach

176

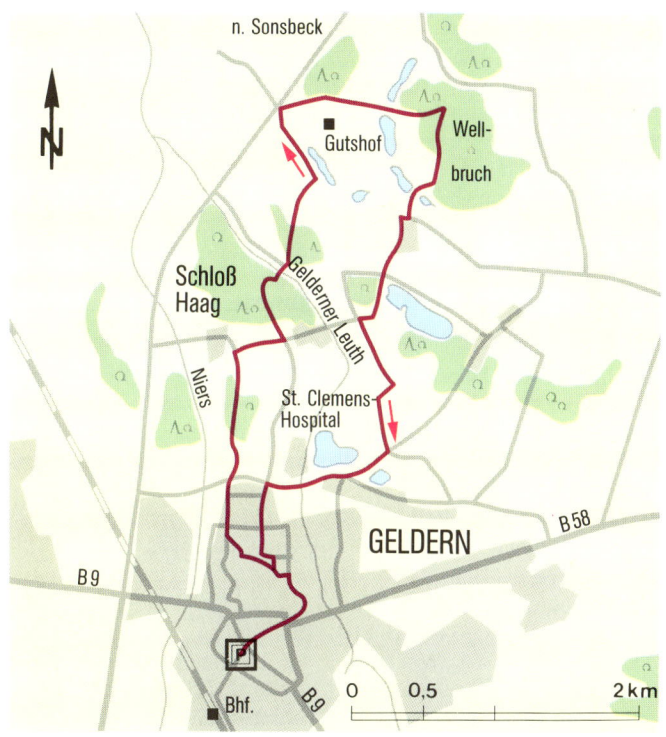

links in den Wald hinein. Am jenseitigen Waldrand fließt die *Gelderner Fleuth*, ein kleiner Bach, der vom Bönninger Weg begleitet wird. Wir bleiben geradeaus auf einem Feldweg durch ein kleines Waldstück hindurch und über Ackerland zu einem Waldsee. Hier knickt unser Wanderkurs nach links zur Landstraße ab, kommt aber sofort wieder auf dem Weg »Am Mühlenwasser« fast im spitzen Winkel zurück zu dem Bruchwald und an einem Gutshof vorüber.

Geradeaus durch Felder stoßen wir in das Waldgebiet des *Wellbruchs* hinein. Das Zeichen X 13 weist mitten im Wald bei einem Wegedreieck nach rechts und später an kleinen Gewässern vorbei und wieder durch Ackerland zum Mölleweg. Rechter Hand geht der Bartelter Weg weiter. Hier wechseln wir auf das Wanderzeichen A 8 über, das uns ohnehin schon ein Stück begleitet hat. Wir wandern geradeaus an einem Kiesbaggersee vorüber, der heute gerne von Anglern benutzt wird, im Bogen nach rechts und gleich darauf wieder links auf dem Kiwittsweg nach Südosten. Vor uns haben wir die Peripherie von Geldern.

Auf der Danziger Straße, die bald in die Königsberger Straße übergeht, nach rechts kommen wir bis kurz vor das *St.-Clemens-Hospital*. Auf der Breslauer Straße und der Schloßstraße nach Süden gelangen wir durch eine gepflegte Wohngegend zurück zur Stadtmitte von *Geldern*.

67 Von Metzekath durch die Bönninghardt

Anfahrt für Autofahrer Linksrheinische Autobahn Köln – Krefeld – Goch (A 57) bis zur Ausfahrt Alpen, dann Landstraße in Richtung Sonsbeck bis Bönninghardt-Metzekath.
Verkehrsmöglichkeiten Bundesbahn bis Wesel oder Kevelaer, Omnibus bis Metzekath.
Parkmöglichkeiten Parkplatz vor dem Hotel Bönninghardt.
Wegmarkierungen Rundwege A 9 und Quadrat □.
Tourenlänge 10 km.
Wanderzeit Etwa 2½ Stunden.
Wanderkarten 1:50 000 Blatt L 4504 Moers.
Wissenswertes Das Waldgebiet der Bönninghardt soll – wie man sich in der Gegend zwischen Alpen und Sonsbeck erzählt – im vorigen Jahrhundert als Unterschlupf für Wilhelm Brinkhoff,

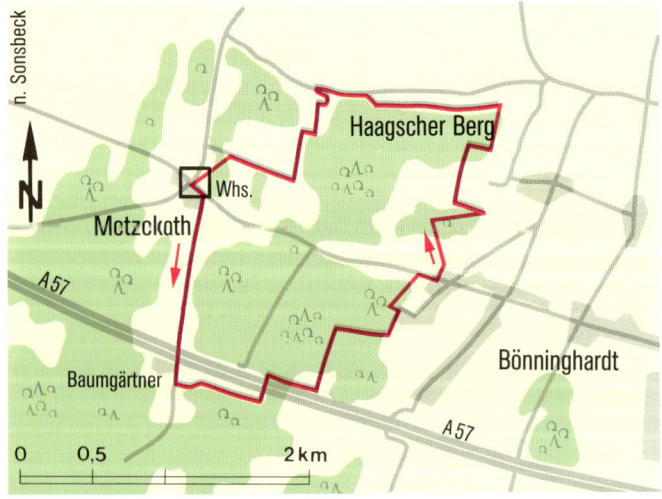

dem berüchtigten »Schinderhannes des Niederrheins«, gegolten haben.

Tourenbeschreibung Das Wanderzeichen A 9 führt uns auf dem Metzekathweg, einer breiten Feldstraße, nach Süden und unter der neuen Autobahntrasse hindurch. Jenseits der Autobahn verlassen wir A 9 und wenden uns beim Hinweisschild »Bönninghardt 31« nach links; so kommen wir im Bogen zur Autobahn zurück und kurz darauf durch einen Viadukt wieder auf die nördliche Seite. Jetzt teilt sich der Feldweg: Wir wählen die rechte Spur am Waldrand entlang. Bald macht der Weg eine Biegung nach Norden von der Autobahn weg.

Beim zweiten Wegekreuz, wenn der rechter Hand befindliche Lärchenwald in einen Fichtenwald übergeht, halten wir uns rechts. Hier treffen wir auf das Wanderzeichen □, dem wir zunächst durch eine Fichtenschonung, bei einem alleinstehenden Bauernhaus nach links, und wenig später im Links-Rechts-Knick bis zur Bönninghardter Straße folgen.

Hier wenden wir uns nach rechts, um sogleich links dem schmalen Weg am Friedhof vorbei zum Sportplatz zu folgen. Wir wandern nach links in den Wald, dann nach rechts abbiegend bis

zur Waldspitze. Hier schwenkt der Rundkurs mit □ nach links
ab. Aber schon nach etwa 300 Metern weist das Wanderzeichen
nach rechts ins Feld und dann wieder in den Wald des *Haagschen
Bergs* hinein.

Nach einem Rechtsbogen können wir gleich wieder links vor
einer Fichtenschonung einbiegen. An der nächsten Waldecke
nach links kommen wir dann auf einen verwachsenen Trampelpfad, der an einem Wohnhaus unten auf der Straße endet.

In einem Wiesengrund, von dem aus man den Bergrücken der
Hees bei Xanten erblicken kann, und kurz vor einem Bauerngehöft geht es mit □ in Serpentinen hinauf auf die Anhöhe des
Haagschen Berges, zuerst am Waldrand entlang, später jenseits
eines Waldstreifens zwischen Feld und Forst bis zur Waldspitze,
dort schließlich rechts ab und dann immer geradeaus an einem
Wohnhaus vorbei bis zur Waldspitze. Nach links ist es nicht mehr
weit bis zum Ausgangspunkt unserer Wanderung.

68 Von Kevelaer in die Berberheide

Anfahrt für Autofahrer Linksrheinische Autobahn Köln – Krefeld – Goch (A 57) bis zur Ausfahrt Sonsbeck, dann Landstraße
über Winnekendonk nach Kevelaer.

Verkehrsmöglichkeiten Bundesbahn bis Kevelaer.

Parkmöglichkeiten Parkplätze am Bahnhof.

Wegmarkierungen Andreaskreus X 6, Rundweg A 2.

Tourenlänge 14 km.

Wanderzeit Etwa 3½ Stunden.

Wanderkarten 1:50 000 Blätter L 4502 Geldern und L 4302
Kleve.

Wissenswertes Kevelaer ist der berühmteste Wallfahrtsort am
Niederrhein. Alljährlich besuchen weit über eine halbe Million
Pilger das Gnadenbild der Mutter Gottes. Die Gnadenkapelle ist
ein kleiner, sechseckiger Kuppelbau, der das 1642 gebaute Heiligenhäuschen umschließt. Sehenswert sind weiterhin die Anto-
niuskirche aus dem 15. Jahrhundert, die Kerzenkapelle und die
Wallfahrtskirche.

Tourenbeschreibung Wir sollten unsere Wanderungen nicht
ohne einen Rundgang durch die Stadtmitte von *Kevelaer,* dem
Zentrum des religiösen Lebens am Niederrhein, machen. Auf jeden Fall aber starten wir unsere Tour zur Berberheide am Bahnhof; von hier aus bringt uns das Andreaskreuz (X 6) durch die

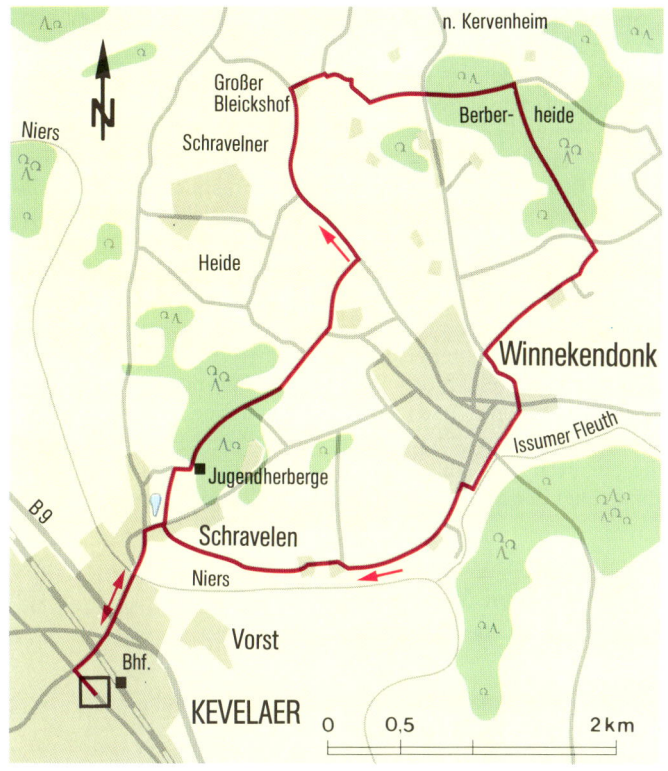

Straße »Am Bahnhof«, rechts ab durch die Bahnstraße und die Rheinstraße über die Niersbrücke hinweg bis *Schravelen.* Unmittelbar hinter dem Ort biegt X 6 nach links von der Straße ab. Ein Feldweg führt an einem Teich vorbei, kurz vor der Jugendherberge nach links in den herrlichen Wald, bei einem Wegekreuz an einer Ruhebank schräg gegenüber weiter und später durch die *Schravelner Heide.* Weit ausgebreitet liegt die typisch niederrheinische Landschaft vor uns.

Zuerst orientieren wir uns nach dem Andreaskreuz (X 6) weiter geradeaus, und beim nächsten Querweg - es ist der Hoher Weg – nehmen wir links ab den Rundweg A 2 auf; so wandern wir auf asphaltierten Wegen nordwärts durch die Felder. In Höhe des Gutes *Großer Bleickshof* weisen unsere Zeichen in den Bleicksweg nach rechts. Hohe Birken und wildwuchernde Brombeerhecken umsäumen diesen Weg.

Später überqueren wir die Landstraße nach Kervenheim, bleiben geradeaus und schwenken erst nach etwa 600 Metern rechts in das Waldgebiet der *Berberheide* ein. Am südlichen Ende des Waldes, auf der Straße nach Sonsbeck, verlassen wir das Andreaskreuz und gehen mit dem Zeichen A 2 auf der alten Kreisstraße, »Hestert« genannt, nach *Winnekendonk.*

Am Ortsanfang, wo »Hestert« in die Kervenheimer Straße einmündet, halten wir uns sofort nach links – jetzt ohne Wanderzeichen – auf einem schmalen Fußgängerweg durch eingezäunte Wiesen hindurch, überqueren die Sonsbecker Straße und bleiben, ein paar Schritte nach links, geradeaus auf einem idyllischen Pfad an einem kleinen Bach, der Kirchbruchsley, entlang.

Jenseits der Wettener Straße säumen neu gepflanzte und mächtige alte Weiden den Weg am Flußlauf der Issumer Fleuth entlang. Ehe dieser Bach in die Niers mündet, spazieren wir bei den Tennisplätzen hinauf zum Schravelner Niersweg, und auf diesem nach links durch die Niersniederung nach *Schravelen.* Links über den Fluß gelangen wir nach *Kevelaer* zurück.

69 Von Weeze in das Laarbruchgebiet

Anfahrt für Autofahrer Linksrheinische Autobahn Köln – Krefeld – Goch (A 57) bis zur Ausfahrt Goch/Weeze.
Verkehrsmöglichkeiten Bundesbahn bis Weeze.
Parkmöglichkeiten Parkplätze auf dem Cyriakusplatz.
Wegmarkierungen Rundweg A 5.
Tourenlänge 12 km.
Wanderzeit Etwa 3 Stunden
Wanderkarten 1:50 000 Blätter L 4302 Kleve und L 4502 Geldern.
Tourenbeschreibung Das Ziel unserer Wanderung ist das Wildschweingehege im Laarbruch südlich von Weeze. Abseits der Hauptwanderwege hat dieses Gebiet urwaldähnlichen Charakter. Allein der Zaun, der das Gehege abtrennt, ist über elf Kilometer lang.

Vom Cyriakusplatz in der Ortsmitte von *Weeze* gehen wir auf der Petersstraße und Bahnstraße zum Bahnhof, und dort hinter der Eisenbahnlinie links einbiegend auf dem Holtumsweg zuerst durch ein Gewerbegebiet – hier kommt uns das Wanderzeichen A 7 entgegen –, dann die Umgehungsstraße überquerend durch Felder bis *Laar.* Bei einem Wegedreieck vertrauen wir uns dem

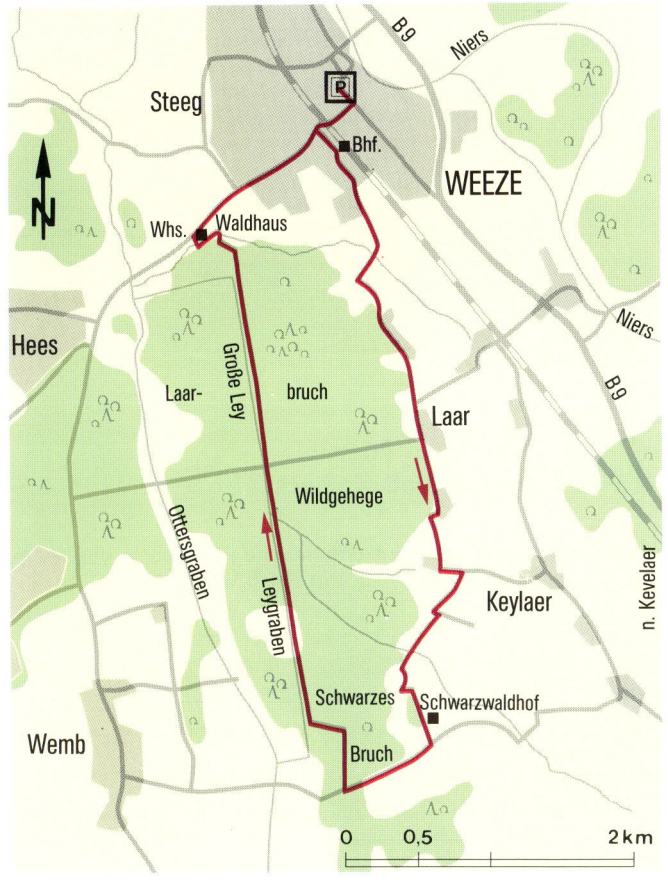

Rundwegezeichen A 5 an. Unmittelbar hinter der Ortschaft finden wir am Waldrand zwar den ersten Eingang ins *Wildgehege*, bleiben aber weiterhin mit A 5 geradeaus und später im Verlauf der Fahrstraße nach links in Richtung Keylaer. Vor uns die Silhouette der Wallfahrtsstadt Kevelaer mit den imposanten Kirchen.

Wir folgen dem ersten Weg, der rechts abbiegt und sich in vielen Windungen durch das *Schwarze Bruch* schlängelt. Hinter dem Schwarzwaldhof schwenken wir auf einem Querweg nach rechts in ein Waldgebiet. Kurz vor dem Waldrand führt uns unser Wanderzeichen nach rechts in den Bruchwald. Bald darauf steigen wir über einen Steg in das *Wildgehege* hinein.

Mehrere Kilometer geht es jetzt kerzengerade nach Norden. Der Leygraben, der den Kendelbach aufgenommen hat, begleitet unseren Weg. Er gehört zu dem Entwässerungssystem für das Bruchgebiet. Auch bei dem großen Wegekreuz mitten im Wald bleiben wir geradeaus und klettern endlich über einen Steg neben dem Wildgatter aus dem Wildschweinreservat hinaus.

Wenn wir bei der Waldecke nicht mit A 5 weitergehen, sondern einen ausgetretenen Pfad nach links waldeinwärts wählen, kommen wir bald zum Wanderparkplatz an der Gaststätte »Waldhaus«. Von hier ist der Weg auf der Weller Straße zurück nach Weeze, meist durch Neubaugebiet, noch etwa einen Kilometer lang.

70 Durch das Nierstal zum Schloß Kalbeck

Anfahrt für Autofahrer Linksrheinische Autobahn Köln – Krefeld – Goch (A 57) bis zur Ausfahrt Goch/Weeze.
Verkehrsmöglichkeiten Bundesbahn bis Weeze.
Parkmöglichkeiten Parkplätze auf dem Cyriakusplatz.
Wegmarkierungen Rundwege A 8, Raute ◇ und NW (Nierswanderung).
Tourenlänge 20 km.
Wanderzeit Etwa 5 Stunden.
Wanderkarten 1:50 000 Blatt L 4302 Kleve.
Wissenswertes Die Straße von Goch nach Uedem führt über die Trasse der ehemaligen Bahnlinie Vlissingen (Holland) – Berlin – Warschau – St. Petersburg (Leningrad/Sowjetunion). Im Jahre 1878 erfolgte die Freigabe der Strecke. Nach dem Zweiten Weltkrieg – viele Brückenbauwerke waren zerstört – wurde sie stillgelegt.

Tourenbeschreibung Ausgangspunkt unserer Wanderung durch die Kalbecker Heide ist die Pfarrkirche *St. Cyriakus* auf dem Kirchplatz von Weeze. Das Wanderzeichen A 8 führt in nördlicher Richtung durch die Wasserstraße und die Gocherstraße über die Bundesstraße 9 hinweg in den Hamscherweg hinein und jetzt immer geradeaus, zuerst durch eine Siedlung, dann durch Wiesen und Felder, über einen Bach hinweg, an Gärtnereien und Bauerngehöften vorbei. Da sich die Richtung nach Norden nie ändert, findet man das Wanderzeichen nur spärlich.

Seitlich rechts von uns fließt die *Niers* durch das Gebiet von *Rottum* und *Höst.* Wenn wir die neue Autobahnbrücke unterquert haben, sehen wir links in der Ferne die Silhouette der Stadt *Goch.* Schließlich erreichen wir das Gasthaus »Jan an de Fähr«. Eine Idylle tut sich auf: Wie in alten Zeiten müssen wir mit einem Nachen über die Niers setzen. Auf der anderen Flußseite wechseln wir im Wald auf das Rundwegezeichen Raute ◇ über. Vor dem Kinderspielplatz links und dann wieder links abbiegend kommen wir über die Straße nach Uedem hinweg und bei der Wegegabelung an der Eisenbahn-Erinnerungstafel auf der rechten Spur ohne Wanderzeichen hinauf zum *Sternberg* und an der Rückseite des *Schlosses Kalbeck* vorbei in den Wald. Das Schloß hat der Landschaft den Namen gegeben. Am Ende des Weges, vor dem bewaldeten Hügelzug schwenken wir nach rechts ein. Durch den dichten Wald wandern wir immer geradeaus, bis wir eine Häusergruppe erreicht haben. Vor dem Bauernhaus gehen wir auf einem asphaltiertem Weg im spitzen Winkel nach rechts in einen Wiesengrund hinein und gleich bei der nächsten Wegegabelung links in einen Pappelweg. Wenn wir die neue Straße von Goch nach Uedem und eine kleine Brücke überschritten haben, kommen wir geradeaus durch eine abwechslungsreiche Landschaft und auf einem kurvenreichen asphaltierten Weg zur Waldspitze. Dort halten wir uns sofort rechts und erreichen durch den Buchenwald an einer Lichtung den *Saarbrockshof.*

Zu Tour 70   **»Jan an de Fähr«** bei Goch   (Foto: Kreisverwaltung Kleve)

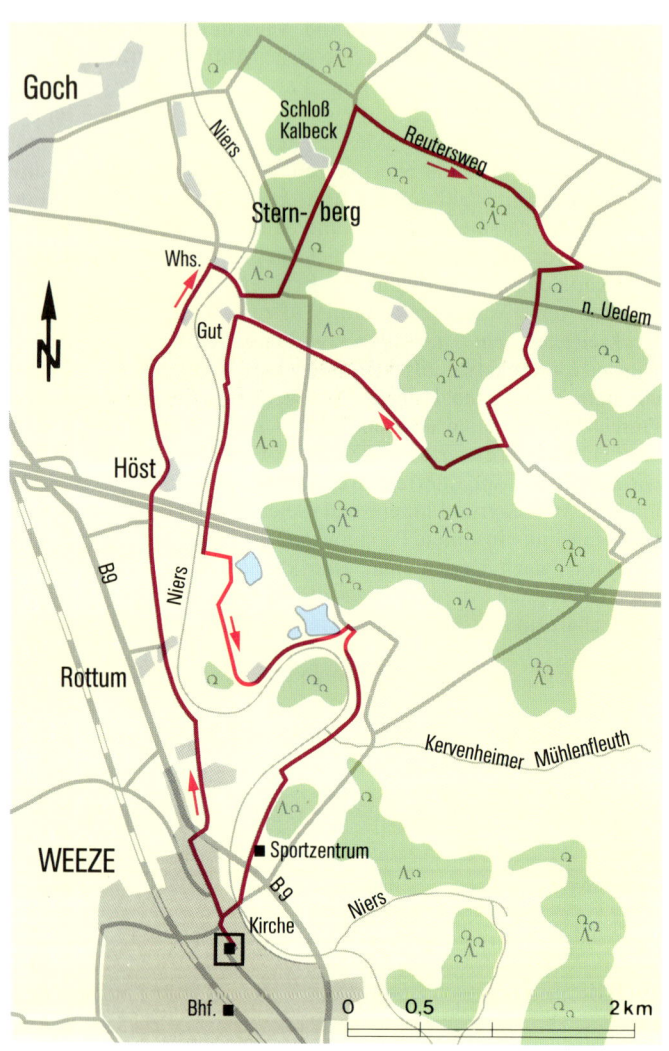

Goch

Niers

Schloß
Kalbeck

Reutersweg

Stern-/berg

Whs.

n. Uedem

Gut

Höst

Niers

B9

Rottum

Kervenheimer Mühlenfleuth

WEEZE

B9

■ Sportzentrum

Niers

Kirche

Bhf. ■

0   0,5   2 km

Wir bleiben jetzt geradeaus durch die Felder und später am Waldessaum entlang bis zu dem Hofgut des Schlosses Kalbeck. Den Feldweg, der vor dem Eingang des Gutshofs links abzweigt, wandern wir weiter, bis wir zur Niers gelangen, wo uns unser Wanderzeichen Raute ◇ wieder aufnimmt. Vor nicht allzulanger Zeit ist hier ein idyllischer Uferweg angelegt worden. Er bringt uns südwärts, dann um zwei Bauernhäuser herum und schließlich an die große Niersschleife bis kurz vor *Weeze*. Am Straßenende halten wir uns rechts und folgen unserem Zeichen gleich wieder nach rechts durch Felder an den Niersbogen zurück.

Nun setzen wir unsere Wanderung nach links durch die Niederung bis zu einem Wäldchen fort, dort nach rechts durch den Wald, auf der Rückseite des August-Janssen-Sportzentrums vorbei, durch einen Viadukt unter der Bundesstraße hindurch und durch einen kleinen Park. Über die Niersbrücke hinweg sind wir wieder in der Ortsmitte von Weeze.

 ## Xanten – Auf den Spuren der Römer

Anfahrt für Autofahrer   Linksrheinische Autobahn Köln – Krefeld – Goch (A 57) bis zur Ausfahrt Sonsbeck, dann Landstraße über Sonsbeck nach Xanten.

Verkehrsmöglichkeiten   Bundesbahn bis Xanten.

Parkmöglichkeiten   Parkplätze auf dem Bahnhofsvorplatz oder am Westwall/Bahnhofstraße P 3.

Wegmarkierungen   Andreaskreuz X, Rundweg A 3, Zeichen spitzer Winkel.

Tourenlänge   14 km.

Wanderzeit   Etwa 3½ Stunden.

Wanderkarten   1:50 000 Blatt L 4304 Wesel.

Wissenswertes   Das Gebiet um Xanten war schon in vorgeschichtlicher Zeit besiedelt. Hier bauten die Römer ein großes Militärlager: Castra Vetera. 69 nach Christi Geburt wurde dieser Stützpunkt – nachzulesen bei Tacitus – von dem germanischen Stamm der Bataver erobert. 936 fand bei Birten auch die entscheidende Schlacht zwischen Kaiser Otto I. und Gieselbrecht von Lothringen statt. Durch den Sieg Ottos verblieb Lothringen und damit das rheinische Land endgültig beim Deutschen Reich.

Tourenbeschreibung   Man kann keine Wanderung in Xanten vorschlagen, ohne einen Besuch des St.-Viktor-Doms, der aus einer Grabkapelle des 4. Jahrhunderts hervorgegangen ist, des

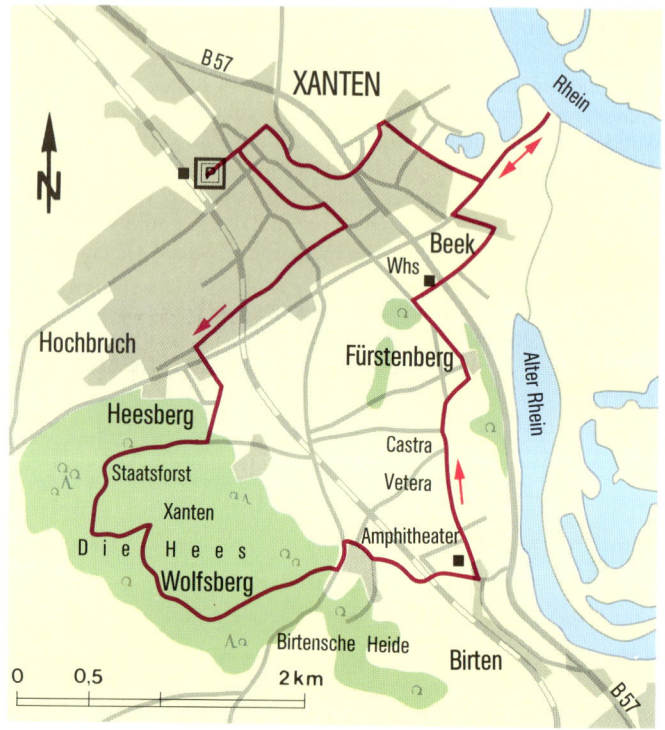

Dommuseums, des Klever Tors, der alten Kriemhildmühle, des
Pesthäuschens und vor allem des neuerrichteten Archäologi-
schen Parks mit dem Amphitheater zu empfehlen.

Überall auf unserer Strecke wandern und wandeln wir ohnehin
auf den Spuren der Römer. Den Anmarsch auf den Höhenzug
der Hees vollziehen wir über die Bahnhofstraße, durch die Parkanlagen entlang des Westwalls, über die Viktorstraße und dann
auf dem Holzweg rechts ab mit dem Andreaskreuz (X). Dieses
Zeichen weist schließlich auf dem Kiebitzweg nach links über die
Straße nach Sonsbeck hinweg leicht bergauf.

An der Waldecke wechseln wir die Richtung nach rechts und
steigen waldein den Berg hinauf zum Feuerwachturm und dem
Kinderspielplatz. Dann geht es in vielen Windungen um den
Wolfsberg herum, an alten zerstörten Munitionsdepots aus dem
letzten Weltkrieg vorbei, bis zu einer Wegespinne, bei der das
Andreaskreuz im spitzen Winkel abbiegt. Wir aber wechseln auf
A 3 über und wandern geradeaus die Anhöhe hinunter zu einem
Waldparkplatz. Jetzt gehen wir nach links entlang der Land-

straße weiter, bald darauf bei der nächsten Kreuzung rechts auf dem »Heesweg« nach *Birten.*

Mitten im Dorf schwenken wir links in die Römerstraße ein. Versteckt hinter Bäumen und Büschen liegt hier das Amphitheater der römischen Arena. Die Felder, die wir jetzt durchstreifen, gehörten vor 2000 Jahren zum römischen »Castra vetera«. Am Ende eines Hohlwegs orientieren wir uns an dem Zeichen »spitzer Winkel«. Es führt uns durch herrliche Eichen-, Kastanien- und Buchenalleen über den *Fürstenberg,* weist kurz vor dem *Bergweg* scharf rechts in einen Waldpfad durch das Naturschutzgebiet, überquert bei der Tankstelle die Bundesstraße 57 und bringt uns nach *Beek.*

Hier floß früher der Altrhein. Es lohnt sich, mit dem »spitzen Winkel« auf dem Beekschen Weg bis zur Gelderner Straße und dort rechts ab durch die Dünen bis zur Rheinfähre zu gehen. Den Weg zurück nach Xanten machen wir allerdings mit X. Von der Rheinfähre aus wenden wir uns ein Stück des Weges zurück, steigen bei den Häusern im Dünengebiet von der Straße eine Treppe hinunter und gelangen durch den Alten Rhein-Weg und den Paßweg, dann über die Bundesstraße 57 hinweg wieder in die Stadtmitte von Xanten zurück.

72 Durch die Sonsbecker Schweiz mit dem Balberger Wald

Anfahrt für Autofahrer   Linksrheinische Autobahn Köln – Krefeld – Goch (A 57) bis zur Ausfahrt Sonsbeck.
Verkehrsmöglichkeiten   Bundesbahn bis Xanten oder Geldern, Omnibus bis Sonsbeck/Markt oder Sonsbeck/Altenheim.
Parkmöglichkeiten   Auf dem Markt oder auf dem Neutorplatz.
Wegmarkierungen   Rundwege A 1, auf dem Kopf stehendes T (⊥) und Andreaskreuz X 2.
Tourenlänge   14 km.
Wanderzeit   Etwa 3 Stunden.
Wanderkarten   1:50 000 Blatt L 4304 Wesel.
Wissenswertes   Sehenswert in dem Städtchen Sonsbeck, das 1945 im letzten Kriegsjahr fast völlig zerstört worden war, sind drei Kirchen: die Maria-Magdalena-Kirche, eine dreischiffige Basilika aus dem 15. Jahrhundert, die 1655 fertiggestellte evangelische Pfarrkirche und die St.-Gerebernus-Kapelle aus dem 13. Jahrhundert.

Tourenbeschreibung Eine reizvolle, hügelige Landschaft breitet sich westlich von Xanten aus; ihr Name verrät schon etwas
von ihrer Schönheit: die Sonsbecker Schweiz. Sie ist das Ziel
unserer Wanderung.

Vom *Sonsbecker Markt* gehen wir mit dem Wanderzeichen
X 2 die Xantener Straße hinauf, biegen beim Omnibushalte-
punkt Altenheim links in den Dassendaler Weg ein und halten
uns gleich wieder rechts: so kommen wir an dem Rundturm und
der schönen St.-Gerebernus-Kapelle vorbei. Jetzt geht es geradeaus mit den Zeichen A 1 und A 2 (nicht mehr mit X 2) weiter
den Bögelschen Weg, der als geologischer Wanderweg ausgewie-
sen ist hinauf, meist durch Felder oder an kleinen Waldstücken
vorbei, dann durch eine hohle Gasse bis zum *Dürsberg*. Oben auf
der Anhöhe bietet sich uns die Gelegenheit, vom Aussichtsturm
aus, den imposanten Ausblick auf die Rheinlandschaft und auf
Xanten mit dem beherrschenden St.-Viktor-Dom zu genießen.

Unsere Wanderstrecke mündet auf halber Höhe bergab in die Sporenstraße und folgt ihr im Linksbogen bis zu einem Transformatorenhaus. Dort schwenken wir beim Haus Nr. 51 rechts in die Fahrstraße ein – es ist der Dassendaler Weg – und wandern ohne Zeichen auf dieser Straße durch Felder und Waldspitzen weiter. Hier wird uns bewußt, warum diese Gegend *Sonsbecker Schweiz* heißt. Auf dem Dassendaler Weg finden wir übrigens ein neues Wanderzeichen, ein auf dem Kopf stehendes T ($\bot$), dem wir von nun an folgen.

Hinter einem kleinen Waldstück zweigt nach links ein Feldweg ab, der von dem Hinweisschild »Hasenacker« gekennzeichnet ist und hinüber zum *Jugendfreizeitheim* führt. Bald hinter dem Jugendheim passieren wir eine Wegesperre, um auf dem idyllischen Uferweg vor den Waldteichen weiterzuwandern. Das Wanderzeichen weist jetzt die Anhöhe hinauf und oben auf einer Schneise nach rechts. Hier wechseln wir auf die mit X-markierte Strecke über und kommen waldaufwärts bis zum Fernmeldeturm an der Reichswaldstraße.

Hier verlassen wir wieder das X und biegen vor dem Fernmeldeturm links ab. Wiederum links, im spitzen Winkel auf der Straße nach Süden, also praktisch aus der Richtung, aus der wir gekommen waren, treffen wir nach etwa 100 Metern nach einer Kurve auf einen Kiesweg, der nach rechts in den Wald führt. Auf diesem Weg durchqueren wir den *Balberger Wald* in seiner ganzen Breite. Meist geht es bergab, erst wenige Meter vor dem

Zu Tour 71   **Xanten, Amphitheater und Dom**
(Foto: Wirtschaftsförderungsgesellschaft für den Kreis Wesel mbH)

Waldausgang ändern wir unsere Richtung nach links, nach Süden. Zuerst schlängelt sich der als Reiterweg gekennzeichnete Pfad noch durch den Hochwald, dann am Waldrand entlang. Es ist ein schattiger Weg, der aber zwischen den Bäumen immer wieder den Blick in die Landschaft um *Balberg* freigibt. Ganz allmählich, ohne uns eine andere Richtungschance zu lassen, biegt dieser Weg wieder in den Wald hinein und trifft auf die Reichswaldstraße.

Nachdem wir die Straße überquert haben, folgen wir jetzt wieder dem X in den ersten Waldweg nach rechts, der schließlich über ein kleines Treppchen in den Kervenheimer Weg mündet. Südlich des Waldgebiets wandern wir nun ostwärts, bis nach rechts die *Wiegestraße* abzweigt Mit dem Wanderzeichen A 2 passieren wir eine hügelige Landschaft mit Feldern, Wiesen und vielen Bauernhöfen. Beim Wegekreuz fast am Fuße des Hangs wenden wir uns nach links in den St. Annen Weg, kommen durch einen Hohlweg und sehen bald greifbar nahe vor uns die Gerebernus-Kapelle und das Städtchen *Sonsbeck* liegen.

73 Der Hochwald bei Marienbaum im Staatsforst Xanten

Anfahrt für Autofahrer Autobahn Köln – Oberhausen – Arnheim (A 3) bis zur Ausfahrt Bocholt/Rees, dann Bundesstraßen 67 und 57 bis Marienbaum. Oder linksrheinische Autobahn Köln – Krefeld – Goch (A 57) bis zur Ausfahrt Sonsbeck, dann Landstraße über Sonsbeck nach Xanten, Bundesstraße 57 nach Marienbaum.

Verkehrsmöglichkeiten Bundesbahn bis Xanten. Omnibus bis Marienbaum.

Parkmöglichkeiten Vor der Wallfahrtskirche an der Klosterstraße.

Wegmarkierungen Raute ◇, Dreieck △, Andreaskreuz X 2.

Tourenlänge 15 km.

Wanderzeit Etwa 4 Stunden.

Wanderkarten 1:50 000 Blatt L 4304 Wesel.

Wissenswertes Anfang des 15. Jahrhunderts wurde in Marienbaum ein heute noch verehrtes Muttergottesbild aufgefunden, das zuerst in einer kleinen Kapelle aufbewahrt wurde. Herzogin Maria von Burgund gründete 1457 ein Brigittenkloster. Anstelle der Kapelle entstand später eine Pfarrkirche, die heutige Wallfahrtskirche. Gegenüber dieser Kirche befindet sich das Heimat-

Zu Tour 29 **Kopfweiden am Niederrhein** bei Vorst
(Foto: Medienzentrum des Kreises Viersen/Herbert Tichy)

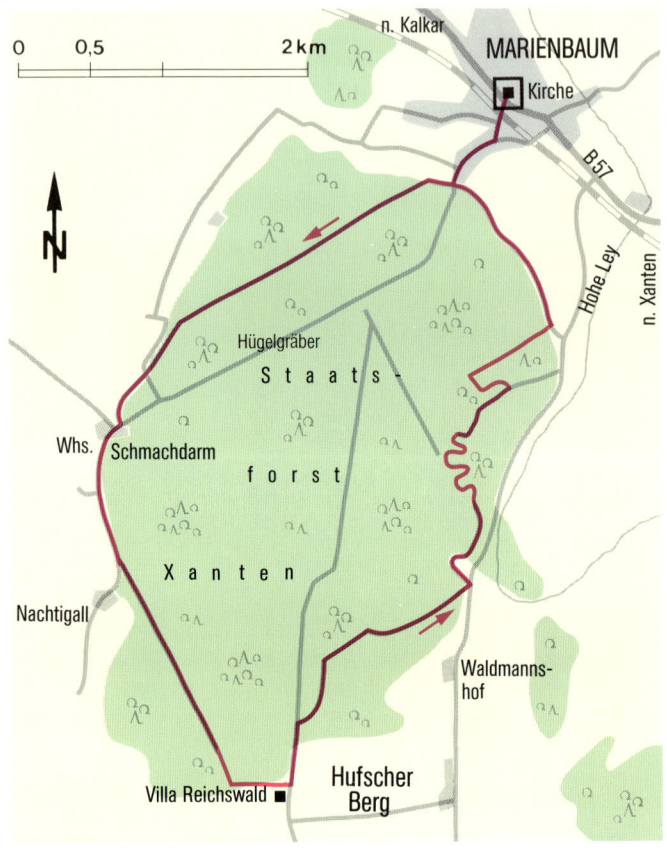

museum mit interessanten Funden der Urzeit, Steinzeit, Römerzeit und aus dem Mittelalter.

Tourenbeschreibung   Von der Wallfahrtskirche in *Marienbaum*
aus wandern wir entlang der Uedemer Straße in Richtung Süden
bis zu dem riesigen Waldgebiet des *Staatsforstes Xanten*. Unmittelbar am Waldrand biegt das Wanderzeichen X rechts ab. Wir
wenden uns bei der ersten Weggabelung ohne Zeichen nach links
und dann immer geradeaus durch den Hochwald. Nach dem
ersten leichten Schwenk nach links begegleitet uns die Raute ◇
bis nach *Schmachdarm,* wo wir ein kleines Wildgehege und die
Gaststätte »Nachtigall« finden. Wir überqueren am Waldrand die
Uedemer Straße und gehen links vom Wildgehege auf der
Marienbaumer Straße ohne Wanderzeichen am Waldrand entlang weiter. Beim nächsten Parkplatz – hier zeigt uns das Hin-

weisschild »Zur Villa Reichswald 1,5 km« die Richtung an –
stoßen wir wieder in den einsamen Wald hinein. Langsam steigt
der Weg an. Bald treffen wir auf das Zeichen Dreieck △, das uns
bis zur *Villa Reichswald* führt.

Die *Villa Reichswald* am Waldausgang ist der Wendepunkt
unserer Wanderung. Jetzt geht es mit dem Andreaskreuz der
Hauptwanderstrecke 2 (X 2) im spitzen Winkel zurück nach Norden. Aber kaum haben wir wieder den Wald betreten, da
schwenkt unser Wanderzeichen nach rechts ab, den Berg hinunter bis zur Labbecker Straße. Sofort steigen wir nach links wieder
die Anhöhe hinauf, achten aber auf das Andreaskreuz, das nach
rechts weiterweist und schließlich in vielen Windungen auf halber Höhe um den Berg herumführt. Am Ende gelangen wir auf
einen Querweg, dem wir nach links waldeinwärts folgen. Bald
aber biegen wir nach rechts und beim nächsten Wegekreuz wiederum nach rechts ab und wandern zum Waldrand hinunter.
Dort halten wir uns links und spazieren auf schönen Wegen am
Waldessaum entlang – stets mit Ausblicken zwischen den
Bäumen hindurch auf die Gegend von Marienbaum – bis zur
Uedemer Straße und auf ihr zurück zur Ortschaft und zur
Wallfahrtskirche.

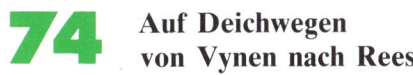

74 Auf Deichwegen von Vynen nach Rees

Anfahrt für Autofahrer   Linksrheinische Autobahn Köln – Kre-
feld – Goch (A 57) bis zur Ausfahrt Sonsbeck, dann Landstraße
über Xanten nach Vynen. Oder Autobahn Köln – Oberhausen –
Arnheim (A 3) bis zur Ausfahrt Bocholt/Rees, dann B 67 über
Rees bis Niedermörmter, Landstraße nach Vynen.
Verkehrsmöglichkeiten   Bundesbahn bis Xanten, Omnibus bis
Vynen/Schule.
Parkmöglichkeiten   Enlang der Hauptstraße.
Wegmarkierungen   Andreaskreuz X 7a, Rundwanderzeichen
A 4, Radwanderzeichen N im Kreis.
Tourenlänge   13 km.
Wanderzeit   Etwa 3 Stunden.
Wanderkarten   1:50 000 Blatt L 4304 Wesel.
Wissenswertes   Rees ist aus einer alten Fischersiedlung hervor-
gegangen. 1040 gründete die Gräfin Irmgardis von Aspel eine
Kollegiatkirche und das Stift Rees. 1228 erhielt Rees durch den

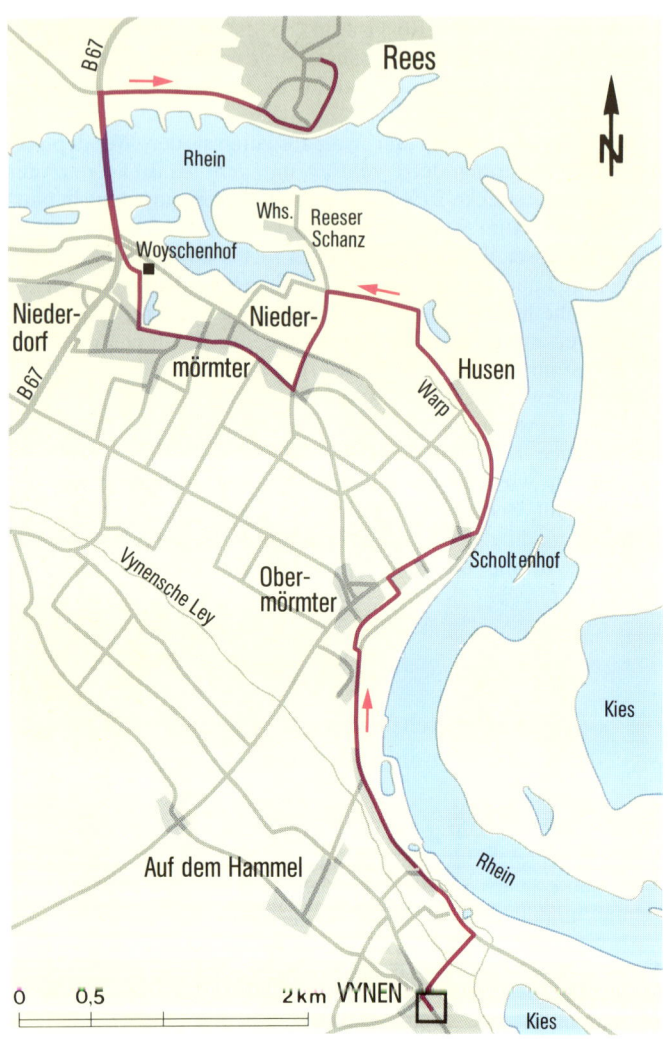

Kölner Erzbischof Heinrich von Molenark die Stadtrechte. Im Zweiten Weltkrieg wurde die Stadt bis zu 80 Prozent zerstört. Sehenswert sind die Bollwerke, die zum Schutz gegen die Gewalten des Stroms errichtet wurden: das Rondell aus dem 13. Jahrhundert, der alte Zollturm von 1299, der Stadtwall »Am Bär«, der Mühlenturm, das Krontor und der Pegelturm. Sehr bemerkenswert ist die Pfarrkirche im klassizistischen Stil.

Zu Tour 79 **Kleve, Schwanenburg**   (Foto: Derks)

Tourenbeschreibung Auf dem Rheindamm und durch Vordeichland durch den großen Rheinbogen südlich von Rees – das ist eine durchaus attraktive Tour! Wir starten auf der von der Hauptstraße in *Vynen* abzweigenden Rheinallee zum Rheindamm hinauf und folgen diesem in Stromrichtung nach *Obermörmter*. Die ganze Strecke über begleitet uns das Radwanderzeichen des Kreises Kleve, ein geschwungenes N im Kreis, und teilweise das Rundwanderzeichen A 4. Nichts behindert hier die Aussicht auf den Strom und die endlos erscheinende Rheinniederung.

Auf dem Hohen Weg verlassen wir den Damm, wenden uns auf dem Papenweg sofort nach rechts in den Feldweg und kommen durch Papenend und Kirchenend zu jener Stelle, an der der Damm unmittelbar am Rhein entlang führt. Der idyllische Weg verläßt aber sofort wieder den Damm und führt durch Vordeichland durch *Husen* – hier verläßt uns A 4 –, meist durch Weideland, an einem kleinen Bach entlang und an Bauernhöfen vorbei zu einer Straße. Rechts ab würde es zur *Reeser Schanz* gehen, wo früher die Fähre nach Rees übersetzte. Seit der Fertigstellung der Rheinbrücke ist der Fährbetrieb eingestellt worden. Wir sehen aber die Silhouette von Rees mit der klassizistischen Kirche vor uns.

Wir müssen uns auf der Straße jedoch nach links wenden, durch den Deicheinschnitt nach *Niedermörmter,* und dort auf der Rheinstraße nach rechts. Nach etwa 300 Metern hinter der Kirche zweigt nach rechts der Weg »An der Woy« ab, der durch den Woyschenhof und dann den steilen Hang hinauf zur Brücke führt.

Auf der jenseitigen Rheinseite steigen wir sofort den schmalen Durchgang hinunter zur Wardstraße, und auf dieser ostwärts nach *Rees.* Ein Bummel durch die alte Festungsstadt ist ratsam, ehe wir entweder auf der Fallstraße und »Vor dem Falltor« oder auf der Dellstraße und »Vor dem Delltor« zum Busbahnhof am Stadtgarten gelangen. Von hier aus kommen wir entweder über Niedermörmter oder über Wesel und Xanten nach Vynen zurück.

75 Zum Wildgehege im Diersfordter Forst

Anfahrt für Autofahrer Autobahn Köln – Oberhausen – Arnheim (A 3) bis zur Ausfahrt Bocholt/Wesel, dann Bundesstraße 473 bis Flüren, Bundesstraße 8 bis Bergerfurth.
Verkehrsmöglichkeiten Bundesbahn bis Wesel, Omnibus bis Bergerfurth.
Parkmöglichkeiten Parkplätze am Landgasthof »Bergerfurth«.
Wegmarkierungen Andreaskreuz X 1, Rundwege A 2, A3/A7, A6.
Tourenlänge 15 km.
Wanderzeit Etwa 4 Stunden.
Wanderkarten 1 : 50 000 Blatt L 4304 Wesel.
Wissenswertes Das Sanddünengelände des Diersfordter Waldes ist auf der späteiszeitlichen Rhein-Niederterrasse entstanden. In seinem Südosten liegt das Schwarze Wasser, ein zu- und abflußloser Waldsee, der seine Färbung aus Torf ausgewaschenen Substanzen verdankt. Hier konnte sich eine typische Heide-Moor-Pflanzenwelt etablieren.
Tourenbeschreibung Das Rundwegezeichen A 2 führt uns zunächst in nördlicher Richtung bis zu einer Straßenkreuzung, dann rechts auf dem Fahrradweg parallel zur Landstraße und

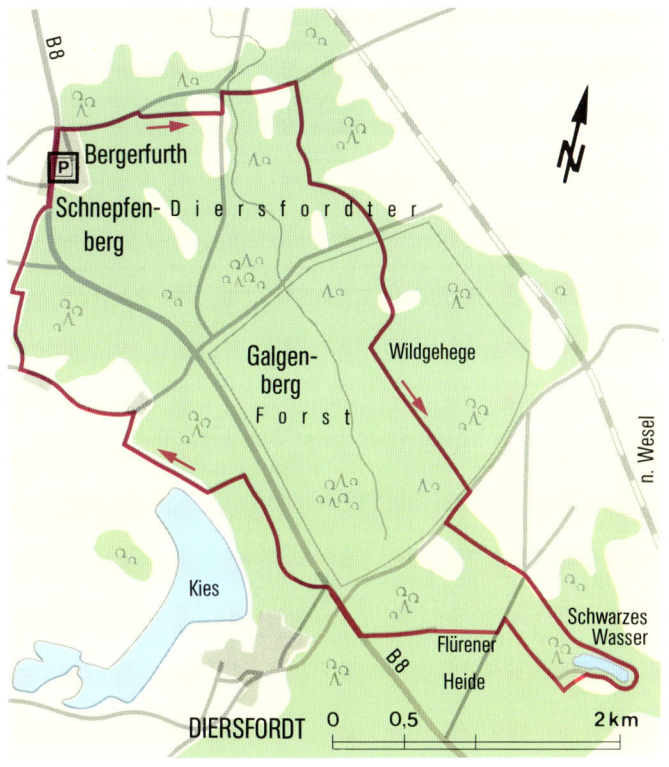

Bergerfurth
Schnepfen-berg
D i e r s f o r d t e r
Galgen-berg
F o r s t
Wildgehege
n. Wesel
Kies
Schwarzes Wasser
Flürener Heide
B8
DIERSFORDT
0   0,5   2 km

dann in einem Bogen waldeinwärts durch den Kiefernhochwald. Erst dort, wo die Straße eine leichte Linkskrümmung macht, stößt unser Wanderzeichen auf dem Harderwycker Weg rechts erneut in ein Waldstück hinein und windet sich durch eine typische Heidelandschaft und teilweise am Rande des Militärareals entlang bis zum Wildgehege.

Am Ende des Harderwycker Weges befindet sich ein Brückchen über das Wildgatter, und wir können uns von nun an ein Stück nach den beiden Wanderzeichen A 3 und A 7 richten, die quer durch das Wildgehege führen. Es kann uns passieren, daß Rehe unseren Weg kreuzen oder daß wir unvermittelt einer Wildschweinfamilie gegenüberstehen. Wir werden gebeten, bei unserem Spaziergang durch das Tierparadies des Diersfordter Forstes die gekennzeichneten Wege nicht zu verlassen. Der Wald ist ohnehin durch das Unterholz und die endlosen Farnflächen nur für Tiere gut passierbar.

Beim Wegedreieck mitten im Wildgehege, in der Gegend des Galgenberges, setzen wir unsere Wanderung mit A 6 nach links fort. Beim Ausgang – wieder über einen steilen Steg – halten wir uns zunächst auf der Straße einige hundert Meter rechts entlang des Wildgatters, schwenken dann aber nach links in den mit vielen Brombeersträuchern durchsetzten Eichenhochwald ein.

Am »Schwarzen Wasser« erreichen wir das vogelreiche Naturschutzgebiet der Flürener Heide, umrunden den märchenhaften Waldsee (ein Stück ohne Wandermarkierung) und kommen auf einem Trampelpfad, später auf einer Schneise mit dem A-6-Zeichen durch den herrlichen Kiefernwald bis zur Reeser Landstraße.

Nach rechts weiter finden wir auf der Höhe des ehemaligen Gasthofs »Am Jäger« das Andreaskreuz X 1 (und viele andere Rundwegezeichen), das uns zunächst parallel zur Straße in nordwestlicher Richtung, dann bei einem Wegekreuz links hinauf und kurz vor dem sich immer weiter ausdehnenden Baggersee nach rechts, später am Waldrand entlang zu einer Häusergruppe führt.

Hier halten wir uns auf der asphaltierten Straße scharf links durch die Felder. Wir haben vor uns einen prächtigen Ausblick in die Rheinebene; die Gewässer, die wir sehen, sind jedoch Kiesbaggereien und nicht Teile des Rheinstroms. An einer Waldecke, kurz vor einem dieser Seen, biegen wir rechts – im Gleichlauf mit dem Zeichen A 2 – in den Wald hinein. Auch wenn unsere Wan-

Zu Tour 79 **Fähre bei Schenkenschanz**   (Foto: Norbert Schinner, Stadt Kleve)

derstrecke oftmals die Richtung ändert, macht das nichts: der Weg ist immer gut ausgeschildert. Er führt am Waldrand vorbei und bei einem einsamen Haus geradeaus durch die Felder zurück nach Bergerfurth.

76 In die Heidelandschaft bei Haldern

Anfahrt für Autofahrer   Autobahn Köln – Oberhausen – Arnheim (A 3) bis zur Ausfahrt Bocholt/Wesel, dann Landstraße bis Mehrhoog, Bundesstraße 8 bis Haldern.

Verkehrsmöglichkeiten   Bundesbahn über Duisburg bis Haldern oder Bundesbahn bis Bocholt, Omnibus bis Haldern/Bahnhof.

Parkmöglichkeiten   Parkplätze auf dem Markt in Haldern oder »Am alten Kirchhof«.

Wegmarkierungen   Rundwege A 1, A 2, A 3 und A 5.

Tourenlänge   15 km.

Wanderzeit   Etwa 3½ Stunden.

Wanderkarten   1:50 000 Blatt L 4304 Wesel.

Wissenswertes   700 Jahre alt ist der Turm der Pfarrkirche in Haldern; er wurde jetzt unter Denkmalschutz gestellt.

Tourenbeschreibung   Das erste Ziel unserer Wanderung ist der Waldlehrpfad im Christianabusch. Dorthin bringt uns das Wanderzeichen A 1 vom Markt in *Haldern* auf der Klosterstraße in Richtung Wertherbruch. An der Ecke Turmallee beginnt der mit A 2 ausgeschilderte *Waldlehrpfad,* der insgesamt 4,7 Kilometer lang ist und Informationen über 30 verschiedene Baumarten vermittelt. Eine schattige Kastanienallee führt uns am Friedhof vorbei in das Waldgebiet des *Sonsfelds;* später umsäumen mächtige Rotbuchen den Weg. So machen wir innerhalb des *Christianabuschs* einen großen Bogen.

Erst wenn wir wieder die Straße erreichen, wandern wir mit A 3 rechts durch einen Wiesengrund, biegen aber schon bei der Kapelle (alte Kreuzigungsgruppe aus dem ehemaligen Kloster Schledenhorst) in den Weg »Schledenhorst« links ein. Dort, wo bei der Umzäunung des militärischen Gebiets das Zeichen A 3 nach links abzweigt, bleiben wir mit A 5 zunächst geradeaus durch die *Klosterheide.*

Am Waldrand ändern wir jedoch die Richtung mit dem Waldweg »Wittenhorster Heide« nach Süden, halten uns auf der Landstraße nach Hamminkeln links und schwenken kurze Zeit später

wieder nach links in eine typische Heidelandschaft ein. Die Wanderzeichen sind hervorragend markiert, so daß wir uns nicht verlaufen können. Wir kommen durch Wiesengrund, einen Reitweg überquerend durch ein Wäldchen, an Gehöften vorbei und schließlich links an einer Pappelgruppe auf den Ginsterweg bis zu einem Baggersee. Hier knickt A 5 hinter einem Haus bei einem Ackergelände zuerst nach links, dann im Waldwinkel nach rechts ab und leitet allmählich wieder in das Forstgebiet der Klosterheide hinein. Beim Wegedreieck wechseln wir auf A 3 über, wandern auf der Landstraße nach Wertherbruch etwa 100 Meter nach links und wenden uns hinter dem Bach »Wolfstrang« auf einem asphaltierten Feldweg nach rechts in die *Helderloh.*

Wenn wir später in der Nähe eines Reitgeländes links die Straße hinuntergehen, finden wir hinter dem Gestüt Babiacki und der Häusergruppe auf der rechten Seite das Rundwegezeichen A 1. Dieser Markierung folgen wir durch Weide- und Ackerland auf dem Weg »Zum Wiesengrund« nach *Schapdick.* Wir überqueren die Isselburger Straße und gelangen auf der Alten Heerstraße, links auf dem Birkenweg (nun ohne Wanderzeichen), Op de Schapdick und dem Drostendick zur Lindenstraße, und auf dieser nach links zum Halderner Markt zurück.

77 Durch den Reichswald bei Kleve zu den Sieben Quellen

Anfahrt für Autofahrer Autobahn Köln – Oberhausen – Arnheim (A 3) bis zur Ausfahrt Emmerich, dann Bundesstraße 220 bis Kleve. Durch die Stadt und über die Nimweger Straße bis zum Aussichtsturm.

Verkehrsmöglichkeiten Bundesbahn bis Kleve, Omnibus bis Aussichtsturm.

Parkmöglichkeiten Parkplatz am Aussichtsturm.

Wegmarkierungen Andreaskreuz X 1 und X 7, Rundweg A 4.

Tourenlänge 24 km (Abkürzung 14 km).

Wanderzeit Etwa 6 Stunden.

Wanderkarten 1:50 000 Blatt L 4302 Kleve.

Wissenswertes Die alte Residenzstadt der Grafen und späteren Herzöge von Kleve ist der Ort der Lohengrinsage. Die Schwanenburg hoch über dem Rheintal erinnert an die sagenhafte Herkunft des fürstlichen Geschlechts. Bis an die Stadt heran reicht der Reichswald, der mit über 5000 Hektar die größte staatliche Waldfläche Nordrhein-Westfalens ist.

Tourenbeschreibung Klettern wir erst einmal auf den 1899 erbauten, fünfzehn Meter hohen *Aussichtsturm!* Von hier haben wir einen herrlichen Blick über Kleve, das Rheintal und die ostholländische Landschaft. Dann orientieren wir uns an dem Andreaskreuz der Hauptwanderstrecke 1 (X 1), die in *Kleve* beginnt und bis Aachen führt. Über den *Klever Berg* wandern wir durch die Königsallee, an der Jugendherberge vorbei, biegen in die Annabergstraße mit der Marienschule ein und queren in einem Neubaugebiet den Treppkesweg.

Wem die 24-km-Tour bis zum Geldenberg zu lang ist und lieber im Norden des Staatsforsts Kleve bleiben möchte, der hat jetzt auf dem Treppkesweg nach Westen eine gute Gelegenheit zum Abkürzen. Da der Reichswald ohnehin in viele Rechtecke eingeteilt ist (sogenannte Jagen), ist eine Veränderung des Wanderkurses jederzeit ohne Schwierigkeiten bei der Orientierung möglich.

Die längere Tour führt durch den Klever Stadtteil *Materborn*, und zwar vom Treppkesweg rechts über den Kirchweg, dann durch die Dorfstraße, am Ratskrug vorüber, durch den Gemeindeweg und schließlich links ab auf der Straße »Am Forsthaus«. Jenseits der Materborner Allee befindet sich das *Wildgehege* des Erholungsgebietes Reichswald. Es empfiehlt sich, an dieser Stelle kurz einmal das Wanderzeichen X 1 zu verlassen und das

Donsbrüggen

Bg

Soldaten-
friedhof

Voß-berg

Alte Bahn

Aussichts-
turm

Sieben Quellen

Nütterden

KLEVE

Treppkesweg

Stoppel-
berg

Materborn

Forst-
haus

Staatsforst

Wild-
gehege

Hirschsohl

Gelden-
berg

Reichswalde

Feuerwachtturm

Reichswald

Soldaten-
friedhof

0   0,5   2 km

mit den vielen Arten von Wild bevölkerte Gehege zu durchstreifen. Am südlichen Ende des Geheges, am Wolfsgraben, treffen wir ohnehin wieder auf das X- Zeichen.

Auf der Straße »Krähental« geht es nun durch Wiesen und Felder von Hüfgen südwärts, später am Waldrand entlang. Durch ein Wildgattertor kommen wir in den Reichswald, bleiben zuerst etwa 300 Meter geradeaus, wenden uns beim nächsten Waldwegekreuz X 1 verlassend nach links und dann nach etwa 1000 Metern bei einem weiteren Wegekreuz nach rechts. Wenn wir auf einen asphaltierten Waldweg stoßen, treffen wir auf X 7. Diesem Zeichen vertrauen wir uns jetzt an. Wir halten uns rechts. Schnurgerade zieht der Weg durch den Reichswald nach Westen: am Soldatenfriedhof vorbei, über die Landstraße hinweg und dann in einem langen Aufstieg zum Feuerwachturm *Geldenberg*.

Wir überqueren den Geldenberg und stoßen nach dem Abstieg auf das Rundwanderzeichen A 1. Wir folgen diesem Zeichen nach rechts weiter, biegen bei den Jagen 183/151 wiederum nach rechts ab und kommen an der *Hirschsohl* und dem *Pölsberg* vorbei. An der Jagengrenze 150/149 schwenken wir nun rechtwinklig links nach Norden (Steinmarkierung beachten) ab. Der wie von einem Lineal gezogene Weg durch den Staatsforst steigt erst über den *Negenurenberg,* fällt wieder steil bergab, steigt dann wieder hinauf zum *Stoppelberg,* und von der Kuppe noch einmal hinunter bis zum Treppkesweg.

Hier durchschreiten wir das Wildgatter-Tor, bleiben einige Meter auf dem Treppkesweg rechts und stoßen bald auf das Rundkurszeichen A 4. Ihm folgen wir zuerst nach links, bald aber bei einem Wegekreuz rechts nach Norden. Erst am Waldrand knickt die A 4-Markierung links ab. Geradeaus führt uns A 4 zum gegenüberliegenden Waldrand, wo wir rechts zu den *Sieben Quellen* abbiegen. Ein idyllisches Gebiet mit vielen Tümpeln und Teichen und alten Holzbrückchen erwartet uns. Hinter den Teichen folgen wir A 4 ein Stück zurück an einem Rinnsal entlang zu einem Weg, der uns links ab zur »Alten Bahn«, die Römerstraße von Kleve nach Kranenburg führt.

Gegenüber des Waldparkplatzes, beim Straßenschild »Schaafsweg« steigen wir unmittelbar bei der Abzweigung den Waldweg zum *Voßberg* hinauf und kommen geradeaus zum jenseitigen Waldrand. Vor uns ausgebreitet liegt das *Kranenburger Bruch* mit dem Ort *Nütterden.* Wir halten uns rechts am Waldrand entlang und gelangen zum Ehrenfriedhof. Jetzt führt die Straße zu einer T-Kreuzung, an der wir uns ein kurzes Stück nach links halten, um sofort – an einem Straßendreieck – gegenüber in einen geraden Waldweg einzuschwenken. An der nächsten Wegekreuzung gehen wir rechts bis zu einer Lichtung, dort nach links durch einen alleeartigen Waldweg, der uns bis zur Siedlung und dem Forsthaus bringt. Geradeaus geht es die Grenzallee entlang bis zum Forstweg, in den wir rechts einbiegen und über die »Alte Bahn« zurück zum Aussichtsturm kommen.

78 Von Kranenburg in den Reichswald

Anfahrt für Autofahrer Autobahn Köln – Oberhausen – Arnheim (A 3) bis zur Ausfahrt Emmerich, dann Bundesstraße 220 bis Kleve, Bundesstraße 9 bis Kranenburg. Oder linksrheinische Autobahn Köln – Krefeld – Goch (A 57) bis zur Ausfahrt Goch/Kleve, dann Bundesstraße 504 bis Kranenburg.

Verkehrsmöglichkeiten Bundesbahn bis Kleve, Omnibus nach Kranenburg/Mitte.

Parkmöglichkeiten Parkplatz am Bahnhof.

Wegmarkierungen Rundwege A 9 und A 5, Andreaskreuz X 7.

Tourenlänge 26 km (Abkürzung 18 km).

Wanderzeit Etwa 7 Stunden.

Wanderkarten 1 : 50 000 Blatt L 4302 Kleve.

Wissenswertes Der Reichswald von Kranenburg ist ein geschichtsträchtiger Boden. Hier sammelte im Jahre 69 nach Christi Geburt Claudius Civilis die germanischen Bataver-Stämme zum Aufstand gegen die Römer – nachzulesen bei Tacitus. Hier war das Jagdgebiet Karls des Großen, und hier wurde – weil sich die Mutter mit ihrer Niederkunft verrechnet hatte – Kaiser Otto III. geboren. Heute ist das 750 Jahre alte Kranenburg berühmt als Deutschlands ältester Wallfahrtsort. Sehenswert sind die Wallfahrtskirche St. Peter und Paul, das Heimatmuseum im Mühlenturm und das Katharinenstift mit Wallfahrtsmuseum, sowie die Stiftung Schloß Moyland, die Sammlung van der Grinten und das Joseph Beuys Archiv.

Tourenbeschreibung Diese Strecke ist nur für geübte Wanderer geeignet, aber überall im Reichswald, z.B. auf dem Genneper Weg, sind Abkürzungen möglich. Wir beginnen unsere Wanderung am Kranenburger Markt und gehen mit dem Andreaskreuz X 7 auf der »Großen Straße« nordwestlich in Richtung Nimwegen. Hinter der Brücke biegen wir in den Weg »In der Hand« ein, gelangen zum Hettsteeg und zum ehemaligen Stellwerk, überschreiten die alte Bahntrasse und erreichen durch *Hettsteeg* die niederländische Grenze.

Zu Tour 80 **Blick auf Hochelten**   (Foto: Kreisverwaltung Kleve)

Kurz vor der Grenze biegen wir links in den Weg »Oliepann« ein. Durch Felder kommen wir zu einem Hofgut und weiter am Straßenschild »Kreuzfurth« nach links um *Haus Kreuzfurth* herum. Am Ende eines Wäldchens, bei einem Bauernhof, treffen wir auf den »Drüller Weg«, der uns nach rechts zum Drüller Berg führt. An der Waldecke geht der Drüller Weg in die »Grafwegener Straße« über. Wir bleiben auf dieser Straße: links von uns das riesige Waldgebiet des Reichswaldes, rechts genießen wir einen weiten Blick in die Landschaft südlich von Nimwegen.

Nach gut drei Kilometern befinden wir uns in Grafwegen. Hier biegt beim »Deutschen Eck« die Straße nach rechts zum Grenzübertritt ab. Wir wechseln jedoch am »Deutschen Eck« auf den Rundkurs A 9 über und steigen links in Grenznähe in Windungen ganz allmählich den Berg hinauf, durch das Wildgatter, am Wegestern und dem Aussichtspunkt »Maasblick« vorbei links empor bis zum Feuerwachturm Grafwegen. Bergab geht es jetzt auf dem Hauptweg zuerst in einem leichten Rechtsbogen, dann im Linksbogen hinunter zum Waldparkplatz »Müllmannseck«. An dieser Stelle befindet sich der etwa 300 Millionen Jahre alte Taunusquarzitblock »Das Goldene Kalb«, ein Flußgeröll aus dem Rheinischen Schiefergebirge.

Unmittelbar hinter dem Waldparkplatz stoßen wir auf den Kartenspielerweg, dem holländische Bauern, die gerne in den Reichswald zum Kartenspielen kamen, den Namen gaben. Wir überqueren diese neugeteerte Waldstraße und gehen mit dem

Wegezeichen A 5 durch ein Wildgatter am Waldrand entlang, bis links wieder ein Wildgatter liegt. Gegenüber diesem Gatter, also rechts abbiegend, gehen wir den steilen Waldweg hinauf und halten uns jetzt immer geradeaus. Unser Kurs kreuzt den Genneper Weg, der als gut ausgebauter Waldweg leicht erkennbar ist. An dieser Stelle wäre im rechten Winkel nach links eine große Abkürzung über das Forsthaus Nergena Nord möglich.

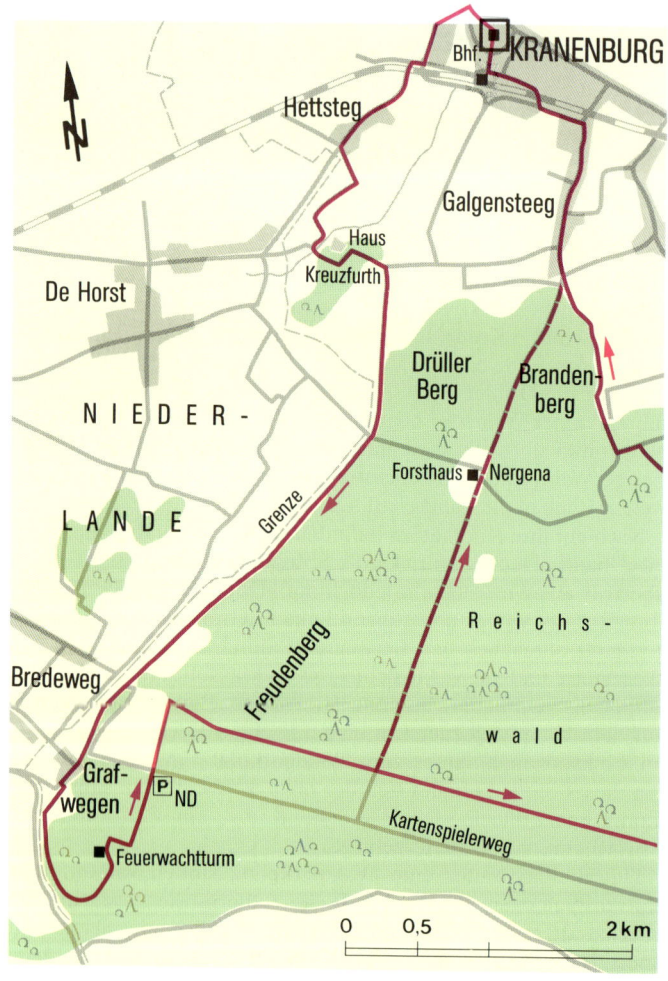

Der Weg unseres kompletten Wandervorschlags führt jedoch ohne Wanderzeichen geradeaus an vielen Ameisenbauten vorbei, an einer Waldschneise vorbei bis wir uns an einer weiteren Waldschneise nach rechts oder links entscheiden müssen. Wir entscheiden uns nach links, um bei der nächsten Möglichkeit gleich wieder rechts abzubiegen und schließlich die Bundesstraße 504 zu überqueren. Nun wieder weiter geradeaus gelangen wir bei der dritten Wegekreuzung zu den Jagen 84 und 83 (erkennbar an dem gezeichneten Stein), wo unsere Wanderstrecke im rechten Winkel nach links abknickt. Dichte Kiefern- und Eichenwälder umsäumen den farnbestandenen Weg, der kerzengerade nordwärts zeigt. Wir treffen unmittelbar vor dem Feuerwachturm Geldenberg bei einem asphaltierten Querweg wieder auf das Andreaskreuz der Hauptwanderstrecke 7 (X 7).

Das Wanderzeichen bringt uns links hinauf zum Geldenberg, dann steil abwärts hinunter zur Bundesstraße, und dort nach links und sofort wieder rechts in den Wald hinein. X 7 führt erst rechts, dann links bergauf und bergab bis zu einem Querweg, der uns nach rechts in Richtung *Frasselt* führt. Doch noch vor dem Waldparkplatz am Forsthaus und dem Wildgatter geht X 7, im Gleichklang mit dem Europa-Fernwanderweg E 8, links den Berg hinauf. Mit den Wanderzeichen kommen wir am *Brandenberg* vorbei, ein Stück auf einem asphaltierten Waldweg entlang, rechts hinunter zum Waldrand bis zur Waldstraße »Genneper Weg« und dort rechts ab zum »Galgensteeg«. Das letzte Stück unseres weiten Weges wandern wir durch eine Siedlung, kurz vor der Eisenbahnbrücke links ab durch den »Elsendeich« und schließlich über den alten Bahnkörper zur Bahnhofsstraße nach rechts auf der Mühlenstraße und der Großen Straße zurück zum Kranenburger Markt.

79 Am Altrhein bei Schenkenschanz

Anfahrt für Autofahrer   Autobahn Köln – Oberhausen – Arnheim (A 3) bis zur Ausfahrt Emmerich, dann Bundesstraße 220 über die Rheinbrücke, rechts ab auf dem Oraniendeich bis Griethausen.
Verkehrsmöglichkeiten   Bundesbahn bis Kleve, Omnibus bis Griethausen.
Parkmöglichkeiten   Parkplatz am Altrheindeich.
Wegmarkierungen   Radwanderweichen N im Kreis.
Tourenlänge   15 km.   **Wanderzeit**   Etwa 4 Stunden.
Wanderkarten   1 : 50 000 Blatt L 4102 Emmerich.
Wissenswertes   Am 13. Januar 1809 war bei Clever-Hamm während eines schweren Eisgangs der Damm gebrochen. Viele Menschen fanden in den eisigen Fluten den Tod, unter ihnen die 17jährige Johanna Sebus, als sie versuchte, eine Mutter mit Kleinkindern zu retten. Johann Wolfgang von Goethe hat die dramatische Ereignisse in einer Ballade geschildert; heute erinnert noch ein Denkmal auf dem Deich bei Wardhausen an den großen Dammbruch des Jahres 1809.
Tourenbeschreibung   Die Lohengrin-Tour – so nennt man in Kleve scherzhaft diesen leicht abgewandelten Wandervorschlag. Wenn man sich nämlich die Schwanenburg als Heimat des legendären Ritters vorstellt, dann müßte jener auf seinem Weg nach Brabant mit seinem Schwanengefährt vom Flüßchen Kermisdahl, das zu Füßen der Burg fließt, den Spoykanal und den Alt-

rhein hinabgezogen sein . . . Oder etwa nicht?

Sparen wir uns den ersten Teil der Lohengrin-Strecke durch die Ebene und beginnen unsere Tour in *Griethausen,* oben auf dem Altrheindamm. Anfangs machen wir ohnehin etwa zwei Kilometer lang eine reine Deichwanderung. Von der Oberstraße und dem Weg »Wehrpöhl« gehen wir westwärts nach *Brienen* und weiter nach *Wardhausen.* Hier überqueren wir an der Schleuse den *Spoykanal* und kommen auf dem Weg »Am alten Rhein« am Johanna-Sebus-Denkmal vorbei. Links von uns können wir in der Ferne die schöne Silhouette von Kleve mit der Schwanenburg und dem Reichswald ausmachen; rechts erkennen wir jenseits der Rheinebene das Waldgebiet von Montferland.

Direkt hinter dem Johanna-Sebus-Denkmal biegen wir links in einen Wirtschaftsweg ein. Nach etwa 1 km kommen wir am Frankenhof zu der Straße »Spykscher Baum«, die wir an der nächsten Kreuzung wieder verlassen und in den »Tweestrom« nach *Rindern* einbiegen. Kurz vor dem Ortseingang führt uns der Drususdeich um die Kirche herum und biegt vor dem Marienstift nach rechts ab. Wir folgen dem Drususdeich an schilfbewachsenen Teichen und am Gut Hogefeld vorbei nach *Düffelward.* Am Rand der Ortschaft gehen wir links auf dem Führmannsweg und nach 50 Metern rechts auf der Ehlenstraße weiter bis wir die Röstendaalstraße erreichen. Wir halten uns links und gleich wieder nach rechts, um – am Verkehrsschild »Fährbenutzer frei« – über den Deich zur Fähre nach *Schenkenschanz* zu gelangen.

Das malerische Schenkenschanz hat nichts von seiner Urtümlichkeit verloren. Der Ort bleibt auf den engen Raum innerhalb der Mauern begrenzt; bei Hochwasser werden die beiden Tore geschlossen – Schenkenschanz ist dann von der Außenwelt völlig abgeschnitten.

Wir setzen unsere Wanderung durch den Ort und dann auf Wegen, die meist von Pappeln umsäumt sind, durch Vordeichland fort bis zum Rhein. In der Nähe des Stromufers bleiben wir bis *Spyck.* Das andere – nördliche – Rheinufer gehört schon zu den Niederlanden. In Spyck wenden wir uns nach Süden. Entlang der alten Eisenbahntrasse sind es noch knapp zwei Kilometer zurück nach Griethausen. In Griethausen kommen wir auf der Oberstraße in Richtung Düffelward wieder zu unserem Ausgangspunkt zurück.

80 Von Elten Abstecher in die Niederlande

Anfahrt für Autofahrer   Autobahn Köln – Oberhausen – Arnheim (A 3) bis zur Ausfahrt Elten, dann Landstraße nach Elten.
Verkehrsmöglichkeiten   Bundesbahn bis Emmerich, Omnibus bis Elten/Markt.
Parkmöglichkeiten   Auf dem Eltener Markt.
Wegmarkierungen   Andreaskreuz X 1, Rundweg A 8, Raute, Rundwege A 1 und A 4.
Tourenlänge   13 km.   **Wanderzeit**   Etwa 3 Stunden.
Wanderkarten   1:50 000 Blatt L 4102 Emmerich.
Wissenswertes   Elten ist ein Luftkurort direkt an der niederländischen Grenze. Sehenswert sind die St.-Vitus-Stiftskirche aus dem 12. Jahrhundert mit romanischem Turm, Mittelschiff und spätgotischem Tor sowie der 75 Meter tiefe Drususbrunnen, der zur Römerzeit von Sklaven von der Ebene aus in Stollen auf den Eltenberg hinauf gebaut worden sein soll.
Tourenbeschreibung   Vom *Eltener Markt* aus steigen wir die mit alten Linden umsäumte Bergstraße, die später in die Lindenallee

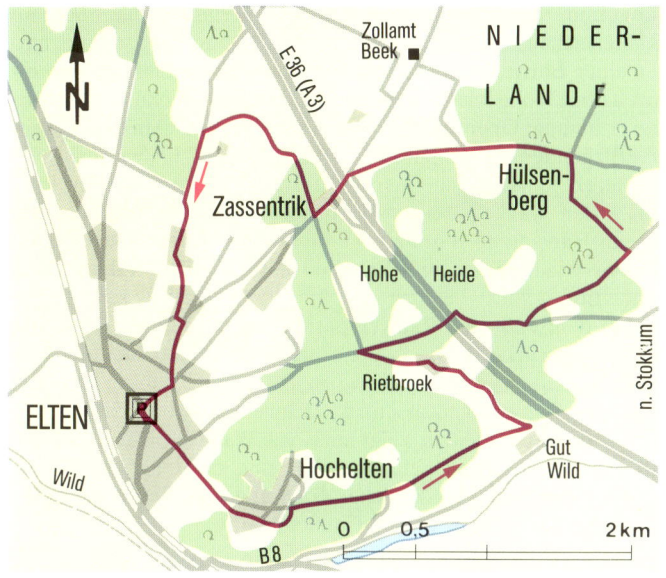

übergeht, steil hinauf. Das Andreaskreuz (X 1) markiert den Weg, der auf den *Eltenberg* nach *Hochelten* führt. Hier sollten wir nicht versäumen, uns den imposanten *Drususbrunnen* anzuschauen.

Mit dem Rundwegezeichen A 8 wenden wir uns gegenüber der von-der-Renne-Allee auf der Hoynckallee durch den Wald den Berg hinunter. Erst am Fuß des Hügels, kurz vor einer Gärtnerei, stößt A 8 im spitzen Winkel nach links in den Wald zurück und führt uns durch eine idyllische Landschaft. Wenn wir bei einem Wegestern auf einen Leitungsmast treffen, verlassen wir das A 8-Zeichen und machen am Straßenschild »Hohe Heide« mit dem Wanderzeichen Raute (ein Stück im Gleichlauf mit A 9) einen Abstecher in die Niederlande.

Hier halten wir uns zunächst rechts auf der Stokkumer Straße, überschreiten die Autobahn und kurz darauf die Bundesgrenze. Die Straßenbezeichnung »Eltenseweg« zeigt uns an, daß wir uns jetzt in den Niederlanden befinden. Kurz vor einem Sandhügel weist das Rautezeichen links einen sandigen Weg hinauf. Das Gebiet, das wir durchwandern, heißt »Hohe Heide« und trägt seinen Namen zu Recht.

Nach einigen hundert Metern biegt das Rautezeichen nach rechts ab und begleitet die grün markierten Pfähle zu einer Lichtung und dem Campinggelände. Wir verlassen die mit dem Rautezeichen beschilderte Wanderstrecke und steigen links hinter einer Barriere, nun mit gelben und grünen Pfählen, die uns auf halber Höhe wieder verlassen, die steile Anhöhe des *Hülsenbergs* hinauf. Oben empfängt uns ein Plateau. Auf der gegenüberliegenden Seite beginnen wir den Abstieg, bis wir auf einen breiteren, feinsandigen Querweg treffen. Diesem folgen wir links durch den Wald, später am Waldrand entlang bis zu einem einsamen Haus an der Grenze. An dem Haus vorbei überschreiten wir die Staatsgrenze und kommen entlang des Waldrandes zu einer Tankstelle.

Auf dem Fuß- und Radweg parallel zur Straße und unter der Autobahnbrücke hindurch marschieren wir jetzt mit dem Zeichen A 1 auf dem Bürgersteig in Richtung Elten, aber schon beim Straßenschild »Zassentrik« schwenken wir rechts in den Wald ein. Von nun an zeigt uns das Wanderzeichen A 4 im großen Bogen durch Feld und Flur und dann auf der Straße »Zum Waldkreuz« in südlicher Richtung den Weg zurück zur Wasserstraße und weiter zum Eltener Markt.

Anschriften-Verzeichnis

Deutsches Jugendherbergswerk
Bismarckstraße 8, D-32756 Detmold

Deutsches Jugendherbergswerk
Landesverband Rheinland
Düsseldorfer Straße 1, 40625 Düsseldorf

Europäische Wandervereinigung e.V.
Reichsstraße 4, D-66111 Saarbrücken

Deutsche Wanderjugend
Tannenweg 22, D-71364 Winnenden

Touristenverein »Die Naturfreunde« Bundesgruppe Deutschland e V
Großglocknerstraße 28, D-70327 Stuttgart

Landesverband Rheinland
Honschaftsstraße 330, D-51061 Köln

Da Jugendherbergen und Wanderheime zum Teil während der Woche und zu bestimmten Zeiten des Jahres geschlossen sind, empfiehlt der Verlag, sich frühzeitig vor Beginn einer längeren Wanderung folgende Verzeichnisse zuzulegen:
Deutsches Jugendherbergsverzeichnis bzw. Naturfreundehäuser in Deutschland im jeweils gültigen Jahrgang.

Zu Tour 33 **Burg Linn**   (Foto: Stadt Krefeld, Presseamt)

Wandern mit offenen Augen

Bilder entnommen aus »Der große Natur- und Landschaftsführer«, Mairs Geographischer Verlag, Stuttgart.)

Lärche *(männliche und weibliche Blütenzapfen)*

Tanne *(Zapfen, männliche und weibliche Blüten, a Zapfenspindel)*

Haubenmeise

Tannenmeise

Kiefer

Fichte

Fichtenkreuzschnabel *(Weibchen)*

Buche *(Fruchtbecher mit Bucheckern)*

Stieleiche *(Eicheln und männliche Blüten)*

Kuckuck

Sommerlinde *(Blüten und Früchte)*

Esche *(a Blütenstand, b Früchte)*

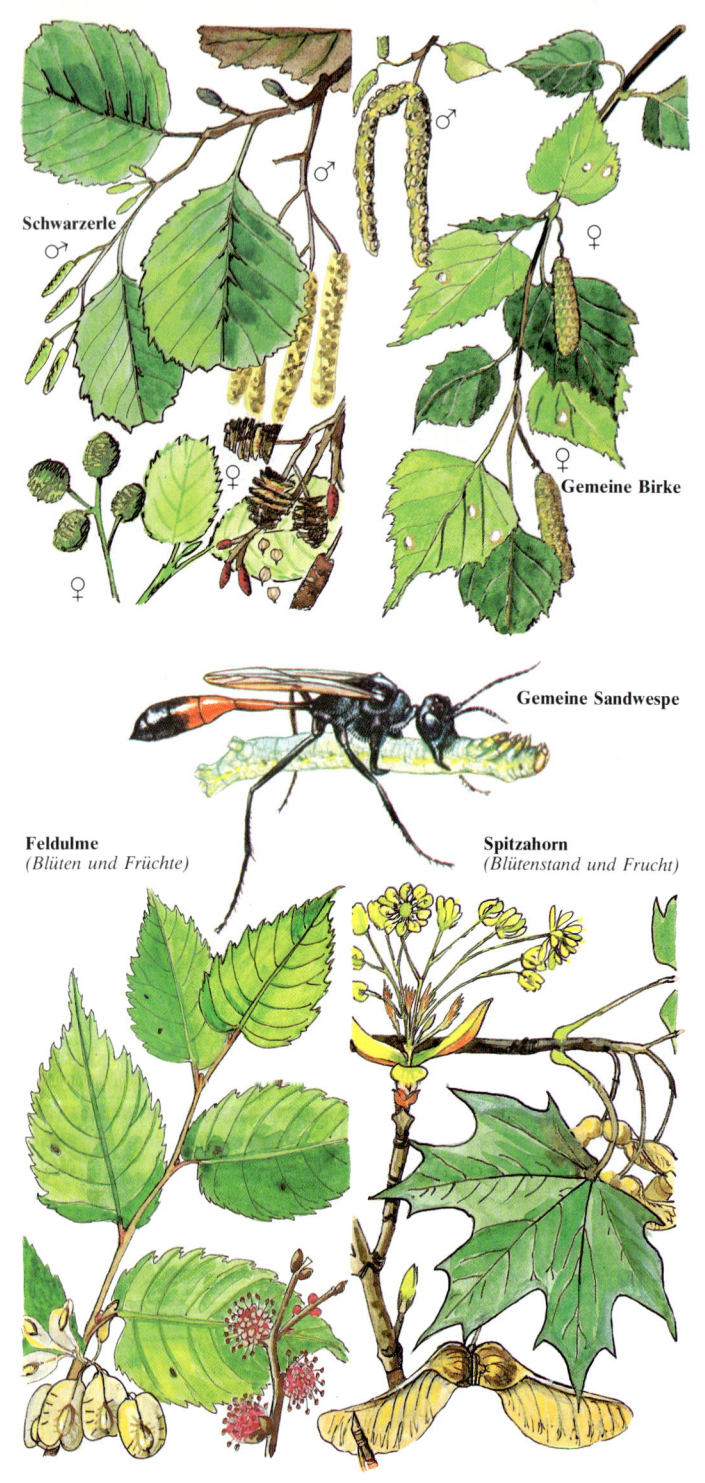

Schwarzerle ♂

♀

♀

Gemeine Birke ♂

♀

Gemeine Sandwespe

Feldulme
(Blüten und Früchte)

Spitzahorn
(Blütenstand und Frucht)

Die Vogeluhr

Die Vögel des Waldes erwachen nicht alle gleichzeitig. Sie halten pünktlich ihre Zeiten ein, so daß sich eine »*Vogeluhr*« ergibt. Der Hausrotschwanz z. B. meldet sich 75 Minuten vor Sonnenaufgang zuerst; ihm folgen Singdrossel, Amsel (63 Minuten), Rotkehlchen (57 Minuten), Kuckuck (55 Minuten), Zaunkönig (48 Minuten) und Buchfink (29 Minuten). Kurz vor Sonnenaufgang kommen Zilpzalp, Specht und Kleiber. Star und Grünfink lassen sich Zeit bis nach Sonnenaufgang.

Buchfink
(Männchen)

Grünspecht
(Männchen)

Hausrotschwanz
(Männchen)

Amsel
(Männchen)

Grünfink

Rotkehlchen

Star
(Männchen in Frühjahrsfärbung)

Feldsperling

…Der größte Langschläfer unter den Vögeln ist aber – man sollte es nicht glauben – der sonst so flinke und vorlaute Sperling.

wandern+ radwandern

Die zuverlässigen, tausendfach bewährten Wegweiser mit der Marke ›Kompass‹ und dem roten Punkt

Die schönsten Wanderungen

Albrandweg
Allgäu
Allgäuer Alpen
Altmühltal/
  Frankenalb Süd
Bayerischer Wald
Berchtesgadener Land
Bergisches Land
Bodensee
Dresden
Eifel (gesamt)
Eifel 1:
  Ahrgebirge/Osteifel
Eifel 2:
  Naturpark Hohes
  Venn – Eifel
Eifel 3:
  Vulkaneifel – Südeifel
Ems – Weser
Erzgebirge
Fränkische Schweiz/
  Frankenalb Nord

Großer Fränkische-
  Schweiz-Führer
Frankenwald
Frankfurt-Offenbach
Harz
Hohenlohe
Hunsrück
Lech
Lüneburger Heide
Mainwanderweg
Mark Brandenburg Ost
Mark Brandenburg West
Mittelrhein
Mosel, Wanderregion
Münsterland
Niederrhein
Oberbayern I/West
Oberbayern II/Ost
Oberlausitz
Oberschwaben
Odenwald
Ostseeküste/Rügen

Pfalz
Großer Pfalz-Führer
Rhön mit Vogelsberg
Saarland
Sächsische Schweiz
Sauerland
Sauerland-Höhenring
Schwäbische Alb
Schwäbischer Wald
Schwarzwald Mitte
Schwarzwald Nord
Schwarzwald Süd
Schwarzwaldhöhenwege
Spessart
Stuttgart mit Schönbuch
Taunus
Teutoburger Wald
Thüringer Wald
VVS-Wanderführer
  Region Stuttgart
Weser-Leine-Bergland

Wandern in Europa

Burgenland
Dolomiten
E 1: Flensburg –
  Genua
E 5: Bodensee – Adria
Harz-Niederlande-
  Wanderweg

Kärnten
Kanarische Inseln
Osttirol
Salzburger Land
Teneriffa
Tirol

Trentino I Ost
Trentino II West
Tschechoslowakei
Vogesen Nord
Vogesen Süd
Vorarlberg
Wien

Freizeit Spezial

Erlebnisurlaub Allgäu
Erlebnisurlaub Bayerische Alpen
Erlebnisurlaub Bayerischer Wald
Erlebnisurlaub Bodensee
Erlebnisurlaub Chiemsee – Königssee

Erlebnisurlaub Harz
Erlebnisurlaub Pfalz
Erlebnisurlaub Rügen
Erlebnisurlaub Schwäbische Alb

Die schönsten Radtouren

Allgäu/Bodensee
Altmühltal/
  Frankenalb Süd
Augsburg/Umland
Bayerischer Wald
Bergisches Land mit
  Siegerland
Berlin und Umland
Radfernwandertouren
  1 Ostseeküste, Oder-
    Neiße, Elbe
  2 Ostsee – Boden-
    see – Niederlande
  3 Rhein – Ostsee,
    Mosel, Lahn,
    Neckar, Main
  4 Saale, Werra,
    Spree, Havel
Donau
Eifel
Fränkische Schweiz/
  Frankenalb Nord
Hamburg/Umland
Harz/Weser/Leine
Hohenlohe/Tauber-
  grund

Hunsrück/Saarland
Rad-Deutschland-Tour:
  Von JH zu JH (Ost)
Rad-Deutschland-Tour:
  Von JH zu JH (West)
Kurhessen-Waldeck
Lüneburger Heide mit
  Wendland
Mark Brandenburg Ost
Mark Brandenburg West
Mecklenburg-
  Vorpommern
Münsterland
Niederrhein 1
Niederrhein 2
Oberrhein – Elsaß I:
  Heidelberg –
  Straßburg
Oberrhein – Elsaß II:
  Straßburg – Basel
Oberschwaben/
  Bodensee
Odenwald/Bergstraße
Ostfriesland
Ostsee und
  Holsteinische Schweiz

Ostseeküste/Rügen
Pfaffenwinkel/östliches
  Allgäu
Rhein
Rheinhessen – Pfalz
Mit der S-Bahn
  an Rhein und Ruhr
Rhön/Vogelsberg
Romantische Straße
Ruhrgebiet
Sauerland
Schwäbische Alb
Schwäbischer Wald/
  Neckarland
Schwarzwald
Spessart/Kinzigtal/
  Fränkisches Weinland
Taunus/Wetterau
Teutoburger Wald
Thüringer Wald
Tour de
  Baden-Württemberg
Tour de Ländle I
Voralpenland II:
  Lech – Donau –
  Salzach

Großer Radwanderführer Deutschland
(252 Touren, 200 Bilder, 496 Seiten)

Radeln in Europa

Balearen
Belgien
Frankreich

Frankreich Süd
Inn
Loire

Niederlande
Rhône
Schweiz

DJH-Wegweiser

Wandern mit Kompaß und Karte
Spuren der Römer im Rheinland
Spuren der Römer: Main – Rems
Spuren der Römer: Rems – Donau
Wandern mit Kindern und
  Jugendlichen
Wandern gut geplant und vorbereitet
Radwandern gut vorbereiten
Kinder und Jugendliche im Gebirge
...rund um Alpenvereinshütten

...rund um JH: Allgäuer Alpen/
  Bayerisch Schwaben
...rund um JH: Bayerische Alpen
...rund um JH: Hunsrück/Nahe
...rund um JH: Pfalz
...rund um JH: Vulkaneifel/Südeifel
...rund um NFH: Pfalz
...rund um JH: Saarland
...rund um JH: Saar – Mosel

DEUTSCHER WANDERVERLAG
Dr. Mair & Schnabel & Co. · Stuttgart

Pressestimmen

»*Die alten Römer haben nicht nur in Köln die Latschen des Quadratus, sondern auch am ganzen Niederrhein ihre Spuren hinterlassen. Der Niederrhein-Kompass-Wanderführer mit dem Blick in die Historie erinnert daran. Übrigens: Wer dem Autor die Wanderungen zwischen Köln und Hochelten nachgewandert ist, hat eine Menge frische Luft in seine Lungen gebracht. Und wer sich den Niederrhein – das Land der Weite, der Weiden, der Heiden und Wälder, der Bäche und Flüsse, der Wasserschlösser und Windmühlen – zu Gemüte führen will, kann mit dem Kompass-Wanderführer exakt planen.*«

RHEINISCHE POST

ZEITUNG FÜR POLITIK UND CHRISTLICHE KULTUR | AM NIEDERRHEIN |

»*Albert Schöndorf, Journalist und Wanderfreund, hat eine Fleißarbeit der Hände und Füße hinter sich gebracht, um dem streßgeplagten Mitmenschen ein paar verlockende Trimm-Tips an die Hand zu geben. Er macht gute Vorschläge für Ausflüge auf Schusters Rappen. Alle Wanderziele werden mit detaillierter Anfahrts- und Ortsbeschreibung vorgestellt.*«

WESTDEUTSCHE ALLGEMEINE
WAZ

»*Der Kompass-Wanderführer vergißt niemals, auf historische Gebäude und andere Sehenswürdigkeiten einzugehen, wenn sie am Wege liegen. Daß der Niederrhein auch dort schön ist, wo man es gar nicht mehr erwartet, beweisen die Touren, die durch Duisburg führen. Ob es von Bissingheim zum Entenfang oder rund um die Duisburger Sechs-Seen-Platte geht, der Kompass-Wanderführer weist sicher den Weg.*«

NRZ NEUE RUHR ZEITUNG

»*Die Niederrhein-Ausgabe der Kompass-Serie führt den Wanderer in die bezauberndsten Ecken der Landschaft zwischen Rhein und Maas. Auf den beschriebenen Wanderungen werden die Burgen Wassenberg, Wegberg und Brüggen gestreift, man kommt in die Grenzwälder zu den Niederlanden, man kann an der Schwalm oder an der Niers entlang wandern – es sind weniger sportliche als vielmehr erholsame, vergnügliche Touren.*«

WZ Westdeutsche Zeitung

Düsseldorfer Nachrichten

Die Deutsche Wanderjugend (DWJ) ist die Jugendorganisation des Verbandes Deutscher Gebirgs- und Wandervereine. Die jugendlichen Mitglieder von sechs bis 25 Jahren pflegen natürlich das Wandern in kind- und jugendgerechten Formen. Die Deutsche Wanderjugend wanderte schon lange aus Freude an der Natur und aus Spaß, bevor das „Volkswandern" erfunden wurde. Die Kinder und Jugendlichen bei der Wanderjugend lernen, wie man richtig wandert, erfahren alles über eine wandergerechte Ausrüstung von den Wanderschuhen bis zum Rucksack und üben den Umgang mit Kompass und Karte.

Wandern ist aber nur ein Teil der Aktivitäten. Die Jugendarbeit der Deutschen Wanderjugend umfaßt ein viel breiteres Angebot. Die Jugendgruppen der Wanderjugend legen die Inhalte und Schwerpunkte ihrer Arbeit selbst fest. Im Rahmen einer sinnvollen aktiven Freizeitgestaltung werden in der Gruppenarbeit oft musisch-kulturelle Aktivitäten bevorzugt: Basteln, Werken, Pantomime, Laienspiel, kreatives Gestalten, Singen und Instrumentalspiel, Volkstanz. Die vielfältige Bildungs- und Jugendarbeit der Deutschen Wanderjugend erstreckt sich auf Freizeiten, Fahrten, Zeltlager, Lehrgänge zur politischen Bildung, internationale Jugendbegegnungen.

Eine wichtige Aufgabe stellt der aktive Natur- und Umweltschutz für die Wanderjugend dar. Dabei steht v. a. die Erziehung und Bildung der Kinder und Jugendlichen zum umweltbewußten Menschen im Vordergrund.

Wer mehr über uns, die DWJ, wissen will, schreibt an die

DWJ-Bundesgeschäftsstelle, Tannenweg 22, D-71364 Winnenden